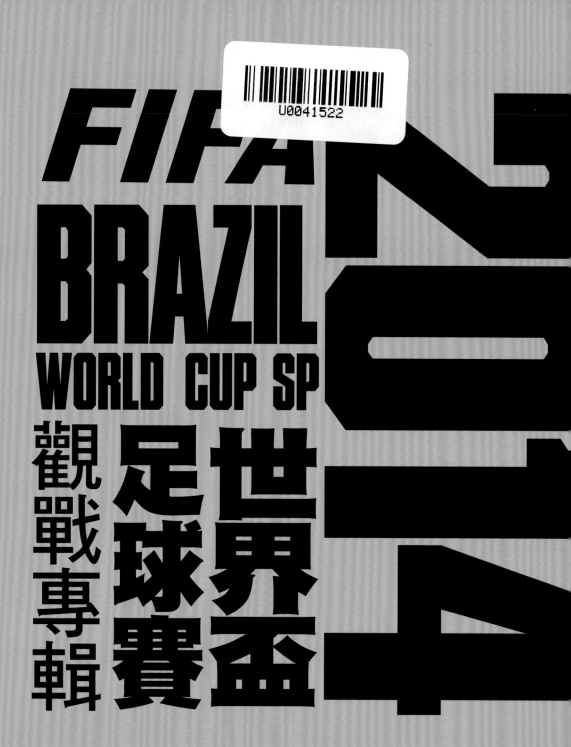

FIFA
BRAZIL
WORLD CUP SP
2014

世界盃
足球賽
觀戰專輯

GOAL
OF THE
WORLD

RIO DE JANEIRO, BRAZIL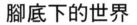

腳底下的世界

　　如果足球的世間有神，那麼祂的神殿，必定座落巴西。在這座信仰足球的國度裡，無論明媚的沙灘、窄仄的街巷、紛亂的廣場，總會有一群孩子與一粒足球纏絆在一塊兒的美好風景。

　　如這般一個射球，另個往曬衣架下一站，那便化身為一場絕世前鋒與超凡門將的對決。從那些再日常不過的一撲一射、一攻一守之中，孕育了巴西無數偉大足球員。這粒直攻「球門」的球，猛一瞧，竟像極了我們的地球──其實在巴西孩子眼裡的「世界」，並無太多複雜道理，放肆地、盡情地享受足球，世界，盡在他們腳底。

CONTENTS

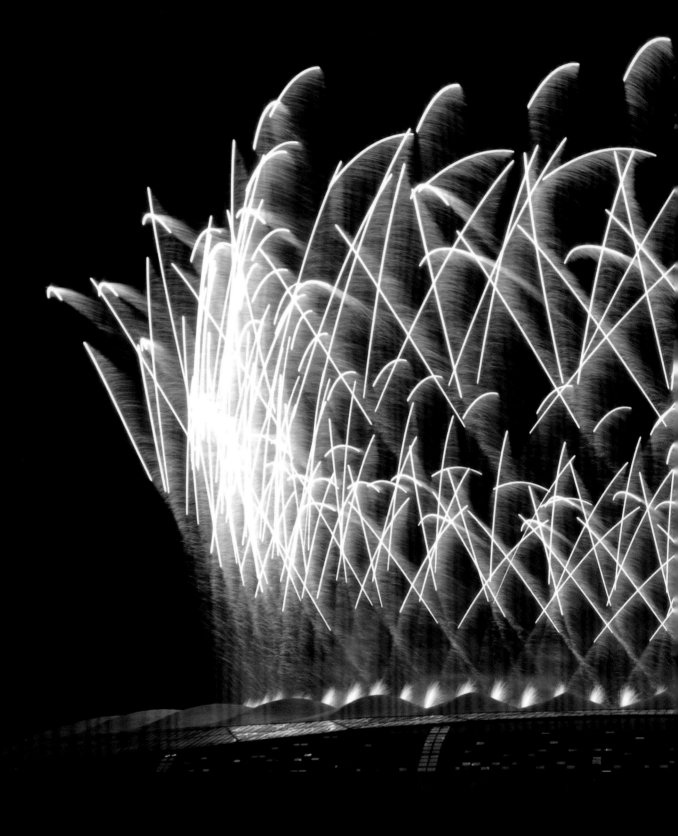

Writer / 童偉格

最盛大最熾烈的,方能抵達最遠端:每四年夏天,世界盃衝破足球世界四方邊陲,將我們的島,合圍在全球無時差的慶典裡。它領來當今世上最不世出的英雄,將他們的奮鬥與求索,無保留地展陳在我們面前。一場又一場賽事,它用眾英雄們的失敗鋪路,導引我們,逼近那最後僅存的珍罕勝利。四年一度,邁向那絕難預料的最終戰,它總讓作為球迷的我們能領會的,與可回顧的一切皆深狹而寬廣。

在最寬廣的回顧裡,世界盃讓我們領會:

時間不能規訓的,只是足球運動簡單的不馴。關於足球運動的構成,一切通識與特例,實感或想像,都由足球場自身的遼闊,這一物理事實來啟動。因為場地遼闊,它為球員隔遠了即便是最熱情吶喊的觀眾,讓場上即便是最緊急的溝通,也顯得迢遙而費力。亦可能只是因為遼闊,所以在場無人,有諸神那樣的本領去對所有人喊停,只好任令時間無動於衷,依自然律穿梭流逝。既然無人有神的本事,遍照全局去通達任何事,於是一場足球賽,只能由最扼要的規則,來

維持基本秩序了。

這意謂著:相對於並不複雜的規則,在一場足球賽中,必定有什麼十分複雜的人事,在裁判,在我們無法遍察的暗角醞釀著,或發生了,而無能及時理解全副過程的所有人,包括裁判,只能各自就有限視角,做出必然惟心的評判。這就是足球:一種太過「人間」的運動。

在最深狹的領會裡,世界盃使我們回顧這個你我涉事其中,卻必不能全盤深解的「人間」。在一場足球賽裡,時間自身也像織

HEROS' CARNIVAL

英雄的嘉年華

毫不捨的文本，將天河撩亂的一切作用力皆織造其間。它將滿場競逐與等候織出持恆張力，卻將久候才來的終於破網，逆轉成絕對驚訝，與單純狂喜。在這充滿悖論的「人間」，我們終於還是複雜地守候著簡單的事證：那穿出一切作用力，不再能被一切邊幅暗角，與人事暗盤給抹滅的殊少光亮；那震懾無動於衷的自然律，使一切恍如停擺的如神之能。

我們總是甘心這樣盼望，而足球運動不能想訓的，也只是球迷如你我，這樣絕對簡單

的期盼。作為足球迷，在我們的島上，我們同時是最合群，亦是最寂寞的。我們合群，因為今夏如常，全島可能將曠日在大廣場、電視牆上，再次為你我開放這樣一場迢遙抵達，所以絕不容錯過的足球慶典。我們寂寞，因為彷彿惟你我獨知，比起終於抵達的一度狂喜，四年間不懈的等候於我們，同樣彌足珍重：我們總是將記得的，與繼起的所有英雄們的命運全景，當作你我那亦無法再歷的年歲之具體刻度。

做為球迷，我們知道：時間之中，惟最深

情記事者最能叛逆。此所以在戰事到臨前，我們提前翻動這樣一本全新的觀戰專輯，像沙沙追及尚未親歷的；像將對英雄們的預言與考析，逆轉成我們與之同在的，絕不再有的嘉年華。

獎 盃 The Trophy

1930-1970

雷米金盃 Jules Rimet Trophy

法國雕刻家 Abel Lafleur 打造。由銀盃鍍金鑄成，基座為藍色青金石，並以希臘神話中的「勝利女神」為主造型。
1946 年，為了紀念世界盃足球賽創始者 Jules Rimet，這個獎盃易名為「雷米金盃」。
依規定，一支國家隊奪得三屆世界盃冠軍後，便能永久擁有雷米金盃。巴西於 1958 年、1962 和 1970 年三度成為世界盃冠軍，取得永久保存獎盃的資格。不過這座將盃於 1983 年在巴西里約熱內盧失竊，至今下落不明。

1974-2014

國際足總世界盃 FIFA World Cup

1970 年巴西永久保存雷米金盃後，國際足總便廣邀天下設計新的獎盃。1971 年，足總宣布，由義大利設計師 Silvio Gazzaniga 的稿子獲選。
這座獎盃由 18K 黃金鑄成，造型為兩個大力士雙手高舉地球，因此又名「大力神盃」。獎盃由應屆冠軍得主保存，並於底座刻鏤該國名稱，直到下一屆世足決賽當日交還。大力神盃的底座上共可刻下 1974 年至 2038 年共 17 屆世界盃冠軍的國家名稱。

金靴獎 Golden Boot

頒發給歷屆世界盃進球數最多的球員。自 1930 年第一屆世界盃便設立此獎項。若有進球數相同，則助攻數較多者獲獎。若仍相同，則再比出賽時間，較少者獲獎。

金手套獎 Golden Glove

原稱雅辛獎（Yashin Award），為紀念蘇聯傳奇守門員 Lev Yashin 而得名。自 1994 年開始，頒發給歷屆世界盃表現最優秀的守門員。2010 年更名為「金手套獎」。

金球獎 Golden Ball

自 1930 年起，頒發給歷屆世界盃足球賽表現最優秀的球員。國際足總會先公布一個 10 人候選名單，然後由媒體代表投票選出前三名。分別授予金球、銀球和銅球獎。

ALL ABOUT
關於世界盃足球賽
WORLD CUP

世界盃緣起 The Origin

國際足總於 1904 年成立，並舉辦了五屆奧運足球賽。不過到了 1928 年，國際奧會與國際足總出現了意見分歧，足總決定不再負責奧運足球賽事主辦工作。
此後，國際足總積極想創辦另一項具有重大影響力的國際性足球賽事，於是，來自法國、時任足總主席的 Jules Rimet 便於 1930 年在烏拉圭創辦了首屆「世界盃」。

1930 主辦國：烏拉圭　冠軍：烏拉圭
用 球：12 Paneles

1934 主辦國：義大利　冠軍：義大利
用 球：Federale 102

1938 主辦國：法國　冠軍：義大利
用 球：Allen

1950 主辦國：巴西　冠軍：烏拉圭
用 球：Allen Super Duplo T

1954 主辦國：瑞士　冠軍：西德
用 球：Swiss World Champion

1958 主辦國：瑞典　冠軍：巴西
用 球：Top Star

1962 主辦國：智利　冠軍：巴西
用 球：Crack

1966 主辦國：英格蘭　冠軍：英格蘭
用 球：Slazenger Challenge
吉祥物：World Cup Willie

1970 主辦國：墨西哥　冠軍：巴西
用 球：Telstar
吉祥物：Juanito

1974 主辦國：西德　冠軍：西德
用 球：Telstar Durlast
吉祥物：Tip and Tap

1978 主辦國：阿根廷　冠軍：阿根廷
用 球：Tango
吉祥物：Gauchito

1982 主辦國：西班牙　冠軍：義大利
用 球：Tango Espana
吉祥物：Naranjito

1986 主辦國：墨西哥　冠軍：阿根廷
用 球：Azteca
吉祥物：Pique

1990 主辦國：義大利　冠軍：西德
用 球：Etrusco Unico
吉祥物：Ciao

1994 主辦國：美國　冠軍：巴西
用 球：Questra
吉祥物：Striker

1998 主辦國：法國　冠軍：法國
用 球：Tricolore
吉祥物：Footi

球門線即時監控技術
Goal Line Technology

2014 世界盃將首度採用「球門線即時監控技術」，確保進球判定的公平性。每座球場的上空會安裝 14 具高速攝影機（一座球門 7 具），以每秒 500 張畫面的頻率拍攝球門區。經由影像處理軟體過濾其他移動中的人事物，只留下球的運行軌跡，再以 3D 技術定位球的位置。球在越過球門線的一秒內，系統就會傳送加密訊息到裁判手腕上的特殊裝置，並立刻使震動、螢幕閃爍，告知裁判進球的訊息。如此可避免足球場上的人為判決失誤，讓精彩球賽在更公平的基準之上進行。

鐵口直斷 The Predictors

章魚哥保羅 Paul 2歲（歿） 2008-2010

來自英格蘭，生前居住於德國奧伯豪森水族館。工作人員在兩個放入食物的玻璃箱上，分別貼著出賽的兩支球隊的國旗。保羅選擇哪一個箱子的食物，便視為其預測獲勝的隊伍。

2010 年世界盃

✓	德國 v.s. 澳洲（小組賽）
✓	德國 v.s. 塞爾維亞（小組賽）
✓	德國 v.s. 迦納（小組賽）
✓	德國 v.s. 英格蘭（16強戰）
✓	德國 v.s. 阿根廷（8強戰）
✓	德國 v.s 西班牙（準決賽）
✓	西班牙 v.s. 荷蘭（決賽）

2010世界盃單屆賽事結果預測命中率 100%

烏鴉嘴比利 Pele 73歲 1940-

來自巴西，為史上最偉大的足球運動員，生涯代表巴西隊踢進 77 球，並獲得歷史最多的三座世界盃。退休後，常對大型足球賽事發表個人看法與預測。

1994 年世界盃
預測：哥倫比亞奪冠。
結果：哥倫比亞小組賽墊底出局。

1998 年世界盃
預測：西班牙是奪冠熱門。
結果：西班牙小組賽淘汰。

2002 年世界盃
預測：冠軍賽由阿根廷對上法國；巴西前景不樂觀。
結果：阿根廷與法國均於小組賽出局，巴西勇奪冠軍。

2010 年世界盃
預測：冠軍賽將由巴西對決一支非洲球隊。
結果：巴西與當屆成績最好的非洲隊伍迦納，均止步八強。

場館 The Stadiums

A 馬拉卡納體育場
Estádio do Maracanã
76,935 席

B 巴西利亞國家體育場
Estádio Nacional Mané Garrincha
70,042 席

C 哥林多球場
Arena Corinthians
68,034 席

I 沙丘球場
Arena das Dunas
42,086 席

G 潘特納爾體育場
Arena Pantanal
42,968 席

J 拜沙達體育場
Arena da Baixada
43,981 席

H 亞馬遜體育場
Arena da Amazônia
42,374 席

F 新水源體育場
Arena Fonte Nova
56,000 席

D 卡斯特勞體育場
Estádio Castelão
64,846 席

E 米內羅體育場
Estádio Mineirão
62,574 席

L 河岸球場
Estádio Beira-Rio
51,300 席

K 伯南布哥體育場
Arena Pernambuco
46,154 席

2014
主辦國：巴西

用球
Brazuca
「Brazuca」在葡萄牙語中 意謂「巴西人」，並代表巴西人無拘無束的自由生活。Brazuca 由六片球面以獨特的對稱方式組成，提供球場上更好的抓地力、觸感、穩定性與空氣力學，確保在每一種環境中都展現最佳性能。

吉祥物
Fuleco
「Fuleco」是由 Futebol（足球）和 Ecologia（生態）兩個字組成的合成詞，融合了足球與環保的概念。它是一隻巴西特有的保育動物「三帶犰狳」，身上的藍色象徵巴西的海岸、河流和藍天，其餘的黃、綠色，也都是巴西的國旗配色。

2002	2006	2010
主辦國：韓國、日本	主辦國：德國	主辦國：南非
冠軍：巴西	冠軍：義大利	冠軍：西班牙
用球：Fevernova	用球：Teamgeist	用球：Jabulani
吉祥物：Ato、Kaz、Nik	吉祥物：Goleo VI and Pille	吉祥物：Zakumi

內容：李辰寬、曾祥威
手繪：蔡智堯

2014 WORLD CUP
FIFA BRAZIL WALLCHART

JUN. 13 am 04:00
巴西 BRAZIL VS 克羅埃西亞 CROATIA

JUN. 14 am 00:00
墨西哥 MEXICO VS 喀麥隆 CAMEROON

JUN. 18 am 03:00
巴西 BRAZIL VS 墨西哥 MEXICO

JUN. 19 am 06:00
喀麥隆 CAMEROON VS 克羅埃西亞 CROATIA

JUN. 24 am 04:00
喀麥隆 CAMEROON VS 巴西 BRAZIL

JUN. 24 am 04:00
克羅埃西亞 CROATIA VS 墨西哥 MEXICO

JUN. 14 am 03:00
西班牙 SPAIN VS 荷蘭 NETHERLANDS

JUN. 14 am 06:00
智利 CHILE VS 澳洲 AUSTRALIA

JUN. 19 am 03:00
西班牙 SPAIN VS 智利 CHILE

JUN. 19 am 00:00
澳洲 AUSTRALIA VS 荷蘭 NETHERLANDS

JUN. 24 am 00:00
澳洲 AUSTRALIA VS 西班牙 SPAIN

JUN. 24 am 00:00
荷蘭 NETHERLANDS VS 智利 CHILE

JUN. 15 am 00:00
哥倫比亞 COLOMBIA VS 希臘 GREECE

JUN. 15 am 09:00
象牙海岸 CÔTE D'IVOIRE VS 日本 JAPAN

JUN. 20 am 00:00
哥倫比亞 COLUMBIA VS 象牙海岸 CÔTE D'IVOIRE

JUN. 20 am 06:00
日本 JAPAN VS 希臘 GREECE

JUN. 25 am 04:00
日本 JAPAN VS 哥倫比亞 COLOMBIA

JUN. 25 am 04:00
希臘 GREECE VS 象牙海岸 CÔTE D'IVOIRE

JUN. 15 am 03:00
烏拉圭 URUGUAY VS 哥斯大黎加 COSTA RICA

JUN. 15 am 06:00
英格蘭 ENGLAND VS 義大利 LTALY

JUN. 20 am 03:00
烏拉圭 URUGUAY VS 英格蘭 ENGLAND

JUN. 21 am 00:00
義大利 LTALY VS 哥斯大黎加 COSTA RICA

JUN. 25 am 00:00
義大利 LTALY VS 烏拉圭 URUGUAY

JUN. 25 am 00:00
哥斯大黎加 COSTA RICA VS 英格蘭 ENGLAND

16強 ROUND OF 16	8強 QUARTERFINALS	4強 SEMIFINALS	決賽 FINAL	4強 SEMIFINALS	8強 QUARTERFINA

A1
JUN. 29 am 00:00
B2

JUL. 5 am 04:00

C1
JUN. 29 am 04:00
D2

B1
JUN. 30 am 00:00
A2

JUL. 6 am 04:00

D1
JUN. 30 am 04:00
C2

JUL. 9 am 04:00

JUL. 14 am 03:00
冠軍決賽

JUL. 10 am 04:00

JUL. 5 am 00:00

JUL. 6 am 00:00

JUL. 13 am 04:00
季軍賽

2014 世界盃完全賽程

左側賽程

JUN.16 am 00:00
瑞士 SWITZERLAND VS 厄瓜多 ECUADOR

JUN.16 am 03:00
法國 FRANCE VS 宏都拉斯 HONDURAS

JUN.21 am 03:00
瑞士 SWITZERLAND VS 法國 FRANCE

JUN.21 am 06:00
宏都拉斯 HONDURAS VS 厄瓜多 ECUADOR

JUN.26 am 04:00
宏都拉斯 HONDURAS VS 瑞士 SWITZERLAND

JUN.26 am 04:00
厄瓜多 ECUADOR VS 法國 FRANCE

E

JUN.16 am 06:00
阿根廷 ARGENTINA VS 波赫 BOSNIA & HERZEGOVINA

JUN.17 am 03:00
伊朗 IRAN VS 奈及利亞 NIGERIA

JUN.22 am 00:00
阿根廷 ARGENTINA VS 伊朗 IRAN

JUN.22 am 06:00
奈及利亞 NIGERIA VS 波赫 BOSNIA & HERZEGOVINA

JUN.26 am 00:00
奈及利亞 NIGERIA VS 阿根廷 ARGENTINA

JUN.26 am 00:00
波赫 BOSNIA & HERZEGOVINA VS 伊朗 IRAN

F

JUN.17 am 00:00
德國 GERMANY VS 葡萄牙 PORTUGAL

JUN.17 am 06:00
迦納 GHANA VS 美國 USA

JUN.22 am 03:00
德國 GERMANY VS 迦納 GHANA

JUN.23 am 06:00
美國 USA VS 葡萄牙 PORTUGAL

JUN.27 am 00:00
美國 USA VS 德國 GERMANY

JUN.27 am 00:00
葡萄牙 PORTUGAL VS 迦納 GHANA

G

JUN.18 am 00:00
比利時 BELGIUM VS 阿爾及亞 ALGERIA

JUN.18 am 06:00
俄羅斯 RUSSIA VS 韓國 KOREA REPUBLIC

JUN.23 am 00:00
比利時 BELGIUM VS 俄羅斯 RUSSIA

JUN.23 am 03:00
韓國 KOREA REPUBLIC VS 阿爾及亞 ALGERIA

JUN.27 am 04:00
韓國 KOREA REPUBLIC VS 比利時 BELGIUM

JUN.27 am 04:00
阿爾及亞 ALGERIA VS 俄羅斯 RUSSIA

H

16強 ROUND OF 16

E1
JUL.1 am 00:00

F2

G1
JUL.1 am 04:00

H2

F1
JUL.2 am 00:00

E2

H1
JUL.2 am 04:00

G2

右側完整賽程

JUN.13			
am 04:00	巴西	VS	克羅埃西亞

JUN.14			
am 00:00	墨西哥	VS	喀麥隆
am 03:00	西班牙	VS	荷蘭
am 06:00	智利	VS	澳洲

JUN.15			
am 00:00	哥倫比亞	VS	希臘
am 03:00	烏拉圭	VS	哥斯大黎加
am 06:00	英格蘭	VS	義大利
am 09:00	象牙海岸	VS	日本

JUN.16			
am 00:00	瑞士	VS	厄瓜多
am 03:00	法國	VS	宏都拉斯
am 06:00	阿根廷	VS	波赫

JUN.17			
am 00:00	德國	VS	葡萄牙
am 03:00	伊朗	VS	奈及利亞
am 06:00	迦納	VS	美國

JUN.18			
am 00:00	比利時	VS	阿爾及亞
am 03:00	巴西	VS	墨西哥
am 06:00	俄羅斯	VS	韓國

JUN.19			
am 00:00	澳洲	VS	荷蘭
am 03:00	西班牙	VS	智利
am 06:00	喀麥隆	VS	克羅埃西亞

JUN.20			
am 00:00	哥倫比亞	VS	象牙海岸
am 03:00	烏拉圭	VS	英格蘭
am 06:00	日本	VS	希臘

JUN.21			
am 00:00	義大利	VS	哥斯大黎加
am 03:00	瑞士	VS	法國
am 06:00	宏都拉斯	VS	厄瓜多

JUN.22			
am 00:00	阿根廷	VS	伊朗
am 03:00	德國	VS	迦納
am 06:00	奈及利亞	VS	波赫

JUN.23			
am 00:00	比利時	VS	俄羅斯
am 03:00	韓國	VS	阿爾及利亞
am 06:00	美國	VS	葡萄牙

JUN.24			
am 00:00	澳洲	VS	西班牙
am 00:00	荷蘭	VS	智利
am 04:00	喀麥隆	VS	巴西
am 04:00	克羅埃西亞	VS	墨西哥

JUN.25			
am 00:00	義大利	VS	烏拉圭
am 00:00	哥斯大黎加	VS	英格蘭
am 04:00	日本	VS	哥倫比亞
am 04:00	希臘	VS	象牙海岸

JUN.26			
am 00:00	奈及利亞	VS	阿根廷
am 00:00	波赫	VS	伊朗
am 04:00	宏都拉斯	VS	瑞士
am 04:00	厄瓜多	VS	法國

JUN.27			
am 00:00	美國	VS	德國
am 00:00	葡萄牙	VS	迦納
am 04:00	韓國	VS	比利時
am 04:00	阿爾及利亞	VS	俄羅斯

16強淘汰賽

JUN.29			
am 00:00	A1	VS	B2
am 04:00	C1	VS	D2

JUN.30			
am 00:00	B1	VS	A2
am 04:00	D1	VS	C2

JUL.1			
am 00:00	E1	VS	F2
am 04:00	G1	VS	H2

JUL.2			
am 00:00	F1	VS	E2
am 04:00	H1	VS	G2

8強淘汰賽

JUL.5	am 04:00
	am 00:00

JUL.6	am 04:00
	am 00:00

4強準決賽 JUL.09 am 04:00 / JUL.10 am 04:00

季軍賽 JUL.13 am 04:00

冠軍決賽 JUL.14 am 03:00

GOAL
OF THE
WORLD

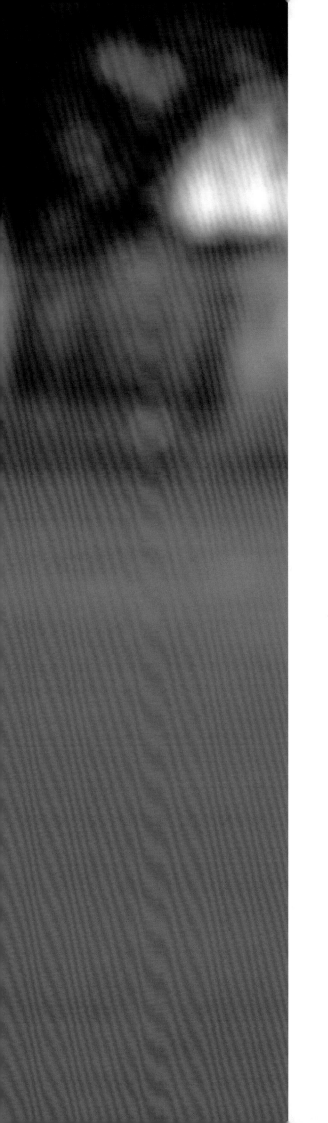

THOKOZA, SOUTH AFRICA

最純粹的歡樂

　　札寇沙（Thokoza）在南非祖魯語中，有著「歡樂、慶祝」的意思。它是位於約翰尼斯堡南方外緣的一座小鎮，距離繁榮，僅30多公里。

　　直到那個無以預知、名為「長大成熟」的複雜時間點之前，無論在世界哪處角落，孩子們總是天真無邪，無慮無憂。札寇沙的街道上，一粒破掉的足球，在孩子們頭頂上遞轉、騰躍，像是彼此分享著專屬小鎮的「歡樂」——至少，在他們懂事、並認識貧富差距、能源危機、愛滋病、貪污、種族歧視這些屬於國家的、城市的、大人的名詞之前，這粒足球，就能帶給他們最原真、純粹的快樂。

GROUP A

巴西・Brazil
克羅埃西亞・Croatia
墨西哥・Mexico
喀麥隆・Cameroon

GROUP B

西班牙・Spain
荷蘭・Netherlands
智利・Chile
澳洲・Australia

GROUP C

哥倫比亞・Colombia
希臘・Greece
象牙海岸・Côte d'Ivoire
日本・Japan

GROUP D

烏拉圭・Uruguay
哥斯大黎加・Costa Rica
英格蘭・England
義大利・Italy

32 Teams Analysis

32 強戰力
完全詳解

20 14

World Cup
世界盃足球賽

GROUP E

瑞士・Switzerland

厄瓜多・Ecuador

法國・France

宏都拉斯・Honduras

GROUP F

阿根廷・Argentina

波赫・Bosnia & Herzegovina

伊朗・Iran

奈及利亞・Nigeria

GROUP G

德國・Germany

葡萄牙・Portugal

迦納・Ghana

美國・USA

GROUP H

比利時・Belgium

阿爾及利亞・Algeria

俄羅斯・Russia

韓國・Korea Republic

戰力
分析

閱讀說明

各組作者介紹

各組戰力分析之專業作者，為 2014 年世界盃足球賽台灣官方轉播單位「愛爾達體育台」的四位主播、球評，各隊文章撰寫分配如下：

A、B 組 —— 石明謹
C、D 組 —— 謝思毅
E、F 組 —— 喬齊安
G、H 組 —— 洪志瑋

組別、國名及相關資訊

**主客場
球衣**

主場　客場

商品圖由

Mad Mouse
球衣工作室
贊助提供

STARTING XI

先發陣容

★　重點球星
●　先發球員
4-2-3-1　先發陣型

HISTORY

**歷屆世界盃戰績
與本屆預測**

圖表解說

冠亞季殿														
R2							R3 R2				● ●	●		○
R1					●	R1								

13　16　13　　16　　24　　32

1930 1934 1938 1950 1954 1958 1962 1966 1970 1974 1978 1982 1986 1990 1994 1998 2002 2006 2010 2014

未建國　未參加　未晉級　第一輪淘汰　第二輪淘汰　第三輪淘汰　殿軍　季軍　亞軍　冠軍　本屆預測

GROUP *A*

BRAZIL

巴西 | FIFA 世界排名：6
國土面積：851 萬 平方公里
人口：2 億 100 萬人

▶ **戰力數值** | *Analysis*

盤帶	門將
傳球	解圍
跑位	攔截
射門	纏球

▶ **先發陣容** | *Starting XI*

Fred
Neymar　Oscar　Hulk
Gustavo　Fernandinho
Marcelo　Thiago Silva　David Luiz　Dani Alves
Julio Cesar
4-2-3-1

▶ **歷屆世界盃戰績與本屆預測** |

冠亞季殿													
R2							R3 R2					●	○
R1	●	13				R1							

1930 1934 1938 1950 1954 1958 1962 1966 1970 1974 1978 1982 1986 1990 1994 1998 2002 2006 2010 2014

巴西隊為了 2014 年世界盃，除了於硬體設施耗費巨資外，更從五、六年前就開始組訓球員，對巴西而言，身為地主國若未能留下金盃，就算是失敗。

前鋒 FW　歐化的森巴之舞

近年來巴西漸有「歐洲化」的潮流，球員們大量旅歐，陣容方面也屢屢使用當今歐洲足壇最流行的 4-3-3 或是 4-2-3-1 陣型。突前中鋒的位置，通常是由 Fred 或 Jo 擔綱，儘管這兩名球員的能力絕非頂尖，但是他們身體素質不錯，與歐洲球隊對抗並不會落居下風。巴西的火力來自鋒線兩翼的輔助，Neymar 與 Hulk 分居左右兩側，這組鋒線陣容可說有高、有快、也能彼此控球策應，縱使沒有世界級的中鋒及大賽經驗豐富的球員，森巴火力仍舊不愁。

中場 MF　青春洋溢的天才們

巴西中場人才濟濟，不過真正能夠賦予重任的球員並不多。目前組織核心是來自英超切爾西的 Oscar，儘管他的天份在這兩年已然得到證明，但是才 22 歲就要在世界盃這樣的大比賽中擔負起整支球隊的供輪與成敗之責，對他而言壓力可能太過沉重。同樣情形在 Gustavo、Paulinho 身上也是如此。此時，「穩定軍心」的任務會交給雖然也僅 27 歲、但大賽經驗豐富的 Ramires。成名較早的 Ramires，比起同齡球員更成熟，若他能擔起領袖責任，巴西中場的發揮會更流暢。

後衛 DF　侵略性十足

跟一般認知或許有所出入的是，兵強馬壯又具侵略性的森巴後衛線，才是最令人恐懼的— Thiago Silva 的沉穩，加上 David Luiz 的勇猛，兩人能夠互補，板凳席上還有 Dante 可以輪換，中路防守不是問題。邊路的 Marcelo 與 Alves 除了防守評價不錯外，助攻能力更是當世第一，一旦兩人拔刀壓上前場參與進攻，絕對會是所有球隊邊路的惡夢。此外，還有攻守兼備、經驗豐富的右後衛 Maicon，雖然體能不如從前，但依舊保有強悍的身體素質。

門將 GK　最大罩門

曾被喻為巴西史上最強門將的 Julio Cesar 近年身體大不如前、功力明顯退步許多。而令人擔心的是，巴西竟然找不到足以頂替 Cesar 的人才。目前只能倚靠他的比賽經驗來彌補，不過到了關鍵時刻，守門員可能會成為巴西隊的罩門。

花絮趣聞

世界盃歷史上總共有八個國家贏得過冠軍，巴西共拿下五次冠軍，是奪冠次數最多的球隊。但是這八個國家中，有六個國家都曾經在自己家中封王，主辦國贏得冠軍的機率可說高得驚人——其中，只有西班牙及巴西不曾以地主國身分拿下冠軍。巴西上一回（也是唯一）擔任過主辦國要追溯到 1950 年，當時他們在決賽中敗給烏拉圭屈居亞軍，時隔 64 年，巴西究竟是會成為第七個奪冠的地主國，還是再度飲恨呢？

世界盃賽制補充說明

★ 1934-1978 年間（1950 年除外），取得世界盃決賽圈資格的國家隊為 16 隊，R1 即為小組賽出局，R2 即為 8 強階步。

★ 1982 年始，增至 24 隊，該年第一輪小組賽後，產生 12 支晉級隊伍；再進行第二輪小組賽，產生四強進行淘汰賽。故該年 R2 為 12 強。

★ 1986-1994 年，皆為 24 隊參與決賽圈賽事的格局，此段期間，R1 為小組賽出局，R2 為 16 強止步，R3 為 8 強止步。

★ 1998 年再度擴增為 32 隊，並沿用至今。各輪數分別代表：R1 為小組賽出局，R2 為 16 強止步，R3 為 8 強止步。

★ 1930 年沒有會外賽，13 支國家隊除主辦的烏拉圭外，皆為受邀參賽。小組賽結束後，便進入四強階段。

★ 1950 年，取得決賽圈資格的部分球隊棄賽，最終僅 13 隊參賽。第一輪小組賽結束後產生四強，然並未實施淘汰賽，而是四隊進行第二輪小組賽，前二名再踢決賽。

★ 2014 年的線段，為本篇作者之本屆成績預測。

看板球星 | SUPER STAR

Neymar FW
西甲巴塞隆納
174cm / 60kg
1992.02.05 / 右 / 22 歲

天才中的天才

人稱「小比利」的 Neymar，是「天才中的天才」。17 歲開始巴西就刻意培養、保護這名檔案天份的球員，所為便是 2014 為地主國贏得世界盃。Neymar 能赴雙足，他的盤帶腦法花俏繁複，假動作華麗動人，進球效率也非常優異，而且還擁有水準之上的自由球能力。不過他一直有太過容易倒地的壞習慣。2013 年轉會西甲巴塞隆納後，Neymar 與阿根廷 Lionel Messi、西班牙 Andres Iniesta 這些世界級球星共同合作、學習，這讓他的視野更為開闊。

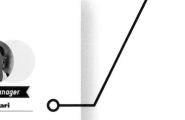

總教練 | Manager

Luiz Felipe Scolari
1948.11.09 / 65 / 巴西

國際賽的大師

Scolari 在國際賽場上的戰績無庸置疑，除了於 2002 年帶領巴西登上世界盃王座，同時創下 75% 的可怕勝率之外，他在執教葡萄牙國家隊期間，也曾率領葡萄打進歐洲國家盃決賽，這位國際賽大師的豐富經驗，是巴西重新召回他的主因。

	MANAGER **總教練**

教練姓名

出生日 / 年齡 / 國籍

選手的技術特性、球風類型、過往評價與心理素質等介紹。全數文字由知名球評石明謹先生撰述。

PLAYERS
球員介紹

球員卡

Hulk FW
俄超聖彼得堡澤尼特
180cm / 76kg
1986.07.25
左 / 27 歲

身體素質、踢球風格正如其「綠巨人」之名，在前場極具爆發力，有能力撕裂對方防線，並把任何機會轉化為進球。

Jo FW
巴西米內羅競技
189cm / 70kg
1987.03.20
右 / 27 歲

年紀輕輕就已有閱歷豐富、挑戰頂級賽事的履歷，身材碩長的他有著穩定的進球效率。不過容易飄忽是其痛腳。

Fred FW
巴甲富明尼斯
185cm / 84kg
1983.10.03
右 / 22 歲

巴西的主力中鋒，在聯合會盃有 5 進球、1 次助攻的好成績單，拿到銀靴獎之外，還幫助巴西捧盃。將是球隊的重要得分源。

Bernard FW
烏超頓內茨克礦工
168cm / 63kg
1992.09.08
左 / 22 歲

左右邊鋒都能靈活演繹，爆發力強、下壓短、突破能力尤為突出，慣用左腳的他，有著「巴西 Messi」的外號。

Oscar MF
英超切爾西
179cm / 66kg
1991.09.09
右 / 22 歲

技術細膩、脈壓攻擊型中場和邊鋒的位置感，以精準的傳球能力尤為突出，將球轉交不斷任的情況下，能在適當時送出致命傳球。

Ramires MF
英超切爾西
179cm / 65kg
1987.03.24
右 / 27 歲

體能充沛，防守攻守能力均衡，有「藍色亞人」的綽號，防守攔截時往返於陣地的射門和精準的傳球，進軍能力出眾，是巴西隊攻防轉接的樞紐。

Fernandinho MF
英超曼城
176cm / 67kg
1985.05.04
右 / 29 歲

本者可讓曼城在中場的實力向提高手力、在提高手力、在陣中的射門和精準的傳球，進軍能力出眾，是巴西隊攻防轉接的樞紐。

Luiz Gustavo MF
德甲沃夫斯堡
187cm / 80kg
1987.07.23
右 / 26 歲

這名左腳的後腰球員擁有非常絕妙的滑鏟、防守技術卓越而穩固的攔截，恩愛穩定的表現在森巴軍團似乎牢一席位。

Paulinho MF
英超托特納姆熱刺
188cm / 71kg
1988.07.25
右 / 26 歲

屬於全能型中場，戰績紀律也很好，是巴西隊聯合會盃冠軍的功臣之一。不過身為在職國家隊很單純，讓人比較擔心。

Willian MF
英超切爾西
174cm / 72kg
1988.08.09
右 / 25 歲

司職偏前的他左右邊鋒都能勝任，資質穩定，他的盤帶技術優秀，且擁有水準之上的組織、異動傳攻能力。

Hernanes MF
義甲國際米蘭
180cm / 76kg
1985.05.29
雙 / 29 歲

身強體壯，盤帶能力相當不錯，擁有組織能力，球隊相當信賴的一腳遠射威脅性，而且是一位自由球專家。

Thiago Silva DF
法甲巴黎聖日耳曼
183cm / 79kg
1984.09.22
右 / 29 歲

擁有強硬的防守，而且頭球能力出眾。此外，他繼相當出色的一腳遠射和的整體風範，足以穩定軍心。

David Luiz DF
英超切爾西
185cm / 73kg
1987.04.22
左 / 26 歲

速度優異的中線防守員，有時也能拉到左路，發揮巴西隊長的他，有著頭的領袖風範，足以穩定軍心。

Marcelo DF
西甲皇家馬德里
172cm / 73kg
1988.05.12
左 / 26 歲

不僅防守出色，也能化身左中場掌握攻勢，左腳運我射門充滿力量，不禁讓人想起他的巴西、皇馬前輩 Roberto Carlos。

Dani Alves DF
西甲巴塞隆納
173cm / 64kg
1983.05.06
右 / 31 歲

攻、守、進進備的後衛，具有優異的傳中和射門技巧，其出缺的右路進攻，也經是巴西隊發起進攻的戰線。

Dante DF
德甲拜仁慕尼黑
188cm / 87kg
1983.10.26
右 / 32 歲

正面防守能力強的中後衛，頭球出色，經常利用自由球時破壞門戶，不過頂頂頂級的強門上，是他最大的問題。

Maicon DF
義甲羅馬
184cm / 77kg
1981.07.26
右 / 27 歲

穩定而強悍的老將，將扮演隊上的精神領袖、實力雖然不及巔峰門，不過身體況反應速度較慢，是他最大的問題。

Maxwell DF
法甲巴黎聖日耳曼
176cm / 73kg
1981.08.27
左 / 32 歲

邊鋒起家不輕，但力量和跑動能力仍維持相當水準，還擁有身高優勢，在球場相當出色的功夫再現，可惜慣用的左足卻有一腳高水準重砲門。

Henrique DF
義甲拿坡里
187cm / 73kg
1986.10.14
右 / 27 歲

身強體壯，速度不錯，而且擁有身高優勢，在球場相當出色的功夫再現，可惜慣用的左足卻有一腳高水準重砲門。

Julio Cesar GK
英足聯多倫多 FC
186cm / 79kg
1979.09.03
右 / 34 歲

2007 年成為國家隊一號門將，此外，亦可兼任後腰位置。

Jefferson GK
巴甲博塔弗戈
188cm / 80kg
1983.01.02
右 / 31 歲

曾代表巴西在 2003 年世青賽奪下冠軍，已有多次國家隊經驗，是很好的二號門將人選。

Victor GK
巴西米內羅競技
193cm / 94kg
1983.01.21

國際賽出賽次不多，不過實戰經歷有限，還保持穩定性和相當有限，這也顯示了巴西門將儲備不足的問題。

7

球員卡範例

Hulk FW
俄超聖彼得堡澤尼特
180cm / 76kg
1986.07.25
左 / 28 歲

身體素質、踢球風格正如其「綠巨人」之名，在前場極具爆發力，有能力撕裂對方防線，並把任何機會轉化為進球。

位置

球員姓名

所屬職業球隊

身高 / 體重
出生日
慣用腳 / 年齡

活動範圍

選手的技術特性、球風類型、過往評價與心理素質等介紹。全數文字由知名球評石明謹先生撰述。

場上位置

 前鋒　　 後衛

MF 中場　　GK 門將

活動範圍

 綠色色塊為球員於場上最常活動之區域

NEYMAR JR. #10

" EVERYTHING IN MY LIFE HAS HAPPENED VERY EARLY PERSONALLY
AND PROFESSIONALLY. I'M ALWAYS LEARNING."

我的生命種種，總是迫不及待地超前進度，無論個人，還是足球職業生涯。
我總在不停地學習。

DOLPHIN'S LEAP

破水之躍

———————— 破 水 之 躍 ————————

每每完成那些才賦滿溢的進球之後，他會奔向空中，忘情縱躍，
讓金黃色的日光灑在他金黃色的戰袍上，那種破水而出的曼妙身姿，彷若舞蹈。

Writer／李辰寬

關於海豚，我曾聽過一個故事：從前，在中南美洲一片叫作「百慕達」的土地上，住著一群快樂的人。他們天性純樸樂觀，喜歡唱歌、舞蹈、跳躍、奔跑，生活無憂無慮，富足而美滿。可是有一天，這片土地驟然陷落、深深沉入了海裡。百慕達成為一片汪汪大海，而大海之中，從此便有了海豚。

那是一種善泳、且泳速極快的生物，偶爾，他們會躍出海面，讓金黃色的日光灑在身上，那種曼妙身姿，彷若舞蹈。他們喜愛熱鬧，總在水裡翻滾、玩耍，他們溫和而友善，看起來總像帶著一朵善良無邪的微笑。在英文裡，海豚叫作「dolphin」，這個字是由古希臘文「delphís」演變而來——它的意思是「海中靈魂」。

如今地圖上被稱為「百慕達三角」的北大西洋海域裡，有著數以萬計的海豚嬉戲。而你若由此啟程，逆流向南航行，跨越赤道之後，乘著暖流抵達南大西洋西岸，你同樣能在巴西聖維森特沙灘上，遇見一群快樂如海豚的孩子。他們光著腳，全力追逐其中一位個頭特別小、足底盤著一粒球的小男孩——他的年紀只有其他孩子一半大，然而那粒球卻像被施了法術一般，隨著男孩雙足的騰挪、迴旋、疾彎、翻挑而翩翩起舞。男孩的一對小小足痕印在灘上，信

步繽紛，錯落有致，猛一看，竟像極了一場即興的沙灘藝術。

十多年之後，19歲的他在以匈牙利傳奇前鋒Ferenc Puskas為名的「FIFA年度最佳進球獎」頒獎典禮上，憑著一記左右腳交互變向繞越防守者的射門得分，贏過分坐他左右的兩位世界頂級前鋒——英格蘭Wayne Rooney與阿根廷Lionel Messi。之後，人們是如此品評他的——渾然天成的才賦與魔術般的腳法。

他是Neymar，繼承了足球員父親的名字與天賦，他是南半球最快樂的一條海豚。

早慧的天才

巴西的足球，正如她豐美性感的熱帶雨林，從來不乏盎然生機。在這片足球天才俯拾即是的沃壤上，早慧的Neymar被視為國家珍寶一般，匯聚了整座雨林的養分細細澆灌，小心翼翼地捧著長大——有人說，他將是「下一個球王比利（Pele）」。

Neymar的足球生涯一帆風順：7歲加入室內足球隊、11歲由巴甲強權桑托斯（Santos）發掘、14歲謝絕西甲豪門皇家馬德里的合約、17歲破格拔擢至桑托斯成人隊。

2010年，18歲的Neymar在某場比賽之前心血來潮，跑去

PROFILE

Neymar Jr.

巴西

西甲巴塞隆納

前鋒

22 歲

174cm 60kg

右腳

剃了一個頭頂如魚鰭般高高聳起的「莫西干」髮型。那場比賽，他頂著前衛的腦袋獨進兩球。在往後數月之間，巴西青少年們紛紛爭相仿效這個髮型。這年，桑托斯贏得聖保羅足球聯賽、巴西盃雙冠，而Neymar在總共60場賽事中攻入42球。

此時，巴西國內掀起一股巨大聲浪，強烈要求國家隊總教練Dunga將Neymar選進2010南非世界盃代表隊，甚至連球王Pele也同聲疾呼。不過最後，Dunga認為這個18歲的孩子仍不足以應付成人國家隊賽事，因而放棄。

巴西最終於世界盃八強時遭荷蘭淘汰，Dunga很快收到免職令，而Neymar則在一個多月後首次披上成人國家隊黃色戰袍，並於生涯初登場、面對美國隊的友誼賽中，以他那顆顯眼的魚鰭頭頂進第一分。

全巴西都樂瘋了——儘管他們才剛在世界盃失利不久。Neymar讓他們在短短一個月後重新振作，他們再度挺起胸膛、誇耀絮叨，並豪氣干雲地織起四年後、在自己土地上的豐盛美夢。

出走，只為頂尖

19歲這年對Neymar來說，最值得紀念的恐怕不是帶領桑托斯蟬聯聯賽冠軍；也不是擊敗烏拉圭、奪下南美解放者盃冠軍；甚至不是獲頒「南美足球先生」榮銜——而是2011年12月18日這一天。是日，他所率領的桑托斯在日本舉行的「國際足總俱樂部世界盃」冠軍賽之中，對決當年的歐洲冠軍、西甲豪門巴塞隆納。那場比賽，桑托斯以0：4、近乎被血洗的姿態落敗，而Neymar親眼目睹、親身領略了巴塞隆納細膩而又寬廣、帶著音樂性韻腳的足球。

在以2012年倫敦奧運足球銀牌、蟬聯南美足球先生誌記20歲之後，Neymar宣布赴海外挑戰的決定。歐洲各家豪門球會無不蜂擁而至，「誰會想錯過下一個比利？」不過Neymar沒有遲疑太久，便決定了目的地：巴塞隆納。

對於一名天賦橫溢、體內尚有無數寶藏還未發掘的天才球手來說，能在巴塞隆納與世界頂尖球星們共事、學習、浸潤、成長，這是萬金不易的寶貴機會。於是這條海豚游渡浩渺的大西洋，從南半球到北半球，抵達世間所有天才匯聚的海洋。

「Neymar能否在歐陸的頂級聯賽生存？」成為全世界球迷激辯的問題，包括巴塞隆納耆宿Johann Cruyff都曾表達懷疑——由於Neymar的體型仍舊過於單薄，這在碰撞激烈的歐洲賽場可不是好消息。

不過Neymar用他魔術般的雙腳破除一切閒言閒語。在Messi於2013年末因傷缺陣的九場比賽中，Neymar接替了中鋒的位置，表現出色奪目——其中更包括對決死敵皇家馬德里的「西甲德比」時，1進球、2助攻的精采演出。而且Neymar的身體對抗性問題並不若想像中那麼嚴重，只要他能保持健康，在世界足球最高水準的戰場，他仍舊悠游如常。

破水之躍

自小在巴西街巷、海灘的晝夜浸淫淬鍊，讓Neymar的足球帶著南半球海洋寬闊的弧度，渾若天成，絲毫不摻造作。從技術而言，他是絕對的天才——很少有球員能如他那般自在地控制皮球。他可以隨心所欲地使用雙腳傳球與射門，他速度飛快、充滿機智，無論腳底是否帶球、無論緩步移動或是全速衝刺，他都充滿侵略性。

Neymar的攻擊嗅覺敏銳，而且鮮少犯錯，即使外行人都看得出來，他擁有支配全場的能力。有人把Neymar喻為巴西近代三位足球天才的恐怖綜合體——Pele的速度、Ronaldinho的盤帶、Ronaldo的射門。這麼說好了，世間任何足球員所能獲得的讚美辭藻，都曾被加之於Neymar身上。儘管如此，對自己要求甚高的他還是說：「我總在

嘗試，讓一切更接近完美。」

不過眼下Neymar必須改掉對鏟球、碰撞反應過大的壞習慣。在巴西踢球時，他多半會受到裁判的哨音保護，但到了世界的戰場，習慣性的摔倒多半只能換來噓聲。

Neymar的早慧，使得他的人生總在超前進度：他早早獲得鉅額合約、早早囊括數不盡的獎項、早早在頂級聯賽證明身手——唯獨世界盃，對Neymar而言，是遲來的初體驗。在這場今年最盛大的足球嘉年華中，Neymar總是乘風破浪的背脊上添了更多包袱：他得扛起家鄉的期望、球隊的領袖，而且，他還身在世上最強盛的足球國度。我們不能忘記，他終究只是個22歲、偶爾會露出天真燦笑、卻也容易大起大落的年輕人。從一個浪尖翻到另一個浪尖，Neymar這回面對的，將是「世界」這道高浪。不過我們其實也無須擔憂，因為這正是他赤誠深愛的一片海洋，他生來便是為了追逐、翻越那一波波長浪。若你的眼夠利夠快，能追著他眩目的森巴步伐，你定能發現，每每完成那些才賦滿溢的進球之後，他會奔向空中，忘情縱躍，讓金黃色的日光灑在他金黃色的戰袍上，那種破水而出的曼妙身姿，彷若舞蹈。

BRAZIL

巴西 | FIFA 世界排名：6

國土面積：851萬 平方公里
人口：2億 100萬人

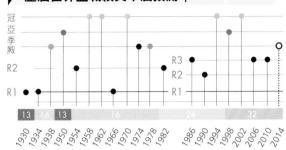

▶ 歷屆世界盃戰績與本屆預測 | History

▶ 戰力數值 | Analyzing

盤帶　　　　　　　　　　門將
傳球　　　　　　　　　　解圍
跑位　　　　　　　　　　攔截
射門　　　　　　　　　　鏟球

▶ 先發陣容 | Starting XI

Fred
Neymar　Oscar　Hulk
Gustavo　Fernandinho
Marcelo　Thiago Silva　David Luiz　Dani Alves
Julio Cesar

4-2-3-1

巴西隊為了 2014 年世界盃，除了於硬體設施耗費巨資外，更從五、六年前就開始組訓球員，對巴西而言，身為地主國若未能留下金盃，就算是失敗。

前鋒 FW　歐化的森巴之舞　—— Forward

近年來巴西漸有「歐洲化」的潮流，球員們大量旅歐，陣容方面也屢屢使用當今歐洲足壇最流行的 4-3-3 或是 4-2-3-1 陣型。突前中鋒的位置，通常是由 Fred 或 Jo 擔綱，儘管這兩名球員的能力絕非頂尖，但是他們身體素質不錯，與歐洲球隊對抗並不會落居下風。巴西的火力來自鋒線兩翼的輔助，Neymar 與 Hulk 分居左右兩側，這組鋒線陣容可說有高、有快、也能彼此控球策應，縱使沒有世界級的中鋒及大賽經驗豐富的球員，森巴火力仍舊不愁。

中場 MF　青春洋溢的天才們　—— Midfield

巴西中場人才濟濟，不過真正能夠賦予重任的球員並不多。目前組織核心是來自英超切爾西的 Oscar，儘管他的天份在這兩年已然得到證明，但是才 22 歲就要在世界盃這樣的大比賽中擔負起整支球隊的供輸與成敗之責，對他而言壓力可能太過沉重。同樣情形在 Gustavo、Paulinho 身上也是如此。此時，「穩定軍心」的任務會交給雖然也僅 27 歲、但大賽經驗豐富的 Ramires。成名較早的 Ramires，比起同齡球員更成熟，若他能擔起領袖責任，巴西中場的發揮會更流暢。

後衛 DF　侵略性十足　—— Defensive

跟一般認知或許有所出入的是，兵強馬壯又具侵略性的森巴後衛線，才是最令人恐懼的—— Thiago Silva 的沉穩，加上 David Luiz 的勇猛，兩人能夠互補，板凳席上還有 Dante 可以輪換，中路防守不是問題。邊路的 Marcelo 與 Alves 除了防守評價不錯外，助攻能力更是當世第一，一旦兩人拔刀壓上前場參與進攻，絕對會是所有球隊邊路的惡夢。此外，還有攻守兼備、經驗豐富的右後衛 Maicon，雖然體能不如從前，但依舊保有強悍的身體素質。

門將 GK　最大罩門　—— Goalkeeper

曾被喻為巴西史上最強門將的 Julio Cesar 近年身體大不如前、功力明顯退步許多。而令人擔心的是，巴西竟然找不到足以頂替 Cesar 的人才。目前只能倚靠他的比賽經驗來彌補，不過到了關鍵時刻，守門員可能會成為巴西隊的罩門。

花絮趣聞　—— Tidbit

世界盃歷史上總共有八個國家贏得過冠軍，巴西共拿下五次冠軍，是奪冠次數最多的球隊。但是這八個國家中，有六個國家都曾經在自己家中封王，主辦國贏得冠軍的機率可說高得驚人——其中，只有西班牙及巴西不曾以地主國身分拿下冠軍。巴西上一回（也是唯一）擔任過主辦國要追溯到 1950 年，當時他們在決賽中敗給烏拉圭屈居亞軍，時隔 64 年，巴西究竟是會成為第七個奪冠的地主國，還是再度飲恨呢？

Neymar FW
西甲巴塞隆納
174cm / 60kg
1992.02.05 / 右 / 22歲

天才中的天才

人稱「小比利」的 Neymar，是「天才中的天才」。17 歲開始巴西就刻意培養、保護這名極富天份的球員，所為便是 2014 為地主國贏得世界盃。Neymar 能並用雙足，他的盤帶腳法花俏複雜，假動作華麗眩目，進球效率也非常優異，而且還擁有水準之上的自由球能力。不過他一直有太過容易倒地的壞習慣。2013 年轉會西甲巴塞隆納後，Neymar 與阿根廷 Lionel Messi、西班牙 Andres Iniesta 這些世界級球星共同合作、學習，這讓他的視野更為開闊。

總教練 | Manager

Luiz Felipe Scolari
1948.11.09 / 65歲 / 巴西

國際賽的大師

Scolari 在國際賽場上的戰績無庸置疑，除了於 2002 年帶領巴西登上世界盃王座、同時創下 75% 的可怕勝率之外，他在執教葡萄牙國家隊期間，也曾率領葡萄牙打進歐洲國家盃決賽，這位國際賽大師的豐富經驗，是巴西重新召回他的主因。

Hulk — FW
俄超聖彼得堡澤尼特
180cm / 76kg
1986.07.25
左 / 28歲

身體素質、踢球風格正如其「綠巨人」之名，在前場極具爆發力，有能力撕裂對方防線，並把任何機會轉化為進球。

Jo — FW
巴甲米內羅競技
189cm / 70kg
1987.03.20
左 / 27歲

年紀輕輕就已有闖蕩歐陸、挑戰頂級聯賽的履歷，身材瘦長的他有著穩定的進球效率，不過容易假摔是其弊病。

Fred — FW
巴甲富明尼斯
185cm / 84kg
1983.10.03
右 / 31歲

巴西的主力中鋒，在聯合會盃有 5 進球、1 次助攻的好成績單，拿到銀靴獎之外，還幫助巴西捧盃，將是球隊的重要得分點。

Bernard — FW
烏超頓內茲克礦工
168cm / 63kg
1992.09.08
右 / 22歲

左右邊鋒都能活躍演繹，爆發力強、下盤穩，突破能力尤為突出。慣用左腳的他，有著「巴西 Messi」的外號。

Oscar — MF
英超切爾西
179cm / 66kg
1991.09.09
右 / 22歲

技術細膩，勝任攻擊型中場和邊鋒，以精準的傳球和跑位著稱，將球牢牢護住的情況下，能在適當時送出致命傳球。

Ramires — MF
英超切爾西
179cm / 65kg
1987.03.24
右 / 27歲

體能充沛，防守進攻能力均衡，有「藍色肯亞人」的綽號，防守時侵略性強，從後場插上助攻也是一絕。

Fernandinho — MF
英超曼城
176cm / 67kg
1985.05.04
雙 / 29歲

本賽季讓曼城在中場的實力大增，在中場有強而有力的射門和精準的傳球，遠射能力出眾，是巴西隊攻防轉換的樞紐。

Luiz Gustavo — MF
德甲沃夫斯堡
187cm / 80kg
1987.07.23
左 / 27歲

這名左腳的後腰球員擁有非常兇猛的滑鏟，防守技術卓越而態度積極，憑著穩定的表現在森巴軍團佔據一席位。

Paulinho — MF
英超托特納姆熱刺
182cm / 71kg
1988.08.09
右 / 26歲

屬於全能型中場，戰術紀律也很好。是巴西贏得聯合會盃冠軍的功臣之一。他的盤帶技術優秀，且擁有水準之上的組織、策動進攻能力。

Willian — MF
英超切爾西
174cm / 72kg
雙 / 26歲

司職前腰的他左右邊鋒都能踢，資質極佳。他具備相當出眾的一腳遠射威脅性，而且是一位自由球專家。

Hernanes — MF
義甲國際米蘭
180cm / 76kg
1985.05.29
雙 / 29歲

身強體壯，盤帶能力相當不錯，擅長組織進攻。具備相當出眾的一腳遠射威脅性，而且是一位自由球專家。

Thiago Silva — DF
法甲巴黎聖日耳曼
183cm / 79kg
1984.09.22
右 / 29歲

擁有強悍的防守，而且頭球能力出色。此外，擔任巴西隊長的他，有著良好的領袖風範，足以穩定軍心。

David Luiz — DF
英超切爾西
185cm / 73kg
1987.04.22
雙 / 27歲

速度優異的中線防守球員，有時也能拉到左路旁，身高和頭球讓他佔據空中優勢。但他偶爾會出現解圍失誤，是森巴防線隱憂。

Marcelo — DF
西甲皇家馬德里
172cm / 73kg
1988.05.12
左 / 26歲

不僅防守出色，也能化身左中場發揮進攻威脅，左腳重砲射門充滿力量，不禁讓人想起他的巴西、皇馬前輩 Roberto Carlos。

Dani Alves — DF
西甲巴塞隆納
173cm / 64kg
1983.05.06
右 / 31歲

攻、守、速兼備的後衛，具有優異的傳中和射門技巧，其坐鎮的右路走廊，也總是球隊發起進攻的戰線。

Dante — DF
德甲拜仁慕尼黑
188cm / 87kg
1983.10.18
左 / 30歲

正面防守能力強的中後衛，頭球出色，經常利用自由球頭槌破門。不過由於追防反應速度較差，是他最大的問題。

Maicon — DF
義甲羅馬
184cm / 77kg
1981.07.26
右 / 32歲

穩定而強悍的老將，將扮演隊上的精神領袖。臂力不凡，擅長擲界外球。不過他的非慣用腳是一大破綻。

Maxwell — DF
法甲巴黎聖日耳曼
176cm / 73kg
1981.08.27
左 / 32歲

儘管年紀不輕，但力量和跑動能力仍維持得不錯。雖然非慣用腳的使用相當貧乏，可是慣用的左足卻有一腳高水準重砲射門。

Henrique — DF
義甲拿坡里
187cm / 73kg
1986.10.14
右 / 30歲

身強體壯，速度不錯，而且擁有身高優勢，在禁區內頭球解圍的功夫非常拿手。此外，還可兼任後腰位置。

Julio Cesar — GK
美足聯多倫多 FC
186cm / 79kg
1979.09.03
右 / 34歲

2007 年成為國家隊一號門將至今，不過狀態已不若以往，過去引以為傲的快速反應與連續撲救還剩幾成功力令人懷疑。

Jefferson — GK
巴甲博塔弗戈
188cm / 80kg
1983.01.02
右 / 31歲

曾代表巴西在 2003 年世青賽奪下冠軍，已有多次國家隊經驗，是很好的二號門將人選。

Victor
巴甲米內羅競技
193cm / 84kg
1983.01.21
左 / 31歲

國家隊出賽次數不多，天賦與發展性都相當有限，這也顯示了巴西門將儲備不足的問題。

CROATIA

克羅埃西亞 | FIFA 世界排名：20

國土面積：56萬 平方公里
人口：447萬人

冠
亞
季
殿

R2　　　　　　　　　R3
　　　　　　　　　　R2
R1　　　　　　　　　R1

13　16　13　　　16　　　24　　　32

1930 1934 1938 1950 1954 1958 1962 1966 1970 1974 1978 1982 1986 1990 1994 1998 2002 2006 2010 2014

克羅埃西亞承襲前南斯拉夫足球特色，身體對抗強、腳下功夫細。他們在 2012 年歐洲國家盃小組賽即淘汰，經歷球隊換血之後，期待能在世界盃有好表現。

前鋒 FW　　類型豐富的前鋒搭配　　——— Forward

克羅埃西亞的鋒線人手充足，尤其拜仁慕尼黑前鋒 Mario Mandzukic 近兩年狀態火熱，與 Nikica Jelavic 在 2012 年歐洲國家盃的雙塔組合頗有成效，不管是 4-2-3-1 或是 4-4-2 陣型都不成問題。替補席上，則還有經驗豐富的老將 Ivica Olic 與 Eduardo，必要時可以轉為邊路突襲戰術。前鋒類型多變，戰術變化與板凳深度不成問題，加上 Mandzukic 近年迅速成長、又有體型的絕對優勢，這名在 Davor Suker 之後出現的格子軍世界級前鋒將決定球隊在巴西能走多遠。

中場 MF　　勢孤力單的指揮官　　——— Midfield

效力皇家馬德里的 Luka Modric 是當今最佳中場節拍器之一，他非常擅於掌控球隊的攻防節奏，但克羅埃西亞一直找不到能與 Modric 合作的固定搭檔。包括 Ognjen Vukojevic、Ivan Rakitic 甚至小將 Mateo Kovacic 都曾經與 Modric 搭配過，也試過把 Modric 移到左路，但一直找不到最好的配置方式，找到中場指揮官的最佳幫手是他們最大的課題。他們曾在資格賽試過 4-4-2、3-5-2 等方式，最後對冰島的附加賽用了 4-2-3-1 陣型才驚險過關，這也可能成為克羅埃西亞最終選擇。

▶ 戰力數值 | Analyzing

盤帶	門將
傳球	解圍
跑位	攔截
射門	鏟球

▶ 先發陣容 | Starting XI

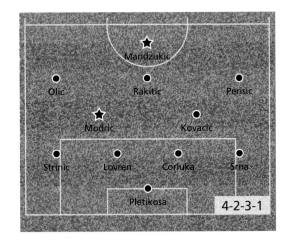

Mandzukic
Olic　　Rakitic　　Perisic
Modric　　　Kovacic
Strinic　Lovren　Corluka　Srna
Pletikosa

4-2-3-1

後衛 DF　　左右不均衡的防守　　——— Defensive

擔任右後衛的隊長 Darijo Srna 可以算是當今世上最全能的邊後衛之一：從右後衛、右中場、甚至一路打到右邊鋒都沒有問題。他的防守功夫毫不含糊，而擁有 21 個國際賽進球的攻擊端也非常犀利，更重要的是，還有超過百場的國際賽與多年歐冠經驗，只要有他在場，克羅埃西亞的右路不會有太多問題。其他後衛由右往左的配置分別是 Vedran Corluka、Dejan Lovren、Ivan Strinic，這個組合越往左路經驗就越稚嫩，這方面也將是克羅埃西亞比較令人憂心的項目。

門將 GK　　人才斷層致命傷　　——— Goalkeeper

Stipe Pletikosa 為國出賽百餘場，但年事已高。二號門將 Danijel Subasic 雖已 29 歲，但只有 6 場國際賽經驗。殘酷的是，其實 Pletikosa 除了在莫斯科斯巴達時略有表現外，也不算是一位特別出色的門將，守門員人才匱乏絕對是克羅埃西亞最大的致命傷。

花絮趣聞　　——— Tidbit

克羅埃西亞獨立後，於 1996 年首度參加歐洲國家盃即進入 8 強，1998 年世界盃首秀更是一鳴驚人，在進入淘汰賽之後，連續擊敗羅馬尼亞、德國，打進了最後四強。準決賽時以一球敗給後來的冠軍法國隊，季軍戰則擊敗荷蘭。當時頭號前鋒 Davor Suker 以 6 個進球擊敗阿根廷的 Gabrieal Batistuta、義大利的 Christian Vieri 等世界級球星，拿下金靴獎，也讓該屆的克羅埃西亞不論是在個人表現或是團隊成就，都扮演了名符其實的「超級菜鳥」。

Mario Mandzukic **FW**

德甲拜仁慕尼黑
187cm / 84kg
1986.05.21 / 右 / 28歲

金靴獎的接班人

克羅埃西亞在 1998 年世界盃初次登場就一鳴驚人，這跟當年奪得金靴獎的超級前鋒 Davor Suker 絕對脫不了關係——而如今，Suker 後繼有人了！Mario Mandzukic 是現代足球中難得的「標準中鋒」樣版——他的身材高大、背對球門持球能力強，更擅長利用頭球製造威脅。Mandzukic 效力於德甲豪門拜仁慕尼黑，經歷過歐洲大賽洗禮，目前已成為歐洲頂級前鋒之一。只要他在場上，對其他隊伍的中後衛來說肯定是一場惡夢。

⚑ 總教練 | *Manager*

Niko Kovac

1971.10.15 / 42歲 / 克羅埃西亞

德風少帥

在德國出生、長大、踢球的 Kovac，骨子裡流竄著道地的克羅埃西亞靈魂。球員時期他曾代表克羅埃西亞征戰 83 場國際賽，並長期擔任隊長。這名中場硬漢所帶領的球隊，跟他的個人球風非常類似——簡潔、明快而且強悍。

FW
Ivica Olic
德甲沃夫斯堡
182cm / 85kg
1979.09.14
左 / 34歲

這名前鋒總是能夠用最實用的動作將球送入球門。他的體力充沛，擅長門前搶點，並且有評價不錯的頭球功夫。

FW
Eduardo
烏超頓內茲克礦工
180cm / 73kg
1983.02.25
左 / 31歲

曾經歷過小腿嚴重骨折的傷勢，不過他的精神堅毅，復出後努力回復穩定表現，生涯 62 場國家隊比賽攻入 29 球，現役最多。

FW
Nikica Jelavic
英甲赫爾城
188cm / 88kg
1985.08.27
左 / 28歲

2012 年在英超半個賽季攻入 11 球而名聲大噪，身高頗具優勢，門前嗅覺靈敏，球感一流，頭、腳功夫皆了得。

FW
Ante Rebic
義甲費倫提那
182cm / 80kg
1993.09.21
右 / 20歲

年輕有勁的前鋒，體力充沛，射門技術佳，首次披上國家隊戰袍就取得進球，但在球隊射手眾多之下，他只能暫時擔任替補。

MF
Luka Modric
西甲皇家馬德里
173cm / 65kg
1985.09.09
右 / 28歲

綽號「魔笛」的技術組織型中場，攻守均衡，全面的左右腳技術，並且有力量巨大的遠射能力，體力充沛，擅於盤帶傳球。

MF
Ivan Rakitic
西甲塞維亞
184cm / 80kg
1988.03.10
右 / 26歲

技術出色，速度奇快，攻擊意識強，左右腳技術均衡的邊鋒，擅長創造左路攻擊機會，他的不足是組織能力有所欠缺。

MF
Ivan Perisic
德甲沃夫斯堡
187cm / 74kg
1989.02.02
雙 / 25歲

自由球專家，也是一名邊路好手，擅長突破後內切射門，門前搶點能力出眾，並且具有不錯的頭球功夫。

MF
Mateo Kovacic
義甲國際米蘭
181cm / 75kg
1994.05.06
雙 / 20歲

急速崛起的天才新星，擁有成為優秀中場組織者的特質，左右腳技術均衡，有良好的盤帶技巧，大局觀和傳球能力也不錯。

MF
Milan Badelj
德甲漢堡
186cm / 76kg
1989.02.25
雙 / 25歲

傳統的控球型中場，有不錯的體型優勢，加上一腳精湛的長傳功夫，這讓他總是能輕易控制住比賽節奏。

MF
Niko Kranjcar
英冠女王公園巡遊者
185cm / 80kg
1984.08.13
雙 / 29歲

擁有邊路出色的突破與傳中能力，技術嫻熟，憑著豐富的經驗和良好的大局觀，依然是球隊所不可或缺的戰力。

MF
Ognjen Vukojevic
烏超基輔發電機
184cm / 76kg
1983.12.20
右 / 30歲

這名防守型中場在國家隊有超過 50 次的出場紀錄，身材高大，風格強硬，在人才濟濟的中場可擔任強而有力的替補。

DF
Darijo Srna
烏超頓內茲克礦工
182cm / 78kg
1982.05.01
右 / 32歲

球隊隊長兼絕對核心，是典型的邊路球員，可勝任兩個邊路的四個位置，在右路的後插上具備極強的隱蔽性和攻擊力。

DF
Vedran Corluka
俄超莫斯科火車頭
193cm / 80kg
1986.02.05
右 / 28歲

身高優勢非常明顯，但卻難能可貴地同時擁有良好的協調性與技術，防空能力相當強大。坐鎮中衛威嚇力十足。

DF
Dejan Lovren
英超南安普敦
188cm / 84kg
1989.07.05
右 / 24歲

身體素質高，球風強硬，侵略性十足，頭球出色，是一位中後場的全能型球員，可以勝任中後衛、右後衛。

DF
Ivan Strinic
烏超迪尼普
186cm / 78kg
1987.07.17
左 / 26歲

近年都擔綱主力左邊衛職責，有不錯的後路前插進攻能力，在 2012 年歐洲盃踢滿三場小組賽並有 1 次助攻。

DF
Danijel Pranjic
希超帕納辛納科斯
170cm / 70kg
1981.12.02
左 / 32歲

經驗豐富的左邊衛，前插助攻能力極強。有一腳大力遠射能力，還能經常將球送到對方防守的脆弱區域，製造威脅。

DF
Domagoj Vida
烏超基輔發電機
182cm / 70kg
1989.04.29
右 / 22歲

身強體壯的年輕中衛，過去也有在德甲勒沃庫森的頂級聯賽效力經驗，有機會競爭一席寶貴的先發位置。

DF
Sime Vrsaljko
義甲熱那亞
180cm / 75kg
1992.01.10
右 / 22歲

備受關注的年輕小將，是一名全能後衛，能夠擔任左右後衛而受到青睞，被譽為克羅埃西亞最有才華的球員之一。

DF
Gordon Schildenfeld
希超帕納辛納科斯
191cm / 91kg
1985.03.18
右 / 29歲

典型的東歐粗獷型中衛，球風強悍，因而時常吃牌，因為在職業聯賽狀況不佳退居替補，進而失去國家隊主力的位置。

GK
Stipe Pletikosa
俄超羅斯托夫
193cm / 83kg
1979.01.08
右 / 35歲

功勳卓著、經驗豐富的老將。身高條件出眾，化解單刀的能力強，反應敏捷，擅長撲點球，也擅長罰點球。

GK
Danijel Subasic
法甲摩納哥
191cm / 85kg
1984.10.27
右 / 29歲

出色的體格以及穩健的身手讓他成為法甲強隊連續三年的主力門將，將會是國門的未來接班人。

Oliver Zelenika
克甲薩格勒布火車頭
192cm / 80kg
1993.05.14
左 / 21歲

有不錯身高的優質小將，年紀非常輕，前往世界盃增加經驗後，將來的發展可以期待。

MEXICO

墨西哥 | FIFA 世界排名：19

國土面積：196萬 平方公里
人口：1 億 1882萬人

▶ 歷屆世界盃戰績與本屆預測 | History

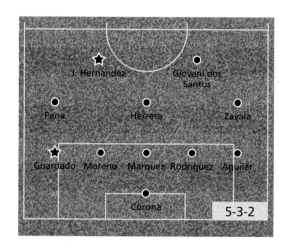

▶ 戰力數值 | Analyzing

盤帶　　　　　　　　　　　門將
傳球　　　　　　　　　　　解圍
跑位　　　　　　　　　　　攔截
射門　　　　　　　　　　　鏟球

▶ 先發陣容 | Starting XI

J. Hernandez　　Giovani dos Santos

Pena　　Herrera　　Zavala

Guardado　Moreno　Marquez　Rodriguez　Aguilar

Corona

5-3-2

墨西哥在資格賽表現不佳，差點中斷從 1994 年以來連續打進決賽圈的紀錄，不過在新教頭的領導下逐漸恢復，有希望連續 6 屆打進 16 強。

前鋒 FW　　矮小箭頭的缺陷 —— Forward

Javier Hernandez 四年前在南非世界盃一鳴驚人，雖然未能站穩在英超曼聯的先發地位，但他進球效率依然相當突出，特別在國家隊的表現總是比起在職業隊更加出色，本屆他無疑是墨西哥最倚重的攻堅武器。而在中場邊路人手缺乏的情況下，Giovani dos Santos 或許會在鋒線與中場之間遊走，小豌豆的搭檔可能會由老將 Oribe Peralta 出任，但墨西哥的球員在身體對抗的劣勢極為明顯，如果不算高中鋒 Raul Jimenez，平均身高還不到 175，這可能會是墨西哥鋒線最大的弱點。

中場 MF　　活力十足的中場 —— Midfield

年僅 27 歲的 Andres Guardado 已為國出賽超過百場，他在左路的攻守相當均衡，甚至也能踢左後衛，同時是隊中效力歐洲大型球會經驗最豐富的球員。中路進攻組織將倚靠這幾年踢出身價的 Hector Herrera，另外還可派上 Carlos Pena 或是 Giovani dos Santos，這條中場進攻線相當地有活力。墨西哥已經逐漸把陣型由 4-4-2 轉變為 5-3-2，對於中場的防守要求更高，有時甚至必須借重主要司職後衛的 Carlos Salcido 來客串。

後衛 DF　　嚴重老化的防線 —— Defensive

墨西哥在世界盃資格賽上跌跌撞撞，跟後防不穩的問題脫不了關係，尤其是兩名中後衛組合，目前竟還得靠老隊長 Rafael Marquez 跟 Francisco Javier Rodriguez 力撐。加上左後衛 Salcido，這三名球員的國際賽經驗加起來就超過 300 場，但年齡相加也超過 100 歲，在短期、激烈的大賽之中，這絕對不是個好消息。過去一年，墨西哥在各項賽事中共用了 26 名不同的後衛，卻沒有找到好的方法，今年索性大變陣，改用 5-3-2 的陣型，期望可以拯救這條老化的後防線。

門將 GK　　沒有穩定的先發守門員 —— Goalkeeper

墨西哥守門員人才不足，過去一年的大賽中，共試用四名不同的門將先發，這是非常少見的情況。本屆他們依舊選用年紀最大的 Jose de Jesus Corona，並加入有旅歐經驗的 Guillermo Ochoa 為輔。

花絮趣聞 —— Tidbit

墨西哥前鋒 Javier Hernandez 的父親 Javier Hernandez Gutierrez，有一對綠色的眼睛，因而被墨西哥球迷戲稱為「豌豆（Chicharo）」——所以兒子順理成章綽號「小豌豆（Chicharito）」。他的父親曾經代表墨西哥出戰 1986 年在墨西哥舉辦的世界盃，而他的祖父 Tomas Balcazar 則是在 1954 年代表墨西哥參加了瑞士世界盃，這也讓他們成為世界盃史上第一個祖孫三代都曾經參加世界盃的家族。

Javier Hernandez FW

英超曼聯
175cm / 62kg
1988.06.01 | 雙 / 26歲

極速小碗豆

綽號「小碗豆」的 Javier Hernandez 外表不顯眼，腳底功夫也不十分出眾，但卻是墨西哥近年最有效率的前鋒。身高不高的 Hernandez 在青年時期曾經遭遇瓶頸，一度想放棄足球，但後來，他憑藉自己優秀的速度及靈活的跑動，為小個子前鋒在足球場上闖出一片天。

這兩年 Hernandez 在曼聯的出賽機會不多，但是進球效率奇高無比。而在國家隊的他更是出色——年僅 25 歲已名列墨西哥隊史進球榜上第三名，未來成為隊史進球王應只是時間問題。

⇄ 總教練 | Manager

Miguel Herrera
1968.03.18 / 46歲 / 墨西哥

臨危受命的救火英雄

墨西哥在中北美及加勒比賽區的世界盃資格賽表現不佳，曾瀕臨淘汰邊緣，屢次換帥卻效果不彰，直到 Herrera 於 2013 年底臨危受命接掌國家隊兵符後，他們才於附加賽中以大比分擊敗紐西蘭，拿下世界盃門票，也讓人看到墨西哥重生的希望。

FW
Giovani dos Santos
西甲比亞雷亞爾
174cm / 71kg
1989.05.11
左 / 25歲

出道之初就以嫻熟的技術和驚人的爆發力引起關注，短暫沉寂後，今年有再次復甦的跡象，可望於邊路發揮強大殺傷力。

FW
Oribe Peralta
墨甲桑托斯拉古納
180cm / 72kg
1984.01.12
右 / 30歲

倫敦奧運墨西哥奪得男足金牌的功臣之一，同時也是賽會金靴得主，才華洋溢，也擅長遠射，是墨西哥的祕密武器。

FW
Alan Pulido
墨甲堤格雷斯
175cm / 68kg
1991.03.08
右 / 23歲

在墨西哥青年國家隊的表現搶眼，速度飛快、精於盤帶並且擅長頭球，目前已有多家歐洲豪門球會在關注他。

FW
Raul Jimenez
墨甲阿美利加
191cm / 76kg
1991.05.05
雙 / 23歲

身高頗具優勢，同時也具有威力十足的自由球。不僅自己能對球門造成威脅，也擅長創造機會、助攻隊友。

MF
Andres Guardado
德甲勒沃庫森
169cm / 60kg
1986.09.28
左 / 24歲

體能勁爆，技術出色，組織布局的能力尤其為人稱道，擔任球隊的進攻引擎。他也是 2012 年墨西哥奪得奧運金牌的功臣之一。

MF
Hector Herrera
葡超波圖
180cm / 74kg
1990.04.19
右 / 24歲

憑著出色的盤球和速度，在打局時配合時總能狠狠將對手的後防球員戲耍一番，此外，他還有威脅性十足的左腳重砲遠射。

MF
Carlos Pena
墨甲萊昂
175cm / 76kg
1990.03.29
右 / 24歲

墨西哥的中場新希望，身體素質佳，速度水準也不錯，更擁有優異的體能和爆發力。常以一頭特別的辮子髮型亮相。

MF
Marco Fabian
墨甲藍十字
170cm / 71kg
1989.07.21
右 / 24歲

典型的墨西哥小個子中場球員，屬於射手型球員，盤帶具有全能的盤帶能力，是倫敦奧運會的金牌成員之一。不過曾有紀律問題。

MF
Luis Montes
墨甲萊昂
166cm / 66kg
1986.05.16
左 / 28歲

大器晚成的球員。儘管國家隊履歷不多，但憑著在中場上全能的球路而備受器重，能勝任中路和左右兩路的位置。

MF
Juan Carlos Medina
墨甲阿美利加
172cm / 71kg
1983.08.22
右 / 30歲

這名優秀的小個子中場不但擁有出色的盤帶能力，速度也非常快。長傳頗具水準之外，自己還擁有一腳遠射功夫。

MF
Isaac Brizuela
墨甲托盧卡
173cm / 68kg
1990.08.28
右 / 23歲

年紀輕輕，但頗有大將之風。司職進攻型中場的他在盤帶方面有很高的評價，右邊路的進攻非常具有威脅性。

MF
Jose Juan Vazquez
墨甲萊昂
166cm / 68kg
1988.03.14
右 / 26歲

大器晚成的一名球員，直到最近才開始在國家隊亮相。雖然個頭嬌小，但憑著凶悍積極的防守與勁爆體能吸引了教練的目光。

DF
Hector Moreno
西甲西班牙人
185cm / 81kg
1988.01.17
左 / 26歲

防守穩健，對抗能力強。他的成名武器是頭球，無論在後場解圍或在前場參與開角球的攻擊，都十分有利。

DF
Diego Reyes
葡超波圖
193cm / 81kg
1992.09.19
右 / 21歲

年紀輕輕即擔任主力中衛，此外也能偶爾客串防守型中場。對位置的掌控力強，高大的身材讓他的爭點能力不容小覷。

DF
Carlos Salcido
墨甲新萊昂自治大學老虎
176cm / 75kg
1980.04.02
右 / 34歲

儘管速度與體能不若以往，但經驗豐富，且防守凶悍。他非常擅長助攻，而且左右均具備力道十足的遠射能力。

DF
Rafael Marquez
墨甲萊昂
185cm / 83kg
1979.02.13
右 / 35歲

擔任墨西哥防守核心，常負責盯防對方重點球員，並自由地把握時機插上助攻。擅長處理自由球，也是隊上精神領袖。

DF
Miguel Layun
墨甲阿美利加
179cm / 68kg
1988.06.25
雙 / 25歲

能夠兼任邊後衛和後腰，同時也擁有犀利的進攻水準。他的插上助攻能力強，在邊路的破壞力不容小覷。

DF
F. Javier Rodriguez
墨甲阿美利加
191cm / 80kg
1981.10.20
左 / 32歲

經驗豐富的防守老將，身形高大，頭球功夫相當了得，反應及速度也實習未老。經常把握自由球機會破門。

DF
Paul Aguilar
墨甲阿美利加
177cm / 65kg
1986.03.06
右 / 29歲

經驗豐富的右後衛，助攻能力極強，有一腳精準的遠射，國家隊生涯進球逼近 30 顆，是名副其實的「帶刀後衛」。

GK
Jose de Jesus Corona
墨甲藍十字
184cm / 84kg
1981.01.26
右 / 33歲

各項能力與反應都頗有水準，資格賽也是最受重用的門將，豐富經驗是他最寶貴的資產，本屆有望接綱墨西哥國門前的英雄。

GK
Guillermo Ochoa
法甲阿雅丘
183cm / 78kg
1985.07.13
右 / 28歲

出道甚早而經驗豐富，是典型的小個子門將，以優異的敏捷力與彈跳能力，彌補了身高的不足。

Alfredo Talavera
墨甲托盧卡
188cm / 82kg
1982.09.18
右 / 31歲

雖在國家隊上場次數不到 15 次的他，但最近在效力的球隊已上場近 200 場，是位經驗豐富的門將。

CAMEROON

喀麥隆 | FIFA 世界排名：50

國土面積：47萬 平方公里
人口：2253萬人

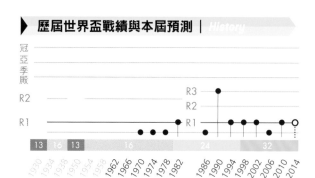

▶ 歷屆世界盃戰績與本屆預測 | *History*

▶ 戰力數值 | *Analysing*

盤帶			門將
傳球			解圍
跑位			攔截
射門			鏟球

▶ 先發陣容 | *Starting XI*

Eto'o　Pierre Webo
Stephane Mbia　Eyong Enoh　Jean Makoun　Alex Song
Assou-Ekotto　Chedjou　N'Koulou　Nounkeu
Itandje

4-4-2

喀麥隆是傳統的非洲強權，本屆是第七度打進世界盃決賽圈，但近年來表現不穩定，在每年更換一次總教練的情況下，想來難有好的成績。

前鋒 FW　獵豹領軍的攻擊線 —— *Forward*

英雄遲暮的 Samuel Eto'o 依然是喀麥隆陣中的頭號球星，這兩年他的爆發力不如以往，但別忘了世界盃史上最高齡進球紀錄，就是由喀麥隆傳奇球星 Roger Milla 在 42 歲時創下的，年僅 33 歲 Eto'o 絕對有能力於對手的防線形成威脅。不過跟在職業隊相比，Eto'o 在國家隊的位置通常比較靠後，另一名老將 Pierre Webo 可能才是主要的突前前鋒。但無論如何，Eto'o 領軍整支非洲雄獅的攻擊線仍是無庸置疑的，「獵豹」的表現，將左右喀麥隆能夠在世界盃走多遠。

中場 MF　防守硬朗創造力差 —— *Midfield*

如果要比中場防守能力，喀麥隆絕對數一數二，這幾年世界足壇出現一批硬朗頑強的非裔防守中場，他們體能充沛、防守兇悍、跑動範圍極廣大，喀麥隆隊中包括 Stephane Mbia、Eyong Enoh、Jean Makoun、Alex Song 都是這種類型的球員，其中三位將組成非常強大的中場防線，搭配可能回撤的 Eto'o 或另一名進攻球員。他們的缺點是較缺乏進球能力，這也是 Eto'o 必須回撤到中場組織進攻的原因，不過喀麥隆的中場防守依舊讓對手感到畏懼，不至於成為球隊的弱點。

後衛 DF　難以信賴的後防線 —— *Defensive*

喀麥隆的中衛搭檔是由 Aurelien Chedjou 與 Nicolas N'Koulou 組成，這兩位都防守非常不穩，時常不慎出包。邊路方面，左路的 Benoit Assou-Ekotto 這兩年狀態糟糕，被中後衛代打的 Dany Nounkeu 取代，右後衛問題更大，如果不是稚嫩的 Allan Nyom，就是 Nounkeu 或 Mbia 來兼差，不論是那一種配置，整條後防線都無法讓人放心。就算有強悍的中場硬漢們協助彌補，這條脆弱的防線仍舊極有可能隨時在對方的進攻壓力下崩潰。

門將 GK　門將功力堪憂 —— *Goalkeeper*

喀麥隆門將人才有限，Charles Itandje 和 Guy N'dy Assembe 都不算一流人才，兩人的功力也半斤八兩。或許在彼此競爭下，會激發出一些潛力，但缺乏好的門將加上不穩定的防線，防守端確實是喀麥隆的最大弱點。

花絮趣聞 —— *Tidbit*

喀麥隆被稱為「非洲雄獅」，是非洲國家中，少數在全世界都擁有球迷的球隊——特別是 1990 年世界盃，喀麥隆在開幕戰擊敗有 Diego Maradona 在陣的衛冕冠軍阿根廷，從此一鳴驚人，也奠定喀麥隆在世界足壇的歷史地位。經典日劇《HERO》中，由木村拓哉所飾演的檢察官久利生公平就是忠實的喀麥隆球迷，在劇中曾向女主角松隆子說：「只要妳能說出喀麥隆 11 位先發球員的名字，我就帶妳去看世界盃！」

Samuel Eto'o FW

英超切爾西
178cm / 75kg
1981.03.10 / 右 / 33歲

轉型的獵豹

喀麥隆是非洲傳統足球強權，總是出產大量優秀球員，其中也有很多效力於歐洲豪門球隊——而 Samuel Eto'o 肯定是旅歐球員中最具代表性的一位。在效力西甲巴塞隆納與義甲國際米蘭期間，他總共抱回三座歐冠冠軍。
人稱「獵豹」的 Eto'o 過去以驚人的爆發力縱橫綠茵，近年因為年紀漸長、速度下滑，他多半轉而擔任進攻中場角色，但仍舊能夠憑靠豐富的大賽經驗領導球隊，是喀麥隆最值得倚靠的核心。

╳▪▲ 總教練 | **Manager**

Volker Finke

1948.03.24 / 66歲 / 德國

年邁的國際大賽生手

Finke 過去曾執教幾支德國聯賽球隊，但是並沒有太大的名氣，在日本 J 聯盟帶領浦和紅鑽算是他為人所知的時期。Finke 既沒有顯赫的職業隊執教戰績，也沒有在國際大賽的帶隊經驗，首次面臨超高張力的世界盃挑戰，能力普遍受到外界質疑。

 FW

Pierre Webo

土超費倫巴治
180cm / 78kg
1982.01.20
右 / 32歲

身體素質出眾，力量和速度都不錯，作為中鋒有一定的衝擊力，擅於把握機會，經驗豐富，在國家隊進球率不低。

 FW

M. Choupo-Moting

德甲梅因斯
190cm / 84kg
1989.03.23
雙 / 25歲

德喀混血兒，天賦出眾，是個強力前鋒和盤帶高手，曾被選入德國青年隊，但最終選擇了喀麥隆，將給球隊進攻注入活力。

 FW

M. Idrissou

德乙凱撒勞頓
191cm / 85kg
1980.03.08
左 / 34歲

年少成名的他一直在德國足壇踢球，職業生涯進球過百，不僅射術精湛，頭球得分技術也不賴，無論首發或替補都很有威脅。

 MF

Alex Song

西甲巴塞隆納
180cm / 76kg
1987.09.09
雙 / 26歲

身體強壯，擅長對抗和拼搶攔截，也能做為球隊攻防轉換的樞紐，還可客串中後衛，防守出色，有一定的頭球爭頂能力。

 MF

Jean Makoun

法甲雷恩
173cm / 69kg
1983.05.29
右 / 31歲

身體結實的防守型中場，具有頑強的對抗能力，拼搶和攔截凶悍，在場上活力十足，跑動範圍較大，還有一定進球能力。

 MF

Stephane Mbia

西甲塞維亞
168cm / 68kg
1986.05.20
右 / 28歲

司職防守型中場，也有前插進攻的能力，運動能力極強，對抗拼搶與搶球皆出色，而且具備破門能力與球感。

 MF

Eyong Enoh

土超安塔利亞
182cm / 70kg
1986.03.23
雙 / 28歲

看上去顯得很木訥，其實聰穎過人，踢球智商極高，在中場聰明的跑位，準確的傳球，並擁有出眾的意識。

 MF

Joel Matip

德甲沙爾克 04
193cm / 88kg
1991.08.08
右 / 22歲

德喀混血兒，選擇代表喀麥隆，身材高大，是一名中後場的多面手，擅長搶斷傳球，可以踢後衛，也可以扮演防守型中場。

 MF

Landry N'Guemo

法甲波爾多
173cm / 70kg
1985.11.28
左 / 28歲

後腰位置的悍將，擁有出色的攔截意識和搶斷能力，盤帶技術亦不俗，且經常能送出一腳威脅性十足的短傳。

 MF

Raoul Loe

西甲奧薩蘇納
192cm / 83kg
1989.01.31
右 / 25歲

西甲勁旅的主力中場，坐鎮中路侵略性強大，並因此受到青睞被召入國家隊，將是一名不錯的替補戰力。

 MF

Fabrice Olinga

比甲威爾郡
172cm / 66kg
1996.05.12
右 / 18歲

新時代的新星，成為西甲最年輕的進球者而成名，能踢中前場的任何位置，瞬間加速的爆發力驚人，門前反應敏捷。

 DF

Nicolas N'Koulou

法甲馬賽
185cm / 77kg
1990.03.27
右 / 24歲

球隊 6 年來的主力中衛，也是喀麥隆的防線核心人物，不僅防守穩健、頭球出色的傳球技術，因此也可以出任後腰。

 DF

Aurelien Chedjou

土超加拉塔薩雷
184cm / 86kg
1985.06.20
右 / 28歲

職業聯賽擔任主力中衛，本賽季在歐冠表現引人關注，防守技術強硬、頭球出色，除了解圍還能搶點攻門。

 DF

Henri Bedimo

法甲里昂
180cm / 80kg
1984.06.04
左 / 30歲

擔任左後衛，表現出色，他的速度奇快，發揮穩定，也兼具攻守能力，能夠迅速轉守為攻、下底傳中。

 DF

Benoit Assou-Ekotto

英冠女王公園巡遊者
178cm / 70kg
1984.03.25
左 / 30歲

這名天才左後衛雖然身材不算高大，但速度很快，有一定的腳下技術，前插助攻積極，有一腳不錯的傳中球。

 DF

Dany Nounkeu

土超貝西克塔斯
184cm / 85kg
1986.04.11
右 / 28歲

雖然遠離歐洲主流聯賽，可是一直在土超兩大豪門球隊效力，專職為中衛，也能出任邊後衛，作風硬朗、速度夠快。

 DF

Allan Nyom

西甲格拉納達 CF
186cm / 81kg
1988.05.10
右 / 26歲

在西甲勁旅擔任右後衛，是此位置的絕對主力，防守穩定之餘，具備一定的邊路助攻能力，傳中技術也有水準。

 DF

Kana-Biyik

法甲雷恩
183cm / 90kg
1989.07.03
右 / 24歲

場上司職中衛，身體強壯，彈跳能力相當出色，能夠佔據搶點優勢。此外，他還擁有很不錯的領袖能力。

 DF

Gaetan Bong

希超奧林匹亞科斯
183cm / 74kg
1988.06.25
左 / 26歲

有法喀雙重國籍，在本賽季幫助職業隊提前確定奪冠。技術不錯，防守能力尤其出色，在國家隊是一名得力替補。

 GK

Charles Itandje

土超科尼亞
193cm / 90kg
1982.11.02
右 / 31歲

出生於法國、曾代表過法國青年軍，4 年前才入籍喀麥隆，擁有門將的標準高大身材，職業隊履歷豐富，正處於巔峰時期。

 GK

Guy N'dy Assembe

法甲甘岡
185cm / 79kg
1986.02.28
右 / 28歲

10 年法國聯賽經驗，因為敏捷身手和出色撲救技術，迅速獲得國家隊的青睞，並參與上屆世界盃。

Sammy N'Djock

土甲費迪耶斯堡
190cm / 78kg
1990.02.25
右 / 24歲

效力於土耳其的守門員，有非洲球員少見的身高與強壯體型，在必要的時候可上場的第二替補。

IKER CASILLAS

#1

CASILLAS

" WHEN IT COMES, I HAVE TO BE READY."

當球來時，我必須做好萬全準備。

THE SAINT：BEYOND ADVERSITY

與 逆 境 拼 搏 的 一 雙 手 掌

儘管身陷個人足球生涯最大風暴，不過他想必比誰都清楚，
「與逆境拼搏」向來是地球上任何角落的足球場中，「守門員」所擔負的任務。

Writer / 卜多力

2002年6月16日，韓國水原球場，世界盃16強淘汰賽，紅綠對決。

紅衫西班牙靠Fernando Morientes第8分鐘的破門快速開張，他們也拚命死守寶貴的這分領先。

直到正規比賽的最後一分鐘，綠軍愛爾蘭開自由球，西班牙隊長Fernando Hierro於在禁區爭點時拉扯對方的球衣，被主裁判判罰一張黃牌。綠軍將操刀主罰12碼點球的重任，交在前鋒Robbie Keane足下。

年僅21歲的Keane沉著而冷靜，他以一記低平的角度直攻球門左下角，西班牙同為21歲的年輕守門員甚至連撲救反應都沒有，愛爾蘭人在不被看好之下，扳平了戰局。

雙方經30分鐘延長賽仍難分高下，這席八強門票，便只能通過殘酷的12碼PK戰決定。西班牙的年輕門將和隊友擊掌，並走向球門，他露出勉強的微笑。先射的愛爾蘭又推出Keane，這次他改瞄準右下角，門將猜中了方位並撲向來球，但還是來不及伸出手——球進了。

單場第二度被同齡的天才前鋒破門，稚嫩的守門員看來實在缺乏大賽經驗——事實上，若不是因為紅衫軍一號門將Santiago Canizares於世界盃前受傷，也輪不到這位年輕人來鞏固西班牙國門。眼看熟悉的「飲恨」劇碼又要上演，紅衫球迷誰也想不

到接下來的轉變——在愛爾蘭第二位主罰者Matt Holland射中橫樑之後，年輕的門將竟神勇地連續撲掉對手接下來二次射門！

儘管西班牙也射丟兩球，但憑著神寫的劇本、在彷若被神賦予力量的年輕守門員雙手威能之下，紅軍以3：2贏得PK大戰。他也毫無疑問獲選單場最佳球員，自此，全世界牢牢記住他的名字——Iker Casillas。日後，人們開始喚他「聖卡西」（The Saint）。

天生守門員

Casillas生於西班牙馬德里自治區的南方工業小城莫斯托雷斯，是教育部僱員Jose Casillas和美髮師Maria Del Carmen的長子。美髮師母親曾告訴記者，Casillas從嬰兒時期就與足球結下不解之緣：「他不太愛吃東西，所以我總是把一顆球丟進滾筒洗衣機裡轉，他會目不轉睛盯著球看，這樣我就能將食物放進他嘴裡。」

Casillas的足球生涯和大部分西班牙孩子一樣，是從和父親一起踢球開始的，選擇守門員這位置也是受父親影響。他說：「一開始我不是守門員，但是因為我技術爛透了，所以我爸把他的手套和一切裝備交給我——他是一位守門員。」不過父親的決定也並非偶然，Casillas從小就展現過人的強大抗壓力以及超靈敏反

PROFILE

Iker Casillas
西班牙
西甲皇家馬德里
守門員
33 歲
182cm 86kg
左腳

應──而這些都是守門員的必備特質。

9歲上，Casillas受到西班牙豪門皇家馬德里青睞，延攬進入皇馬青年訓練系統。1997年，16歲的Casillas先助西班牙拿下U16歐洲國家盃冠軍，隨後，他被皇馬成人隊徵召，出征歐冠16強賽事，儘管並未上場，但這已顯示皇馬對這位16歲少年的重視。兩年後，Casillas正式被拔擢上皇馬一軍，並逐漸取代德國門神Bodo Illgner，成為球隊頭號門將。2000年歐冠決賽，皇馬3：0完封瓦倫西亞奪冠，Casillas也以19歲又4天，留下歐冠決賽史上最年輕登場守門員紀錄。

聖卡西的黃金世代

2001-02年開季的糟糕狀態，讓Casillas一度失去正選位置，但在當年的歐冠決賽上，皇馬先發門將Cesar Sanchez突然受傷退場，臨危受命的Casillas戴上手套登場，他演出數次高難度撲救，幫助球隊以2：1擊退德甲勁旅勒沃庫森，成功再霸歐冠。

這年，降臨在Casillas身上的好運不只如此。在這場歐冠決賽前，西班牙首席門將Canizares在下榻的飯店被掉落的香水瓶砸傷腳，確定退出2002日韓世界盃代表隊，而Casillas便憑著在歐冠決賽的出色表現贏下這個位置，也才有了對愛爾蘭連續撲救12碼球的好戲。

2008年，27歲的Casillas從皇家馬德里隊友、傳奇前鋒Raul手中接過國家隊隊長袖標，在名帥Luis Aragones執掌兵符下，率隊參加歐洲國家盃。一路殺進八強戰的紅衫鬥牛士，與2006世界盃冠軍義大利狹路相逢。在世界兩大門將Casillas與Gianluigi Buffon的十指關之前，雙方鏖戰120分鐘仍顆粒無收，比賽進入PK大戰。Casillas在這座殘酷的舞台上再展聖威，奮力擋下Daniele De Rossi與Antonio Di Natale的勁射，順利將藍軍淘汰。最終，西班牙贏得睽違44年的歐洲冠軍，也奠定了黃金世代的基業──小組短傳的控球打法、高節奏的反擊，與Casillas守護的球門。這年，聖卡西奪下「世界最佳門將」大獎。

2010年世界盃是西班牙足球王朝的巔峰。這支以西甲巴塞隆納球員主攻、皇家馬德里球員主守的球隊，在跌跌撞撞拿下分組冠

軍後，從16強到決賽，連續四戰都是1：0獲勝。Casillas保持連續390分鐘不失球的恐怖紀錄，親率西班牙首次舉起金盃，登上世界的頂端。

2012年歐洲國家盃，由Casillas坐鎮領導的後防線，締造連五戰、長達480分鐘未失球的驚人神蹟。四強戰對決葡萄牙時，Casillas再度於PK戰撲出對手二次射門。最終，西班牙衛冕，Casillas被紅衫軍高高抬起。是年，聖卡西成功五連霸「世界最佳門將」。

與逆境拼搏

對團隊責任感深重的Casillas由於多次代表隊友向皇馬高層反映意見，自2012-13賽季中受傷後，便逐步失去在皇馬的主力位置。與此同時，頂替他的Diego Lopez表現非常出色，Casillas竟由此從不動先發淪為板凳常客，甫邁入31歲的Casillas遭逢生涯最大危機。

即使皇馬兵符在義大利名教頭Carlos Ancelotti接掌後，Casillas的境遇總算略有改善——為安撫球迷與更衣室力挺Casillas的隊員，Ancelotti宣布將在所有盃賽，包括歐冠與西班牙國王盃中，派上

Casillas先發——但是這種出賽頻率對於需要經驗和比賽臨場感的守門員而言是完全不夠的。出於對從小效力皇馬的忠誠和敬愛，Casillas毫無怨言地接受，而且持續回報以出色的表現。

西班牙國家隊主帥、前皇馬教頭Vicente del Bosque仍舊非常信任昔日曾替他執教的皇馬二奪歐冠的Casillas，今年將會是聖卡西連續第四屆征戰世界盃。12年過去，Casillas已從21歲的俊秀少年，長成為今日33歲的熟成領袖。儘管身陷個人足球生涯最大風暴，不過聖卡西想必比誰都清楚，「與逆境拼搏」向來是地球上任何角落的足球場中，「守門員」所擔負的任務。在世界盃這座殘酷而又迷人的大舞台，總不乏新英雄誕生、老英雄告別的情節，但是聖卡西可沒打算依循這套理路揮手下台，今年，這位世界最佳守門員，仍將憑著那雙一生都在與逆境拼搏、摧毀與拯救無數夢想的手掌，隻身捍衛西班牙的國門聖域。

SPAIN

西班牙 | FIFA 世界排名：1

國土面積：50萬 平方公里
人口：4737萬人

戰力數值 | Analyzing

盤帶		門將
傳球		解圍
跑位		攔截
射門		鏟球

先發陣容 | Starting XI

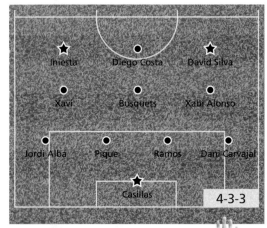

Iniesta　Diego Costa　David Silva
Xavi　Busquets　Xabi Alonso
Jordi Alba　Pique　Ramos　Dani Carvajal
Casillas
4-3-3

歷屆世界盃戰績與本屆預測 | History

西班牙連續贏得 2008、2012 年歐洲國家盃及 2010 年世界盃，部分球員年紀漸大，但整體實力仍是當世第一，需要擔心的是戰術被對手研究透徹。

前鋒 FW　　深度不足的隱憂　　—— Forward

上屆南非世界盃過後，擔任主力的 Fernando Torres 跟 David Villa 狀態如今都不堪信任，在鋒線真正合格的人選，目前只剩下出身巴西、在今年才歸化進入西班牙國家隊的 Diego Costa。Costa 在這個賽季的西甲聯賽異軍突起，以招牌大力轟門成了西班牙鋒線的救星。不過西班牙也可能使用無鋒陣，重用 Pedro Rodriguez 這類邊鋒型的球員，或是乾脆讓 Andres Iniesta、Cesc Fabregas 推上火線代打，不過整體來說，西班牙的前鋒缺乏足夠的板凳深度，這將是衛冕軍的隱憂。

中場 MF　　世界頂級的華麗中場　　—— Midfield

西班牙的中場陣容相當豪華，雖然 Xavi Hernandez 年紀已大，但是掌握進攻的節奏的能力依舊發揮良好。他的老搭檔 Andres Iniesta 會是進攻的關鍵人物，可鋒可衛的 Iniesta 在中路與左路遊走，加上另一邊的 David Silva，將會是西班牙地面進攻的主要發起點。而中場的防守則以 Xabi Alonso 與 Sergio Busquets 為主。此外，他們的板凳席上同樣好手如雲：Cesc Fabregas、Koke、Santi Cazorla、Jesus Navas…… 該讓誰上場，將是教練奢侈的煩惱。

後衛 DF　　穩定而默契十足　　—— Defensive

不過西班牙的後衛群人選穩定，默契十足。左路由 Jordi Alba 把關，而中路的 Gerard Pique 與 Sergio Ramos 都處在職業生涯的巔峰年齡，右路很可能由年輕小將 Daniel Carvajal 出任。這條防線上的四人分別來自皇馬與巴塞隆納兩大豪門，大賽經驗豐富，相當值得信任。此外，替補席上還坐著穩健的 Raul Albiol 以及可左可右的 Cesar Azpilicueta，人手充足。如果一定要說西班牙後防存在什麼弱點，那也許會是身體對抗強度稍嫌不足。攻、守之間的分寸拿捏，也還有加強空間。

門將 GK　　聖卡西的聖域　　—— Goalkeeper

目前保持西班牙國家隊出賽紀錄的 Iker Casillas 依舊會是門將首選，雖然他在皇家馬德里的地位已經受到動搖，但 33 歲對守門員來說是個狀態正佳的年齡，西班牙隊長在國際賽場上還是後防線最穩定的一座山。

花絮趣聞　　—— Tidbit

足球球衣胸前的徽章，通常並不使用該國國旗（只有在奧運足球賽使用國旗），而多使用該國足球協會徽。但是西班牙國家隊既不是放國旗，也不是用足協會徽，而是放上了西班牙皇室徽章，這也是西班牙球衣獨一無二的特色。

Andrés Iniesta
MF

西甲巴塞隆納

170cm / 65kg
1984.05.11 / 右 / 30歲

鬥牛士的心臟

Andres Iniesta 與 Xavi Hernandez 一直是運轉西甲巴塞隆納與西班牙國家隊的「中場雙核心」。近年來，隨著 Xavi 年齡漸長，Iniesta 在球隊所扮演的責任更加重大。

如今 Iniesta 才是西班牙的關鍵人物，因為他的能力更加全面，除了可以在中場掌控節奏、調度進攻之外，Iniesta 在左路也有一定的突破威脅性。此外，他的進球能力也不含糊，能夠彌補鋒線火力不足的問題——上屆世界盃，冠軍戰對決荷蘭時一腳定勝負即是代表作。

✕← 總教練 | **Manager** ◄
●→

Vicente del Bosque

1950.12.23 / 63歲 / 西班牙

功勳大老

Bosque 於皇馬執教期間贏得了所有職業球會所能贏得的冠軍，在西班牙也先後贏下世界盃與歐洲國家盃。也只有功勳、地位與聲望極高的他，能鎮住西班牙大牌球星如雲的隊員們，Bosque 可說是帶領西班牙再創輝煌的不二人選。

Diego Costa FW

西甲馬德里競技

186cm / 78kg
1988.10.07
右 / 25歲

出生於巴西卻選擇入籍西班牙，是本屆世界盃備受矚目的射手之一，射門勢大力沉、門前球感出眾、進球效率高。

Pedro Rodriguez FW

西甲巴塞隆納

169cm / 64kg
1987.07.28
雙 / 26歲

技術出色、速度奇快，射門能力也相當強，既能門前搶點破門也可大力遠射得分，是一位難得的全能攻擊手。

Alvaro Negredo FW

英超曼城

186cm / 85kg
1985.08.20
左 / 28歲

一名不折不扣的中鋒，擁有超強的接球、調整、射門能力，無論是邊路傳中還是中路直塞，總能找到合適的射門方式。

Xavi MF

西甲巴塞隆納

170cm / 75kg
1980.01.25
右 / 34歲

當今足壇最佳中場球員，有精確轉移球的能力，大局觀強，擅於盤帶，長短傳俱佳，傳球隱蔽性強，且極具穿透力。

Cesc Fabregas MF

西甲巴塞隆納

179cm / 75kg
1987.05.04
右 / 27歲

球隊中場指揮官，傳球準確度極高，經常有創造性十足的直傳，破門慾望很強，對球門的感覺也不錯，能夠客串前鋒。

David Silva MF

英超曼城

170cm / 67kg
1986.01.08
左 / 28歲

勝任中場的任何位置，在中場視野開闊，速度快，技術細膩，射門能力強，腳下頻率快，盤帶動作靈活，變向加速能力強。

Xabi Alonso MF

西甲皇家馬德里

183cm / 79kg
1981.11.25
雙 / 32歲

不僅防守強悍，還能在進攻中發揮作用。他的拿手絕活包括自由球、遠射、吊射、點球，也擅長頭球攻門。

Sergio Busquets MF

西甲巴塞隆納

189cm / 73kg
1988.07.16
右 / 25歲

充滿智慧的中場球員，防守強硬，大局觀非常強，控球也十分穩定，絕不輕易丟球，能夠為前鋒輸送精準傳球。

Santi Cazorla MF

英超兵工廠

168cm / 66kg
1984.12.13
雙 / 29歲

身材矮小但異常靈活，邊路速度突出，也有一定進球能力，尤其擅長遠射，屬於多產中場，是打開局面的祕密武器。

Jesus Navas MF

英超曼城

170cm / 60kg
1985.11.21
右 / 28歲

在右路極具威脅，突破速度快、盤帶技術好，擅長高速帶球前進時突然變向，經常用此絕招過人射門得分。

Javi Martinez MF

德甲拜仁慕尼黑

190cm / 81kg
1988.09.02
右 / 25歲

擁有出眾的防守意識，並具備優良的搶斷能力，尤其反搶能力的傳球相當到位，總能為球隊創造得分契機。

Koke MF

西甲馬德里競技

178cm / 73kg
1992.01.08
右 / 22歲

新生代中場天才，傳球精準，視野開闊，特別是中、長距離傳球準度已經足以媲美頂級球星，被視為本屆世界盃超新星。

Gerard Pique DF

西甲巴塞隆納

192cm / 85kg
1987.02.02
右 / 27歲

身材高大，無論解圍、攔截、掃蕩均是世界頂尖水平，同時還可客串邊後腰、邊後衛，進球效率高，屬於「帶刀後衛」。

Sergio Ramos DF

西甲皇家馬德里

183cm / 81kg
1986.03.30
右 / 28歲

腳法、控球技術、盤帶過人和防守技術都屬頂級水平，擅長打右後衛和中後衛，是一位攻防全才，搶斷凶狠，鬥志旺盛。

Jordi Alba DF

西甲巴塞隆納

172cm / 69kg
1989.03.21
右 / 25歲

年紀輕輕就是世上最佳左後衛之一，防守能力穩定，在助攻方面更是犀利，突破能力極強，除了傳出威脅球，也自己破門。

Raul Albiol DF

義甲拿坡里

190cm / 82kg
1985.09.04
右 / 28歲

防守穩健，擁有不俗的控球水準，身材高大卻同樣敏捷，防守能力全面，不僅是得力替補，甚至也有先發上陣的實力。

Cesar Azpilicueta DF

英超切爾西

178cm / 70kg
1989.08.28
右 / 24歲

近年在職業聯賽表現越發出色，能踢中衛或邊後衛，控制球的能力極強，精準的長傳球的時常在對方的球門前造成威脅。

Juanfran DF

西甲馬德里競技

181cm / 72kg
1985.01.09
右 / 29歲

身材高大，防守技術相當不錯，是球隊右邊衛的頭號替補。曾經入選2012年歐洲盃，但當時並沒有得到上場機會。

Daniel Carvajal DF

西甲皇家馬德里

173cm / 70kg
1992.01.11
右 / 22歲

在右路攻守實力平均，球風穩健，本賽季在皇馬異軍突起，讓隊友 Ramos 可以專職中後衛，在國家隊也會起到相同效果。

Iker Casillas GK

西甲皇家馬德里

182cm / 86kg
1981.05.20
右 / 33歲

西班牙無可撼動的隊長門神，在場上總是全神貫注，以驚人的反應速度撲救門，撲救點球的能力也在當今世界門將中前列。

Pepe Reina

義甲拿坡里

188cm / 92kg
1982.08.31
右 / 31歲

撲球很少失誤，採用最適合的方式撲救，經常保持旺盛鬥志與清醒頭腦，魁梧卻又反應速度一流。

David de Gea GK

英超曼聯

192cm / 82kg
1990.11.07
右 / 23歲

被認為是未來西班牙的頭號門神接班人，職業賽經驗豐富，先天手長腳長，日後必成大器。

NETHERLANDS

荷蘭 | FIFA 世界排名：15

國土面積：4萬 平方公里
人口：1681萬人

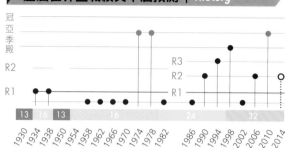

上屆世界盃荷蘭功虧一簣，主因在於防守不濟，本屆他們資格賽防守出色，但幾名後衛在大賽中的表現尚未獲得驗證，遭逢強隊時能否順利過關還要觀察。

前鋒 FW　　世上最危險搭檔　　————— *Forward*

能力全面的 Robin van Persie 是當今足壇最有效率的前鋒之一，右邊路的 Arjen Robben 突破能力及內切射門功夫更是一大利器，兩人搭檔具有很大的破壞力。替補席上 Klaas-Jan Huntelaar 進球效率其實甚至比 van Persie 還高，限於過去幾年受傷不斷，主力位置難以保持。有 Huntelaar 在板凳上隨時待命，荷蘭隊的進攻火力可望維持不墜。但左邊路這幾年荷蘭人才銳減，只能靠 Wesley Sneijder 或 Jeremain Lens 在中場與鋒線之間搖擺來應付，左路失衡將會是荷蘭一大問題。

中場 MF　　超強控制力組合　　————— *Midfield*

Sneijder 是足壇掌控節奏能力最好的球員之一，Rafael van der Vaart 雖然這兩年狀態下滑，但他的能力也早已得到認可，不論擔任 Sneijder 的替補或是搭檔，荷蘭的中場控制能力都可以得到保障。在防守方面，Nigel de Jong 強悍依舊，會是中場重要的屏障。整體來說，這是攻守兼備的陣容。比較可惜的是，效力義甲羅馬的全能中場 Kevin Strootman 傷勢嚴重，肯定趕不上世界盃，因此球隊板凳深度將受到考驗。

盤帶	門將
傳球	解圍
跑位	攔截
射門	鏟球

後衛 DF　　結果難料的大換血　　————— *Defensive*

全能足球一直是荷蘭的傳統特色，後衛喜歡參與進攻並不令人意外，但別忘了在 2010 年世界盃及 2012 年歐洲盃，荷蘭都因為糟糕的防守而失去了奪冠機會。為了徹底解決問題，總教頭 Louis van Gaal 乾脆執行大換血，四年前的舊將幾乎全部棄用。左、右邊路將重用 Daley Blind 與 Daryl Janmaat 這兩名小將。中後衛汰換幾名凶悍有餘穩定不足的老將之後，平均年齡甚至不到 25 歲。目前只有 Ron Vlaar 年紀稍長，但大賽經驗也不多，這樣的豪賭究竟能否收到成效？結果難料。

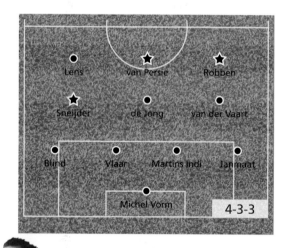

Lens　　van Persie　　Robben
Sneijder　　de Jong　　van der Vaart
Blind　　Vlaar　　Martins Indi　　Janmaat
Michel Vorm

4-3-3

門將 GK　　大賽經驗不足的劣勢　　————— *Goalkeeper*

在前代門神 Edwin van der Sar 退休之後，荷蘭的國門一直沒有能夠有穩定的替代者把持。Stekelenburg 擔任過一陣子主力，但已遭到棄用，同樣老成持重型的 Michel Vorm 將在世界盃擔綱，只是他的國際賽經驗不多，成效難料，缺少頂級守門員將會成荷蘭的隱形罩門。

荷蘭有個奇怪的傳統，就是總教練的回鍋率特別高——歷史上曾經有八位荷蘭國家隊的主帥是離職之後又再度回任，其中被稱為全能足球（Total Football）之父的傳奇教練 Rinus Michels，就擔任過四次荷蘭國家隊的總教練，二度進宮對他來說從不是新鮮事——事實上，他也分別兩度回鍋出任荷甲阿賈克斯跟西甲巴塞隆納的教練。目前荷蘭國家隊總教練 Louis van Gaal 跟 Michels 的經歷非常類似，本屆是他第二度帶領荷蘭國家隊征戰世界盃，而他也曾擔任過阿賈克斯跟巴塞隆納的教練，其中巴塞隆納，也是回鍋！

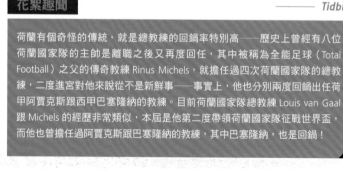

Robin van Persie FW

英超曼聯

184cm / 71kg
1983.08.06 / 左 / 30歲

橘衫進球王

Robin van Persie 是目前荷蘭足球史上進球數最多的球員，這在盛產高效率前鋒的荷蘭，絕不是件容易的事——更可怕的是，van Persie 在而立之年就達成這個目標了。接下來他的每個進球，都將成為後人的巨大障礙。

雖然擁有高大身材，但 van Persie 並不是喜歡站在禁區、等待搶點的球員。他不僅能射能傳，還擁有一腳相當具水準的左腳自由球。儘管橘衫軍陣中有為數不少的進攻人才，但 van Persie 絕對是關鍵中的關鍵球員。

總教練 | Manager

Louis van Gaal

1951.08.08 / 62歲 / 荷蘭

攻擊名帥的雪恥之途

2002 年世界盃資格賽，當時由 van Gaal 領軍的荷蘭隊羞恥性的慘遭愛爾蘭淘汰。如今，他抱著雪恥的決心捲土重來——對進攻頗有一套的 van Gaal，此番率領荷蘭在本屆世界盃資格賽大殺四方，淨勝球數高達可怕的 29 球，足見其攻擊戰法之精。

FW
Arjen Robben
德甲拜仁慕尼黑
180cm / 80kg
1984.01.23
左 / 30歲
高超的盤帶技術、犀利的突破能力，輔以不錯的速度，他總是不知疲倦的奔跑，不但可為前鋒製造機會，也可自行爭取入球。

FW
Jeremain Lens
烏超基輔發電機
178cm / 80kg
1987.11.24
右 / 26歲
雖然荷蘭前鋒線上人才濟濟，但是因為可以在左、右、中全面活動，讓他能夠佔有一席之地，是相當全面的攻擊手。

FW
Klaas-Jan Huntelaar
德甲沙爾克 04
186cm / 78kg
1983.08.12
右 / 30歲
荷蘭近年來最出色的中鋒，擁有標準的中鋒身材，搭配優秀的團隊合作意識。他的速度也足以應付荷蘭的全攻全守戰術。

FW
Dirk Kuyt
土超費倫巴治
184cm / 83kg
1980.07.22
右 / 33歲
門前把握機會能力出眾，而且頭球功夫和助攻都相當擅長，這也讓這名資深攻擊手在國家隊穩佔一席位。

MF
Wesley Sneijder
土超加拉塔薩雷
170cm / 67kg
1984.06.09
右 / 30歲
身材不高，但在中場的控球技術極為出色，經常為前鋒傳出威脅十足的穿越球。此外，自由球更是他的拿手絕活。

MF
Rafael van der Vaart
德甲漢堡
176cm / 74kg
1983.02.11
右 / 31歲
技術精湛，傳球極具想像力和殺傷力。儘管身材不高，但是在禁區內的得分嗅覺一流，經驗亦十分豐富。

MF
Nigel de Jong
義甲 AC 米蘭
174cm / 72kg
1984.11.30
右 / 29歲
可勝任中後場多個位置，儘管身材不高，但防守能力超群，鏟球態度更是積極凶狠，同時也有一定助攻能力。

FW
Memphis Depay
荷甲 PSV 埃因霍恩
178cm / 78kg
1994.02.13
右 / 20歲
荷蘭球壇超新星，擁有出色的控球能力和啟動速度，在球門前能保持出人意料的冷靜和沉著，還有精準的長傳和自由球技術。

MF
Jonathan de Guzman
英甲斯旺西
174cm / 68kg
1987.09.13
右 / 26歲
這名個子矮小的球員有不錯的盤帶與突破能力，而且左右腳都能發揮，在禁區左右腳打斬仗的功夫也不差，常有進球表現。

MF
Georginio Wijnaldum
荷甲 PSV 埃因霍恩
178cm / 68kg
1990.11.11
右 / 23歲
控球型的中場選手，腳下技術出眾，進球數字也非常驚人。他能夠機動移動到右邊路擔任右中場，是新一代的攻擊好手。

MF
Jordy Clasie
荷甲飛燕諾
169cm / 68kg
1991.06.27
雙 / 22歲
短小精悍型球員，在中場的動力十足，左、中、右路都能踢，而且不只自己進球能力佳，還有非常優質的助攻效率。

MF
Tonny Vilhena
荷甲飛燕諾
172cm / 71kg
1995.01.03
左 / 19歲
年紀輕輕、急速竄起的球員，左、中、右路都能踢，不但自己進球能力佳，還有非常優質的助攻效率。

DF
Ron Vlaar
英超阿斯頓維拉
189cm / 80kg
1985.02.16
左 / 29歲
防守評價相當高，球風強悍，鏟球態度積極而凶狠，對於球隊領導更是有一套。不過缺點是比較容易受傷。

DF
Daley Blind
荷甲阿賈克斯
182cm / 68kg
1990.03.09
雙 / 24歲
主要踢左後衛，同時也能司職防守中場，體能優異。父親是荷蘭前國腳、現任國家隊助教 Danny Blind。

DF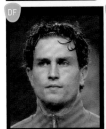
Daryl Janmaat
荷甲飛燕諾
185cm / 80kg
1989.07.22
右 / 24歲
近兩年進步非常快，受到豪門球隊的追逐，在右邊路助攻非常強，防守也很出色，是典型的高壯型荷蘭後衛。

DF
Bruno Martins Indi
荷甲飛燕諾
185cm / 76kg
1992.02.08
左 / 22歲
荷蘭防線新星，搶斷與盯人皆擅長，主要司職中衛，不過左後衛或者後腰的任務也難不倒他，入選過荷蘭各級青年隊。

DF
Stefan de Vrij
荷甲飛燕諾
189cm / 80kg
1992.02.05
右 / 22歲
新崛起的年輕中衛，在防線走動的範圍廣，防守端各項功夫，如盯人、鏟球、攔截等表現，都有著與年齡不符的成熟作為。

DF
Joel Veltman
荷甲阿賈克斯
182cm / 73kg
1992.01.15
右 / 22歲
身材不高，但彈跳能力和轉身速度都不錯的中後衛，而且也能夠擔任右中後衛，是年輕的未來之星。

DF
Karim Rekik
荷甲 PSV 埃因霍恩
185cm / 79kg
1994.12.02
雙 / 19歲
先天條件不錯的中後衛，身體強壯又有速度，在荷蘭隊後防大換血的政策下，有希望成為中後衛位置上的替補。

GK
Michel Vorm
英超斯旺西
183cm / 84kg
1983.10.20
右 / 30歲
橘子軍團門將中的佼佼者，如一道難以逾越的巨大山，以出色的反應能力和穩定的心理狀態，使他成為一位非可靠的門神。

GK
Tim Krul
英超紐卡索聯
188cm / 75kg
1988.04.03
右 / 26歲
有著手長腳長的先天優勢，曾經在英超的頂級賽場上有過傑出的表現，可惜這兩年狀態平淡。

Jasper Cillessen
荷甲阿賈克斯
187cm / 82kg
1989.04.22
右 / 25歲
主要踢左後衛，近年來逐漸在職業隊站穩先發，近兩年在國家隊開始嶄露頭角，未來頭號門將的可能人選之一。

CHILE

智利 | FIFA 世界排名：14

國土面積：75萬 平方公里
人口：1722萬人

智利在南美區資格賽進攻火力旺盛，維持一貫的風格。但是失球過多也是他們的致命傷，能否通過小組賽的考驗，要視他們能否維持攻守均衡。

前鋒 FW　火力旺盛的雙箭頭　——— Forward

1998 年智利憑藉 Zamorano 與 Salas 兩名矮子雙箭頭打響名號，縱使現在世界足壇主流是單前鋒的配置，他們仍然堅持自己獨特的打法，Alexis Sanchez 跟 Eduardo Vargas 這兩個相當年輕、活力十足的小個子組合，在速度上會給對手帶來相當大的困擾。加上老將 Esteban Paredes 的適時輔佐，鋒線人手相當充足而且火力超旺盛。唯一的缺點是，幾名前鋒身高都在 180 公分以下，打陣地戰時明顯吃虧，智利得多多利用他們的快速推進來製造壓力、緩和劣勢。

中場 MF　瘋狂進攻的中場　——— Midfield

智利的進攻火力不只倚靠前鋒，他們的中場陣容相當強大，特別是大範圍的跑動能力，往往令對手防不勝防。Arturo Vidal 是中場的引擎，拼命三郎的球風讓他在攻守兩端都能帶給球隊前進的動力，Marcelo Diaz 也與他類型相似，兩人將組成中路黃金搭檔。兩個邊路是全攻全守的 Mauricio Isla 與 Eugenio Mena，兩人都可以踢邊後衛兼邊路中場。這幾名球員的球球能力都相當不錯，不過中場的問題還是在對抗能力—他們其中身材最高大的，也不過 180 公分而已。

後衛 DF　千瘡百孔的後防　——— Defensive

在南美區資格賽中，智利總共攻進了 29 球，可以說是火力全開，但是他們的失球數也是慘不忍睹— 16 場比賽痛失 25 球，這可以說完全不及格的成績。智利的陣型在 3-5-2 與 5-3-2 之間變化，邊路倚靠 Isla 與 Mena 的回防，中路防守以老將 Marcos Gonzalez 為核心，身高 190 公分的他也是智利陣中唯一的高大球員，他的搭檔 Gary Medel 與 Gonzalo Jara 都是身高不足 180 公分的中後衛，防守能力也不出色，在世界盃面對各強權的轟炸，恐怕不堪一擊。

門將 GK　尚能安心的一環　——— Goalkeeper

效力於西班牙皇家社會隊的 Claudio Bravo 是智利頭號門將，雖然身高只有 183 公分，在門將中部十分突出，但是他的反應速度快，防守水準高，也已經累積大量國際賽經驗，在智利脆弱的防守中，算是較令人安心的一環。

盤帶　門將
傳球　解圍
跑位　攔截
射門　鏟球

Vargas　Sanchez
Mena　Fernandez　Vidal　Diaz　Isla
Medel　Gonzalez　Jara
Bravo
3-5-2

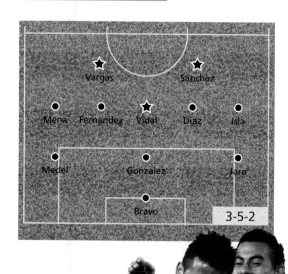

花絮趣聞　——— Tidbit

Ivan Zamorano 與 Marcelo Salas 的雙箭頭組合，在 1998 年世界盃揚威足壇，其中 Zamorano 曾經效力於義甲豪門國際米蘭，並且身穿象徵王牌前鋒的 9 號球衣。1997 年國際米蘭有意引進綽號「外星人」的巴西前鋒 Ronaldo，但他的轉會條件之一，就是希望能穿上 9 號球衣，Zamorano 決定將自己的王牌背號讓給 Ronaldo，國際米蘭為了感謝 Zamorano 的大度，所以在他新背號「18」號球衣的兩個數字中間，加上一個「+」號，表示他仍然是國際米蘭球迷心目中永遠的王牌 9 號。

Alexis Sanchez FW

西甲巴塞隆納
170cm / 62kg
1988.12.19 / 右 / 25歲

速攻突擊隊長

智利在國際足壇慣以「快速進攻」聞名，並一向盛產個子矮小但速度奇快的球員——Alexis Sanchez 就是最好的例子。早在效力義甲烏迪內斯時期，他就因速度出色、擅長邊路突破，而贏得「智利 C 羅」的封號。
Sanchez 的活動範圍可邊可中，而且在轉會西甲巴塞隆納之後，增加了不少可貴的大賽經驗。儘管出賽場次略有下滑，但是 Sanchez 的進球效率更高於以往，間年，他將是「快攻部隊」智利最可怕的攻堅武器。

總教練 | Manager

Jorge Sampaoli

1960.03.13 / 54歲 / 阿根廷

狂人的信仰者

Sampaoli 是前智利國家隊教練、綽號「阿根廷狂人」Marcelo Bielsa 的信仰者，他承襲了狂人「只攻不守」的哲學，因此智利的高侵略型球風極具觀賞性，不過若想在大賽中取得佳績，Sampaoli 恐怕還是得好好思考如何加強球隊穩定性。

 FW

Eduardo Vargas

西甲瓦倫西亞
175cm / 70kg
1989.11.20
右 / 24歲

屬於典型的「小快靈」球員，身高不高，但是速度飛快而靈活，和 Sanchez 一樣也能夠勝任邊鋒和前鋒兩個位置。

 FW

Mauricio Pinilla

義甲卡利亞里
185cm / 75kg
1984.02.04
右 / 30歲

鋒線上的有力替補，曾在西甲、義甲、蘇超等歐陸聯賽效力過，大賽經驗豐富。他的射術爐火純青，頭球技巧也不錯。

 MF

Fabian Orellana

西甲塞爾塔維戈
169cm / 70kg
1986.01.27
右 / 28歲

標準的智利邊鋒，速度快而且左右腳能力均衡。職業生涯有頗高的進球效率，但在國家隊表現平平，只能擔任邊路替補。

 MF

Arturo Vidal

義甲尤文圖斯
180cm / 75kg
1987.05.22
右 / 27歲

智利隊王牌球星之一，效力義甲豪門的他，具有出色的組織能力和前插射門功夫，是極具威脅的攻擊型中場。

 MF

Matias Fernandez

義甲佛倫提那
178cm / 72kg
1986.05.15
右 / 28歲

司職攻擊型中場的他，代表智利隊出戰過二屆美洲盃和一屆世界盃，豐富的國際大賽經驗是他最大的優勢。

 MF

Marcelo Diaz

瑞士超巴塞爾
166cm / 67kg
1986.12.30
雙 / 27歲

他不僅是單純的防守型中場，在進攻組織的能力同樣非常出色，甚至因此獲得「南美 Xavi」的美譽。

 MF

Carlos Carmona

義甲亞特蘭大
178cm / 68kg
1987.02.21
右 / 26歲

2007 年 U20 世界盃智利奪得季軍的隊長，技術不錯，除了具備中場組織能力以外，還有出色的領導能力。

 MF

Jean Beausejour

英冠維根競技
178cm / 81kg
1984.06.01
左 / 30歲

在英國球場上奔馳的左中場球員，通吃球隊左路，邊路盤帶過人出色，動作敏捷速度快，必要時還可以客串左後衛。

 MF

Felipe Gutierrez

荷甲純特
170cm / 64kg
1990.10.08
左 / 23歲

前途廣受看好的年輕球員，能夠在左邊路活動，雖然速度不是特別快，但是反應敏捷過人，技巧也不錯，並能夠中路策應。

 MF

Jorge Valdivia

巴乙帕爾梅拉斯
173cm / 71kg
1983.10.19
右 / 30歲

不但可以出任左邊鋒，也可以擔任創造型中場，已在國家隊效力多年，擁有視野寬闊，巴西世界盃肯定會被委以重任。

 MF

Charles Aranguiz

巴甲國際體育會
172cm / 70kg
1989.04.17
右 / 25歲

國家隊的絕對主力，能出任中場所有位置，在球場上的視野開闊，擁有能踢出一腳威脅球的能力，其中又以短傳最精準到位。

 MF

Rodrigo Millar

墨甲墨甲阿特拉斯
183cm / 75kg
1981.11.03
右 / 32歲

長久以來一直是智利國家隊的老面孔，但是沒有太多突出表現，是一名中規中矩的中場球員，攻守能力均衡，也能踢右邊路。

 MF

Jose Pedro Fuenzalida

智甲高路高路
170cm / 73kg
1985.02.22
右 / 29歲

速度型的右邊鋒，有不錯的過人突破水平，進球能力也不錯，可惜在國家隊一直沒有好表現，只能當作替補人選。

 DF

Mauricio Isla

義甲尤文圖斯
177cm / 72kg
1980.06.12
右 / 26歲

具有典型南美邊後衛的特質，防守不錯，且助攻能力強，助攻本事了得。除了兩個邊後衛，他還能客串中衛。

 DF

Gary Medel

英超卡地夫城
172cm / 74kg
1987.08.03
右 / 26歲

搶斷能力強，預判準確，雖然身材不高，但擁有強健的體魄和充沛的體能，有人將他譽為「智利 Gattuso」。

 DF

Eugenio Mena

巴甲桑托斯
175cm / 68kg
1988.07.18
左 / 26歲

在左路的防守十分穩健，而且助攻能力亦不俗，補位及時，鮮少漏人。在後場搶得球權後，總是積極尋求長傳組織進攻的契機。

 DF

Gonzalo Jara

英冠諾丁漢森林
178cm / 77kg
1985.08.29
右 / 28歲

是一名攻守兼具的左後衛，補位及時。除了嚴防邊路通道、防守對方的邊鋒之外，他也有從邊路前攻的能力。

 DF

Marcos Gonzalez

智甲艾斯潘諾拉
190cm / 88kg
1980.06.09
右 / 34歲

出生於巴西的左後衛，對巴西足球相當熟悉，可以出任左中場、左後衛和前鋒多個位置，這種萬能角色非常難得。

 DF

Jose Rojas

智甲智利大學
176cm / 77kg
1983.06.23
左 / 30歲

長久以來扮演中衛的替補悍將，身材不高但動作敏捷迅速，體能充沛，在後場跑動範圍廣，有不錯的遠射能力。

 GK

Claudio Bravo

西甲皇家社會
183cm / 81kg
1983.04.13
右 / 31歲

球隊隊長兼頭號門將，身體素質並非特別突出，但身手敏捷、撲救判斷能力準確度高、彈跳接球能力也相當出色。

 GK

Johnny Herrera

智甲智利大學
184cm / 78kg
1981.05.09
右 / 33歲

在友誼賽曾出任一號門將，守門技術均衡，無論站位、接球、撲救、解圍或開球技術都相當穩定。

Cristopher Toselli

智甲天主教大學
183cm / 75kg
1988.06.15
右 / 25歲

國內比賽經驗豐富，就是欠缺一些國際大賽資歷，但是反應、撲救能力都不錯，是合格替補。

AUSTRALIA

澳洲 | FIFA 世界排名：59

國土面積：774萬 平方公里
人口：2226萬人

戰力數值 | *Analyzing*

盤帶	門將
傳球	解圍
跑位	攔截
射門	鏟球

先發陣容 | *Starting XI*

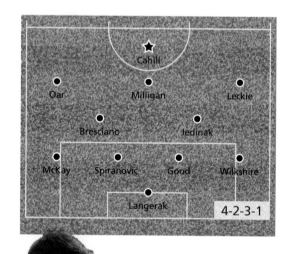

Cahill
Oar — Milligan — Leckie
Bresciano — Jedinak
McKay — Spiranovic — Good — Wilkshire
Langerak

4-2-3-1

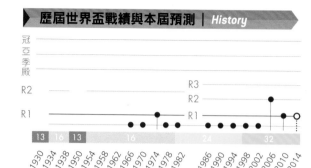

歷屆世界盃戰績與本屆預測 | *History*

2006 年世界澳洲在荷蘭名帥 Guus Hiddink 帶領下，曾經打進 16 強淘汰賽，讓人眼睛為之一亮，不過現在的陣容青黃不接，已不復當年之勇，恐怕難以突圍。

前鋒 FW　長青鋒線的寶刀　———— *Forward*

身材不高，卻因為優異的彈跳能力跟搶點功夫，被球迷戲稱為「澳洲袋鼠」的 Tim Cahill，是澳洲目前僅存的幾位知名球星之一。雖然已經從英格蘭轉戰到美國大聯盟，但是他的經驗跟頭球都備受倚重，不管是 4-2-3-1 或是 4-4-2 的陣型，他都會是主力先發。與 Cahill 搭配的前鋒是同樣資深的 Joshua Kennedy，這組年齡偏大的鋒線會是澳洲隊的隱憂。儘管在身體對抗方面能夠佔上風，但其實個人技巧與體能狀態都不算出色，如果沒有中場的妥善供輸，將很難打開局面。

中場 MF　難以與列強抗衡　———— *Midfield*

澳洲中場的陣容略顯薄弱，尤其是組織進攻的能力相當欠缺，主要還是得靠隊長 Mile Jedinak 跟老將 Mark Bresciano 扛下中場供輸的重責大任。但是不管是進攻或是防守，這條中場線都難以跟強隊抗衡，比較值得期待的是左路的 Tommy Oar，擁有不錯的速度跟突破能力的他，或許能給澳洲中場帶來點激情。而原本期待能扛下右路、效力於德甲勒沃庫森的 Robbie Kruse 則因十字韌帶斷裂，無緣此次世界盃，Oar 在荷甲烏德勒支的搭檔 Adam Sarota 可能將取而代之。

後衛 DF　大換血後的嚴酷考驗　———— *Defensive*

在 2013 年年底面對巴西及法國的兩場友誼賽，澳洲都以 0：6 大比分慘敗，這當然跟他們的後防線不堪一擊有很大的關係。以往澳洲憑著強悍的防守讓許多強隊嚐到苦頭，如今陣容老化已讓他們沒有足夠的能力來嚇阻對手。但此次世界盃澳洲決定實施後防大換血，由 Luke Wilkshire 帶領其他年輕小將捍衛後防，而左路由於沒有穩定的先發，31 歲的中場老將 Matt McKay 可能還是得客串左後衛，這條換血的新防線能否抵擋世界盃的激烈比賽程度，讓人有點擔心。

門將 GK　期待新星崛起　———— *Goalkeeper*

Mark Schwarzer 宣布退休或許是澳洲最大的損失，雖然已經高齡 41 歲，但他依然是目前澳洲最穩健的門將。效力德甲多特蒙德的 Mitchell Langerak 出賽不多，但僅有的幾次機會都表現不錯，說不定這屆賽會將成為他崛起的舞台。

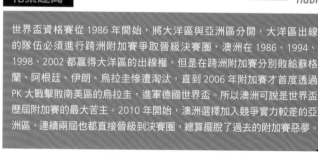

花絮趣聞　———— *Tidbit*

世界盃資格賽從 1986 年開始，將大洋區與亞洲區分開，大洋區出線的隊伍必須進行跨洲附加賽爭取晉級決賽圈，澳洲在 1986、1994、1998、2002 都贏得大洋區的出線權，但是在跨洲附加賽分別敗給蘇格蘭、阿根廷、伊朗、烏拉圭慘遭淘汰，直到 2006 年附加賽才首度透過 PK 大戰擊敗南美區的烏拉圭，進軍德國世界盃。所以澳洲可說是世界盃歷屆附加賽的最大苦主。2010 年開始，澳洲選擇加入競爭實力較差的亞洲區，連續兩屆也都直接晉級到決賽圈，總算擺脫了過去的附加賽惡夢。

Tim Cahill

MF

美足聯紐約紅牛
178cm / 64kg
1979.12.06 / 右 / 34歲

強悍的澳洲袋鼠

Tim Cahill 是一位非常兇悍的球員，在進攻與防守兩端，他都展現非常積極的態度。儘管身高只有 178 公分，但 Cahill 的頭球功夫可是一流的──在效力英超艾佛頓期間，他被球迷暱稱為「澳洲袋鼠」──那便是讚嘆他無比驚人的彈跳能力。

雖然因為年事已高，目前 Cahill 已經轉進競爭水平較低的美國職業足球大聯盟討生活，但是無論如何，這名強悍的 34 歲老將，仍舊會是今年澳洲隊場上、場下不可或缺的領袖。

⇄ 總教練 | Manager

Ange Postecoglou

1965.07.27 / 48歲 / 澳洲

穩定軍心的本土派教頭

澳洲隊前教頭 Holger Osieck 去年與陣中大將 Tim Cahill 等人爆發不合，連兩場友誼賽慘敗。失去球員向心力的 Osieck 黯然下台，改由本土派的 Postecoglou 接手。Postecoglou 隨即化解休息室的矛盾，並穩定軍心，澳洲團隊狀態也逐步出色。

FW

Joshua Kennedy

日 J 聯名古屋鯨魚
192cm / 84kg
1982.08.20
右 / 31歲

澳洲鋒線上的長人，搶點意識與預判出色，頭球技術佳，常能出現在危險地帶完成致命一擊，活躍於日本職業聯賽。

FW

Mathew Leckie

德乙 FSV 法蘭克福
181cm / 84kg
1991.02.04
右 / 23歲

速度飛快，盤帶造詣高，突破犀利，能夠拉開對方後防線，常在比賽中司職影子前鋒和右邊鋒。缺點是容易受傷。

MF

Mile Jedinak

英超水晶宮
189cm / 87kg
1984.08.03
雙 / 29歲

身體強健的他在中場的進攻領導能力突出，雖然年齡偏高，但是廣闊的視野能為球隊帶來幫助。此外，他的領導能力出眾，目前也出任澳洲隊長。

MF

Mark Bresciano

卡達艾加拉法
180cm / 73kg
1980.02.11
雙 / 34歲

這名比賽經驗豐富的老將是中場的自由人，進攻能力突出，並擁有遠射得分功夫。此外，他的領導影子前鋒和右邊鋒，常在比賽中司職影子前鋒和右邊鋒。

MF

James Holland

奧地利維也納
182cm / 76kg
1989.05.15
右 / 34歲

曾任澳洲青年隊隊長，在中場的領導能力出眾。任務以防守為主，總是非常積極地搶下鏟球，是中場防守的關鍵人物。

MF

Tommy Oar

荷甲烏德勒支
170cm / 64kg
1991.12.10
左 / 22歲

身高矮小，卻兼具技術和速度，擁有出色的突破能力，此外，還有評價甚好的傳中球，被視為明日之星。

MF

Adam Sarota

荷甲烏德勒支
182cm / 72kg
1988.12.28
右 / 25歲

中場邊路全能型球員，能夠出任左右兩個邊路，腳法靈活，傳球造詣高，尤其精於短傳，助攻能力不錯。

MF

Oliver Bozanic

瑞士超琉森
183cm / 77kg
1989.01.08
左 / 25歲

腳下功夫不錯，常以速度策動進攻，製造殺機，擅長大力發邊路球。不過他的非慣用腳使用比較缺乏，這也壓縮了他的效用。

MF

Mark Milligan

澳足聯墨爾本勝利
180cm / 80kg
1985.08.04
右 / 28歲

中、後場多面手，較常出任防守型中場，負責攔截和搶斷，球風強硬，還有大力投擲超遠距離界外球的絕技。

MF

Dario Vidosic

瑞士超錫永
185cm / 74kg
1987.04.08
右 / 27歲

進攻型中場球員，也能出任影子前鋒，腳法一流，擅長於盤帶過人策動進攻，也有一腳不錯的射點球技術。

MF

Tom Rogic

澳足聯墨爾本勝利
188cm / 80kg
1992.12.16
右 / 21歲

被視為澳洲的新一代金童，球感一流，在中場相當靈敏，組織串聯的本事出色，盤帶和射門技術評價都不壞。

MF

Matt McKay

澳足聯布里斯班獅吼
171cm / 65kg
1983.01.11
左 / 31歲

活躍於東亞足壇的中場猛將，技術不錯，不僅能出任中場、左中場或左後衛，而且是球隊發動進攻時的組織者。

DF
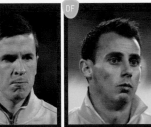

Luke Wilkshire

俄超莫斯科發電機
175cm / 72kg
1981.10.02
右 / 32歲

防線上的老將，在場上具有穩定軍心的作用，防守時的移動跑位合理，攻防中的侵略性強，動靜皆宜，攻防均衡。

Matthew Spiranovic

澳足聯西雪梨流浪者
193cm / 88kg
1988.06.27
右 / 25歲

曾在澳洲各級國家隊擔任主力中衛，經驗極為豐富，防守盯人搶斷出眾，頭球解圍功夫不俗，是後防線不可缺的一員。

DF

Ivan Franjic

澳足聯布里斯班獅吼
180cm / 77kg
1987.09.10
右 / 26歲

入選澳洲隊兩年來一直佔據右後衛主力，在右邊路攻比守強，更擅長前插助攻尋找機會，有著百步穿楊的遠射絕技。

DF

Curtis Good

蘇超登地聯
187cm / 85kg
1993.03.23
右 / 21歲

年紀輕輕，卻擁有強壯的體格和沉穩的防守表現，在防守中毫不惜力，球風硬悍，攔截凶狠，是防住對手不惜犯規。

DF

Jason Davidson

荷甲赫拉克勒斯
180cm / 72kg
1991.06.29
右 / 24歲

年輕充滿活力，體力充沛無虞，總是憑著不間斷的跑動牢牢鞏固左路後防線，貢獻不小。潛力不錯，未來性看好。

DF

Ryan McGowan

中超山東魯能泰山
188cm / 75kg
1989.08.15
右 / 24歲

個人能力十分突出，總是凶狠地拼搶，鏟球乾淨利落，處理關鍵球時也很穩妥，是值得仰賴的後防重鎮。

DF

Alex Wilkinson

韓 K 聯全北現代汽車
187cm / 85kg
1984.08.13
右 / 29歲

輾轉效力於多支亞洲球會的中、右衛，身體素質強大，搭配身高優勢，對高空球的爭頂與掌握都表現不錯。

DF

Mitchell Langerak

德甲多特蒙德
193cm / 83kg
1988.08.22
右 / 25歲

效力於德甲強權的他雖然只是球會替補門將，但在出場時總能展現出不俗的能力，潛力十足，未來性不錯。

GK

Mathew Ryan

比甲布魯日
181cm / 73kg
1992.04.08
右 / 22歲

身材並不突出的小將，近來受到重用，在友誼賽中得到先發位置，經過適當的磨練必成大器。

GK
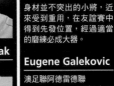

Eugene Galekovic

澳足聯阿德雷德聯
186cm / 91kg
1981.06.12
右 / 32歲

澳洲陣中相對資深的老將，以往沒有太多出賽機會，帶他前往巴西可做為兩名年輕門將的備胎。

SHINJI KAGAWA #10

香川真司

「世界の舞台で活躍するからこそ，子どもたちに夢を与えることができる。だから，まず自分自身のプレーに限界を作らず，上を目指してトライし続けていることが大事だと思っています。」

只有活躍於世界舞台之上，才能夠給予孩子們夢想。所以我認為重要的是，不要自我設限，以更上層樓為目標，持續地嘗試。

SHINJI KAGAWA：FIELD OF DREAMS

越境英雄的夢之舞台

這位生涯總是不斷挑戰、更上層樓的越境英雄，
這一回不是為任何職業球團效勞，而要為血脈相依的祖國與自己的夢想而戰。

Writer / 鄭先萌

「越境」在日本職業運動文化裡，有著向海外更高水準挑戰的意味，且一向是為日本人崇敬的精神——香川真司既不是旅歐第一人、也不是首位在歐陸站穩主力的球員，更不是與超級豪門簽約的首位日本足球員——但是他在歐洲頂級聯賽踢出了聯盟MVP身價、幫助球隊奪冠、甚至驚豔全歐地轉會超級豪門——這種資歷，絕對是日本第一。

威震日本的少年天才

神戶市出身的香川真司在小學時代是一位速度型前鋒，小學畢業後，他因教練介紹，前往FC宮城巴塞隆納（這可與西甲巴塞隆納完全無關）效力，迎來生涯的第一個轉機。

當時FC宮城巴塞隆納有一套與眾不同的訓練方針：他們非常強調盤帶、控球的練習，甚至有時會於練習中禁止傳球。香川日復一日地與皮球接觸、磨合、培養感情，當時，他就已逐漸展露過人的技術——他有著極佳的球感，也總能把球停在最舒服的位置。

在FC宮城巴塞隆納的三年期間，香川進步神速。高一時，他代表俱樂部參加日本青少年俱樂部錦標賽。當時香川司職防守中場，在面對浦和青年軍時，他一人帶球連過

七、八名對手，技驚四座。2005年9月舉辦的仙台盃，香川以東北地區代表隊身分參戰，與日本、巴西、克羅埃西亞的U18國家隊同場競技。後防線擁有安田理大、吉田麻也、槙野智章、內田篤人的日本U18國家隊，被香川以純熟的盤帶、精準的滲透傳球給擊垮，東北代表5：2大勝，自此，香川真司的名字威震全日。

怪物同級生的刺激

高二那年的冬天，日本J聯盟大阪櫻花對香川伸出了橄欖枝，他史無前例地成為日本「高中未畢業、非J聯盟俱樂部青年軍」卻獲得職業球會合約的第一人。

讓香川下定決心超級挑戰職業聯賽的，是與他同年級的森本貴幸。森本15歲就在J聯盟初登場，並在16歲生日的前兩天取得進球（兩項均為史上最年輕紀錄），高一時更拿下J聯盟最佳新人，這也讓香川大受刺激、決心冒險挑戰。

然而香川在J聯盟的首個賽季並不順利，他完全沒有出場紀錄、球會也遭降級至J2聯盟。而此時的森本卻更上層樓——他宣布越境挑戰義甲卡塔尼亞。香川眼見同級生飛黃騰達，心中更堅定赴海外踢球的意志，而他也終於等

到一個轉捩點——回鍋執掌大阪櫻花兵符的巴西籍總教練 Levir Culpi 將香川拔擢為先發進攻中場。

2008年，香川表現精彩，在球季最後13場比賽中踢進12球，更在球季結束後，接下「櫻花先生」森島寬晃的「#8」號球衣，成為球會不動主力。2009年，香川以27個進球拿下J2聯盟金靴獎，並幫助大阪櫻花升級、重回J1。

儘管處境似乎益加明朗，甚至已有一些海外球隊向他招手，但為了爭取2010世界盃的國腳名單，香川決定延遲「越境挑戰」的夢想，留在日本奮鬥。

越境挑戰

2010年夏天對香川真司來說，是充滿複雜情緒的炎熱季節。這年南非的世界盃日本代表隊上，森本貴幸當然地入選，可是其中，卻沒有香川的名字。

這一重大打擊並沒有持續多久，香川就迎來一個大驚喜——在世界盃還尚未落幕的夏天，香川真司出人意表地宣布轉會德甲豪門多特蒙德！一個連J1都沒踢滿一季的年輕球員，竟蒙歐陸強權垂青，儘管驚喜萬分，卻也讓人不免擔心他的前景。

多特蒙德總教練Jurgen Klopp重用年輕人為黃黑軍團的建隊骨幹，香川入隊時，「黃黑軍團」的中場核心Nuri Sahin、Kevin Grosskreutz，後防主力Neven Subotic、Mats Hummels都與自己年齡相仿，而Klopp的慧眼和知人善任，也創造了香川的德甲傳奇——加入多特蒙德後，香川立即展現價值，他在歐霸盃資格賽面對亞塞拜然卡拉巴格踢進正式比賽的第一、第二球；聯賽第三輪，面對沃夫斯堡時攻進德甲第一球；第四輪，他更大發神威梅開二度，《踢球者雜誌》、《圖片報》雙雙給予最高分評價。香川的第一個德甲半季取得8個聯賽進球（所有中場球員第一），更被官網評選為德甲前半季MVP，自此，他名揚德甲，並站穩多特蒙德核心地位。

隔年，香川依舊拿出讓人信服的表現，他以16個進球協助黃黑軍團完成德甲連霸，同時也於德國盃封王。「歐洲體育雜誌聯盟」將他選入歐洲最佳11人，香川真司一舉達成日本旅外足球員前所未有的高度。

迷失的紅魔

在德甲取得空前成功後，香川真司成為歐洲各大豪門追逐的焦點。2012年6月，他以1,600萬歐元轉會英超豪門曼聯。身懷一張亮眼的成績單，他在萬眾矚目之下風光降臨名門。

儘管新賽季僅僅第二輪，香川就取得英超首入球；歐冠淘汰賽面對西甲豪門皇家馬德里時，他取得重要的客場進球；此外，他更完成了亞洲球員在英超首次「帽子戲法」——然而，這些表現都只是香川偶爾的亮點。

比起在多特蒙德的順風滿帆，香川在曼聯的生涯顯得跌宕起伏。英超金靴射手Robin van Persie的到來，讓隊上的天才前鋒Wayne Rooney必須固定於進攻中場先發，而這正與香川的位置重疊。無奈改踢邊路的香川，一直無法發揮他在德甲中路突破、組織、走位的攻擊特性。此外，英超更快速的節奏，以及當時曼聯總教練Alex Ferguson大開大闔的球風，都是香川難以適應的課題。

沒想到，2013-14賽季更是香川的夢魘。繼承曼聯帥位的David Moyes對於戰術與喜好的球員類型有特殊堅持。他排斥積極控球球風，進攻戰術也頗為單調，而對於奔跑積極、身強體壯的工兵型球員情有獨鍾，這也讓香川與「墨西哥小豌豆」Javier Hernandez等具有技術天賦的球員迷失了定位。好在Moyes的帥印只維持不到一年，香川在紅魔的未來仍有轉機。

夢想的世界舞台

雖然在曼聯的處境充滿不確定性，但香川真司在日本國家隊，可是毫無疑問地站穩主力地位。無論是洲際國家盃、世界盃資格賽（出賽11場、4進球），香川的活躍身影讓日本球迷感受到這位越境英雄帶給2014年巴西世界盃的無限希望。

儘管依據日本隊主帥Alberto Zaccheroni的規劃，本田圭佑於先發進攻中場的地位無可動搖，因此香川必須改踢左翼鋒。這讓香川得遠離球門線，不僅浪費了他非凡的進球能力，更使得他空切走位突破至禁區內接應傳球的良好技術難以發揮。不過，其實整支球隊的戰術系統，仍舊以香川為中心運轉著，包括影子前鋒本田、前鋒柿谷曜一朗、後腰遠藤保仁，都必須依從、協同香川組織攻勢。

對香川而言，四年前讓他滿腹遺憾落選的世界盃，在他已身為國家隊領袖的此刻，已不再只是「初體驗」這麼從容、簡單——生涯總是不斷挑戰、更上層樓的越境英雄，這一回不為任何職業球團效勞，而要為血脈相依的祖國與自己的夢想而戰。香川曾說過：「只有活躍於世界舞台之上，才能夠給予孩子們夢想」。如今，他將登上這座夢想的大舞台，一則動人的新故事，才將要起始。

COLOMBIA

哥倫比亞 | FIFA 世界排名：4

國土面積：114萬 平方公里
人口：4575萬人

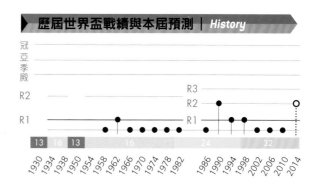

歷屆世界盃戰績與本屆預測 | *History*

▶ **戰力數值** | *Analyzing*

盤帶　　　　　　　門將
傳球　　　　　　　解圍
跑位　　　　　　　攔截
射門　　　　　　　鏟球

▶ **先發陣容** | *Starting XI*

J. Martinez　　Falcao

J. Rodriguez　Guarin　Aguilar　Cuadrado

Armero　Yepes　Zapata　Zuniga

Ospina

4-4-2

90 年代的哥倫比亞在「金毛獅王」Carlos Valderrama 的領軍之下，曾經風靡世界足壇。歷經了兩屆缺席，這次哥倫比亞將以種子隊的身分，重新回到世界舞台。

前鋒 FW　　**猛虎能否即時歸位？**　　————— *Forward*

綽號「猛虎」的 Radamel Falcao 是當今足壇數一數二的前鋒。2009 年登陸歐洲後，立刻在波圖展現才華，出賽 87 場攻入 72 球。2011 年轉投西甲馬德里競技，也繳出 91 場 70 個進球的驚人數據，並接連幫助波圖與馬德里競技贏得歐霸聯賽冠軍。2013 年天價轉會至法甲摩納哥，卻在今年初遭逢嚴重膝傷。「到底 Falcao 能否即時歸位？」已成為哥倫比亞的國家大事。不過無論如何，來自葡超波圖的新一代進球機器 Jackson Martinez 都得做好分擔更多進攻責任的心理準備。

中場 MF　　**技術驚艷兩翼齊發**　　————— *Midfield*

邊路好手 James Rodriguez 在葡萄牙波圖效力時期，就以盤帶功夫出色聞名，並且時常扮演球隊關鍵的二、三號得分手角色。轉會法國後，Rodriguez 的技術更加成熟，更被認為是僅次於 Frank Ribery 的「左路天下第二人」，是哥倫比亞進攻線上的重要大將。至於中軸線有 Fredy Guarin 與 Abel Aguilar 擔任，尤其 Guarin 近年來在義甲國際米蘭的表現有目共睹，偶有令人驚喜的演出。至於效力義甲佛倫提那的「過人王」Juan Cuadrado 會是右邊路的首選。

後衛 DF　　**旅歐球員的天下**　　————— *Defensive*

先發預計是旅歐球員的天下，效力英超西漢姆聯的 Pablo Armero 將出任左後衛，擁有充沛體能是他最大的特色；右後衛可能交給目前在義甲拿坡里的翼衛 Juan Zuniga。這兩個邊後衛跑動能力出色，將提供哥倫比亞更多的進攻火力。中後衛部分，來自 AC 米蘭的 Cristian Zapata 身材高大，屆時會是先發要員；另一席先發將由兩位老將，分別是 35 歲的 Luis Perea 與 38 歲的 Mario Yepes 競爭，不過他們年紀都偏大，能否扛住世界級前鋒，還尚待觀察。

門將 GK　　**新時代的新門神**　　————— *Goalkeeper*

25 歲的年輕門將 David Ospina 在會外賽的 16 場比賽場場先發，儼然成為門將的第一選擇。2008 年 Ospina 轉會到法甲尼斯隊，目前累積了不少比賽經驗。客場與阿根廷的 0：0 會外賽之役表現出色，當時皆受到雙方教練的高度稱讚。

花絮趣聞　　————— *Tidbit*

1994 年世界盃，哥倫比亞是賽前備受看好的大黑馬球隊。但是小組賽三場踢完後，他們就意外提前打包，跌破許多專家眼鏡。尤其面對地主美國的小組賽中，後衛 Andres Escobar 不慎踢進烏龍球，導致球隊輸球慘遭淘汰，更讓他惹上殺機。在返國後的第二天，心情不佳的 Escobar 在酒吧門口被亂槍射中 12 槍直接身亡，雖然一度傳出是黑幫毒梟不滿他在世界盃表現才動手，但後來證明只是一場單純的口角意外。不過無論如何，1994 年世界盃，絕對是哥倫比亞足球迷心中永遠的痛。

看板球星 | SUPER STAR

Radamel Falcao
FW

法甲摩納哥
177cm / 72kg
1986.02.10 / 右 / 28歲

猛虎出柙

九〇年代初期，哥倫比亞曾高居世界排名第一，當時球隊是由「金毛獅王」Carlos Valderrama 擔任領袖。如今哥倫比亞重新崛起，並擠進世界五強，這跟另一名英雄人物 Radamel Falcao 的出現有絕對關係。

綽號「猛虎」的 Falcao 是當今世界足壇最可怕的前鋒之一，他全身都是進攻武器，雙足並用的射門、以及野性十足的頭槌皆具有莫大威脅力，在任何角度都能進球。如果他的膝蓋傷勢能完全恢復，今年哥倫比亞將非常具有競爭力。

總教練 | Manager

Jose Pekerman

1949.09.03 / 64歲 / 阿根廷

三屆世青冠軍教頭

來自阿根廷的 Pekerman 曾執掌祖國青年隊兵符，並三度贏得世青賽冠軍，因此聲名大噪，也獲得成人隊執教機會。不過他於 2006 年阿根廷在世界盃的挫敗後宣布辭職。曾幹過計程車司機的這位「戰術大師」於 2012 年開始帶領哥倫比亞隊。

FW

Jackson Martinez

葡超波圖
185cm / 75kg
1986.10.03
右 / 27歲

葡超勁旅的當家前鋒，有著驚人的進球效率，射門技術全面，無論任何角度的抽射、頭球都難不倒他，非常具威脅性。

FW

Carlos Bacca

西甲塞維亞
179cm / 76kg
1986.09.08
右 / 27歲

原本默默無名的前鋒，本賽季大爆發，引起關注。身體素質出色，射門力度強勁，球感好，擅於把握機會。

FW

Luis Muriel

義甲烏迪內斯
178cm / 75kg
1991.04.18
左 / 23歲

才華洋溢的年輕小將，頂著「哥倫比亞 Ronaldo」的頭銜，雖不是固定主力，但只要給他先發機會，必有一番作為。

FW

Teofilo Gutierrez

阿甲河床
178cm / 83kg
1985.05.28
右 / 29歲

在哥倫比亞出道時聲名鵲起，登陸歐洲表現不佳後，重返南美重拾射門靴，力道剛猛，是典型的南美力量型前鋒。

MF

James Rodriguez

法甲摩納哥
180cm / 77kg
1991.07.12
左 / 22歲

天才型中場球員，左右腳均衡，盤帶嫻熟，技術一流，在兩個邊路都能輕鬆戲耍對手，還能踢出令人目瞪口呆的遠射。

MF

Fredy Guarin

義甲國際米蘭
183cm / 77kg
1986.06.30
右 / 27歲

近年崛起的中場核心，是一位作風十分硬朗的中場球員，技術特點鮮明，除了給隊友做球，也擅長自己破門。

MF

Abel Aguilar

法甲圖盧茲
185cm / 82kg
1985.01.06
右 / 29歲

哥倫比亞隊的中場核心，可以踢前腰和後腰兩個位置，在中場有出眾的大局眼光，組織能力強，是轉守為攻的策動者。

MF

Juan Cuadrado

義甲佛倫提那
176cm / 66kg
1988.05.26
右 / 26歲

有著「義甲過人王」的美譽，憑著出色速度與精熟盤帶過人，能勝任右邊鋒和右中場，在場上威脅力十足。

MF

Juan Quintero

葡超波圖
169cm / 64kg
1993.01.18
右 / 21歲

效力葡超的球星，身材雖然矮小，但射門充滿力道，而且腳下技術靈活，總有驚人表現，踢球風格與阿根廷王牌 Messi 相似。

MF

Carlos Sanchez

西甲艾切
182cm / 82kg
1986.02.06
右 / 28歲

球隊的中場中堅力量，他充沛的體能和充滿爆發力的奔跑、突破，是球隊打開對方防線缺口的一大利器。

MF

Aldo Leao Ramirez

墨甲莫雷利亞
174cm / 76kg
1981.04.18
右 / 32歲

擁有高超的控球技巧以及精湛的腳下技術，同時還有一腳極具破壞力的遠射，是極為出色的中場要角，也深得總教練器重。

MF

Macnelly Torres

沙足聯艾沙比
170cm / 72kg
1984.11.01
右 / 29歲

能夠在左中右各區域穿梭的矮個子球員，他的拿手功夫是致命的穿越傳球，自己本身有速度，進球能力也還算可以。

DF

Pablo Armero

英超西漢姆聯
174cm / 81kg
1986.11.02
左 / 27歲

球隊左後衛主力，除了做好防守的本分之外，他在邊路進攻上的貢獻也不小，一記左腳重砲射門名聞遐邇。

DF

Cristian Zapata

義甲 AC 米蘭
171cm / 82kg
1986.09.30
右 / 27歲

效力義甲勁旅的中後衛，年紀輕輕就已聲名大噪，防守風格強硬，攔截意識強烈，總是能為球隊化解險情。

DF

Mario Yepes

義甲亞特蘭大
186cm / 83kg
1976.01.13
右 / 38歲

哥倫比亞隊可靠的後防鐵閘，過去曾有「閃電先生」的綽號。以如此高齡仍然能位列主力，實力可見一斑。

DF

Juan Camilo Zuniga

義甲拿坡里
172cm / 72kg
1985.12.14
右 / 28歲

擔任左後衛或左中場，進攻意識強，甚至被當作左翼鋒使用，體能出色，技術全面，在俱樂部生涯中有不少進球。

DF

Luis Amaranto Perea

墨甲藍十字
181cm / 77kg
1979.01.30
右 / 35歲

擔任主力中後衛的老將，防守意識出色，動作簡潔到位，以驚人速度著稱，是當今足壇跑得最快的後衛之一。

DF

Santiago Arias

荷甲 PSV 埃因霍恩
176cm / 68kg
1992.01.13
右 / 22歲

防線上的新星，身材矮小但防守敏捷，腳法不俗，亦可前插助攻，邊路進攻的速度極快，未來性極為看好。

DF

Aquivaldo Mosquera

墨甲阿美利加
183cm / 83kg
1981.06.22
右 / 32歲

經驗豐富的右後衛，在右路防守時，盯人和鏟斷的能力出色，進攻數據也相當傲人，在職業隊生涯中超過 20 顆進球。

GK

David Ospina

法甲尼斯
183cm / 80kg
1988.08.31
左 / 25歲

年輕卻難得的穩定，體力充沛，反應敏捷，技術不錯，擅長用雙拳擊球。有機會與老前輩競爭一號門將位置。

GK

Faryd Mondragon

哥倫比亞卡利體育會
191cm / 94kg
1971.06.21
右 / 42歲

已有 20 年的經歷，輾轉歐美多家俱樂部，表現穩健，技術純熟，挑戰一號門將仍相當有競爭力。

Camilo Vargas

哥倫比亞聖塔菲
185cm / 87kg
1989.09.01
左 / 24歲

哥倫比亞的後起之秀，以往沒有任何國際賽經驗，這次是以學習的角度前往巴西。

GREECE

希臘 | FIFA 世界排名：10

國土面積：13萬 平方公里
人口：1077萬人

歷屆世界盃戰績與本屆預測 | *History*

冠																				
亞																				
季																				
殿																				

R3
R2
R2
R1   R1

13   16   13   16   24   32

1930 1934 1938 1950 1954 1958 1962 1966 1970 1974 1978 1982 1986 1990 1994 1998 2002 2006 2010 2014

2004 年希臘憑藉硬朗的防守爆冷奪下歐洲國家盃冠軍，至今仍是足壇傳奇之一。不過世界盃歷史從未闖進淘汰賽的「海盜船」，這次能否成功搶灘森巴國度？

前鋒 FW　　**單薄的唯一火力** —— *Forward*

希臘在會外賽平均每場比賽只進 1.2 球，是歐洲晉級球隊中火力最薄弱的球隊，這也正好說明希臘長久以來的特色：貧攻。德國長大的 Kostas Mitroglou 近來表現有目共睹，2014 年初轉會至英超富勒姆挑戰更高層級，是球隊闖進會內賽的頭號戰將，所以在球隊進攻手段有限的情況下，Mitroglou 的進球把握能力，自然就成為希臘能否爆冷的關鍵。上屆會外賽踢進 10 球的老將 Theofanis Gekas 宣布重返國家隊，目前擔任前鋒替補要角。

中場 MF　　**傳奇老兵最後一役** —— *Midfield*

37 歲的傳奇老將 Giorgos Karagounis 準備迎來最後一個世界盃，這位 2004 年歐國盃奪冠的大功臣將繼續擔任中場精神領袖，協助球隊運轉。他的搭檔會是奧林匹亞科斯、防守穩固的多面手 Giannis Maniatis；三名中場進攻組球員，中路有防守反擊的好手 Dimitris Salpingidis、右路將是義甲效力的高大快馬 Lazaros Christodoulopoulos、而左路則是來自蘇格蘭塞爾特人隊的 Giorgos Samaras，雖然速度不快，但腳法出眾，是球隊少數具有創造力的球員，同時也可兼踢前鋒。

後衛 DF　　**斯巴達鋼鐵防線** —— *Defensive*

希臘防線在歐洲區會外賽 10 場比賽只丟 4 球，名列歐洲第二。證明希臘人仍擁有非常強大的防守水準。經過多年磨練，中後衛 Sokratis Papastathopoulos 已經成為獨當一面的好手，將是本次希臘防線的領導人物。本賽季幫助義甲羅馬在聯賽踢出佳績的右後衛 Vasilis Torosidis，也是球隊不可或缺的重要球員。另外效力奧林匹亞科斯的左後衛 Jose Holebas 與中後衛 Loukas Vyntra，估計是最後兩席先發的人選，這條防線將會是希臘最雄厚的基礎。

門將 GK　　**大賽型希臘門將** —— *Goalkeeper*

希臘門將往往名氣不大，但總是能在國際賽場拿出水準之上的演出。Orestis Karnezis 是目前希臘新一代的門神，受到總教練 Santos 的高度重用，不過 Karnezis 在職業聯賽僅擔任二號門將，欠缺比賽調整狀態，這將是他的一大隱憂。

戰力數值 | *Analyzing*

盤帶	門將
傳球	解圍
跑位	攔截
射門	鏟球

先發陣容 | *Starting XI*

Mitroglou
Samaras　Salpingidis　Christodoulopoulos
Karagounis　Maniatis
Holebas　Papastathopoulos　Vyntra　Torosidis
Karnezis

4-2-3-1

花絮趣聞 —— *Tidbit*

希臘人的姓氏是全世界最難念的之一，整隊球員平均的字母約在 10 個左右。如果沒有意外的話，27 歲的中場球員 Christodoulopoulos 將是本屆世界盃參賽球隊當中姓氏最長的球員，他一共有 18 個英文字母；另外後衛 Papastathopoulos 也不遑多讓，以 16 個字母緊追在後，特別是他效力在多特蒙德的球衣，由於姓氏字母太多，導致球衣的版型塞不下，最後是用了他的名字「Sokratis」作為他在球衣背後顯示的登錄名。

 **看板球星 | SUPER STAR**

Giorgos Samaras FW

蘇超塞爾提克

192cm / 81kg
1985.02.21 / 右 / 29歲

全能職人

過去十年，希臘一直是 Giorgos Karagounis 的希臘隊，如今，希臘的進攻的重心已經轉移到與他同名的 Giorgos Samaras 身上。由於 Samaras 在國家隊時往往踢左邊路，所以進球數不多，不過其實他在蘇格蘭超級聯賽塞爾提克隊的進球效率相當不錯。

身高出眾的他，擁有恐怖的頭球威脅性，再加上壯碩富力量的身體，在搶位時也能佔盡優勢。此外。Samaras 的腳下功夫也不含糊，甚至有中場組織能力，被譽為「擁有一切技術的前鋒」。

總教練 | Manager

Fernando Santos

1954.10.19 / 59歲 / 葡萄牙

注入拉丁系進攻風格

葡萄牙籍的 Fernando Santos 是少數完整執教過葡萄牙與希臘豪門球隊的教練，也曾贏得「希臘聯賽十年最佳教練」獎項。2010 年接掌希臘國家隊後，Santos 除了維持球隊招牌的防守傳統外，也試圖將拉丁風格的進攻思維帶入球隊之中。

FW

Konstantinos Mitroglou
英超富勒姆
189cm / 86kg
1988.03.12
左 / 26歲

希臘的希望之星，無論腳下技術、制空能力，做球水平以及射門感覺，都已到達了歐洲頂級前鋒的水準。

FW

Theofanis Gekas
土超科尼亞
179cm / 71kg
1980.05.23
右 / 34歲

身材不高，不過腳下靈活，禁區內的位置感極佳，懂得利用自己的經驗去尋找空間，把握度高是他最大的優勢。

FW

Dimitris Salpingidis
希超帕奧克
172cm / 77kg
1981.08.18
右 / 32歲

前場技術最細膩的球員，可扮演前場自由人的角色。跑位靈活，既可助攻，也可以在左路突破，更可以前插充當影子前鋒。

MF

Giorgos Karagounis
英超富勒姆
176cm / 83kg
1977.03.06
右 / 37歲

一直是中場核心和球隊領袖，年紀雖大，但狀態依舊良好，出色的大局觀和合理的分配球能力讓他依舊能在中場發揮餘熱。

MF

L. Christodoulopoulos
義甲波隆那
183cm / 76kg
1986.12.19
右 / 27歲

在國家隊是相當不錯的替補力量，各方面能力平均，能勝任進攻型中場、邊鋒等中場位置，遠射造詣不壞。可惜容易受傷。

MF

Alexandros Tziolis
土超卡塞利
189cm / 84kg
1985.02.13
右 / 29歲

強壯、勇敢、高大，是新一代中場防守型悍將，拼搶積極、作風硬朗，在希臘後防線之前，設下一面銅牆鐵壁。

MF
Kostas Katsouranis
希超帕奧克
183cm / 83kg
1979.06.21
右 / 34歲

希臘取得歐洲國家盃冠軍的功臣之一，作為中場後腰隊員，盤帶功夫出色，傳球簡捷幹練，且攻擊力強，射門成功率很高。

MF

Giannis Fetfatzidis
義甲熱那亞
168cm / 61kg
1990.12.21
左 / 23歲

年紀輕輕就可以踢上球隊主力，司職前腰，還能擔任左右兩邊鋒位置，技術與速度結合得恰到好處，過人非常犀利。

MF

Panagiotis Kone
義甲波隆那
184cm / 75kg
1987.07.26
右 / 26歲

以體能見長的一名中場選手，不論在中路或兩個邊路都相當活躍，職業生涯有不錯的進球能力，冀望在國家隊也能有所發揮。

MF

Andreas Samaris
希超奧林匹亞科斯
189cm / 79kg
1989.02.15
左 / 25歲

身體素質不錯的中場防守大將，能夠在後衛的身前形成保護，鏟球兇悍而且能夠迅速傳球，是不錯的防守選擇。

MF

Panagiotis Tachtsidis
義甲杜里諾
191cm / 86kg
1991.02.15
左 / 23歲

身材極為高大的中場全能選手，在進攻或是防守都能發揮不錯的能力，年紀輕輕就到義甲累積經驗，還有成長的空間。

DF

Giannis Maniatis
希超奧林匹亞科斯
175cm / 68kg
1986.10.12
右 / 27歲

能擔任右後衛或右中場，飛快速度是他的最棒武器，總能利用速度轉守為攻。他是球隊防守反擊戰術的一顆重要棋子。

DF

S. Papastathopoulos
德甲多特蒙德
185cm / 82kg
1988.06.09
右 / 26歲

左右腳能力均衡，防守堅若磐石，尤其可以勝任兩個邊衛，讓球隊調度更為靈活。上屆世界盃成功凍結阿根廷的 Messi。

DF

Vasilis Torosidis
義甲羅馬
186cm / 80kg
1985.06.10
右 / 29歲

中後場多面手，主要司職右後衛和右中場，身體素質出眾，跑動能力極強，防守位置感良好，還有一腳不錯的遠射功夫。

DF

Jose Holebas
希超奧林匹亞科斯
184cm / 77kg
1984.06.27
左 / 29歲

擔任左後衛的他，在防守之餘，還能經常上前助攻，腳下功夫不俗，射門角度刁鑽且力量強勁，往往讓對手難以招架。

DF

Vangelis Moras
義甲維羅納
193cm / 78kg
1981.08.26
左 / 23歲

身材極為高大的中場全能選手，在進攻或是防守都能發揮不錯的能力，年紀輕輕就到義甲累積經驗，還有成長的空間。

DF

Loukas Vyntra
西甲萊萬特
184cm / 78kg
1981.02.05
右 / 33歲

這名老將在場上可以擔任右邊後衛和中後衛，是一名防線上的多面手，防守兇悍，也很善於盯人，技術熟練。

DF

Kostas Manolas
希超奧林匹亞科斯
186cm / 79kg
1991.06.14
右 / 23歲

這名年輕的中後衛在預選賽屢次挑大樑，防守穩固失球少，發揮穩定，表現相當出色，很有競爭先發位置的實力。

DF

Giorgos Tzavellas
希超帕奧克
183cm / 81kg
1987.11.26
右 / 28歲

天才型左後衛，技術不錯，攻守均衡，運動能力強，反應迅速。值得一提的是，他擁有上前助攻、傳出弧線球的絕活。

DF

Orestis Karnezis
西甲格拉納達 CF
189cm / 79kg
1985.07.11
右 / 28歲

在預選賽備受重用，以首發門將參與了大部分比賽，擁有標準門將身材，體格強壯且反應靈敏，防守意識過人。

GK

Stefanos Kapino
希超帕納辛納科斯
195cm / 91kg
1994.03.18
右 / 20歲

年紀輕輕就成為國門頭號替補，撲救身手出色，技術一流，相信很快就有競爭一號門將的實力。

Panagiotis Glykos
希超帕奧克
184cm / 79kg
1986.06.03
右 / 28歲

原本曾經是 Karnezis 的主要競爭對手之一，但是後來表現不佳，現在只能勉強進入替補名單。

55

CÔTE D'IVOIRE

象牙海岸 | FIFA 世界排名：21

國土面積：32 萬 平方公里
人口：2240萬人

	冠																		
亞																		
季																		
殿																		
R2								R3									
							R2									
R1											R1						

13 16 13 16 24 32

1930 1934 1938 1950 1954 1958 1962 1966 1970 1974 1978 1982 1986 1990 1994 1998 2002 2006 2010 2014

連三屆闖進會內賽，證明了象牙海岸在 2000 年後成為了非洲足球的新興強權。這一次，大象軍團在陣容變化不大的情況下，能否首次闖進淘汰賽階段？

盤帶　　　　　　　　　　門將
傳球　　　　　　　　　　解圍
跑位　　　　　　　　　　攔截
射門　　　　　　　　　　鏟球

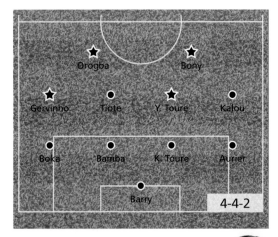

Drogba　　　Bony

Gervinho　Tiote　Y. Toure　Kalou

Boka　Bamba　K. Toure　Aurier

Barry

4-4-2

前鋒 FW　「魔獸」最後的世界盃 —— *Forward*

「魔獸」Didier Drogba 是最近十年來公認最具代表性的非洲球員。粗獷外型正如他狂野的球風，有許多後衛曾栽在他的腳下，生涯巔峰在英超切爾西渡過。2012 年歐冠決賽上，Drogba 幫助藍軍首奪歐冠冠軍，是為生涯代表作。雖然因為年紀偏大狀態略有下滑，不過他將在生涯最後一個世界盃領導球隊拼出最佳成績。如果選擇啟用雙前鋒，預料將從英超斯旺西的 Wilfried Bony 與瑞士超巴塞爾的 Giovanni Sio 二選一，唯一擔心的是關鍵時刻臨門一腳的把握能力。

中場 MF　非洲足球先生領軍 —— *Midfield*

三屆非洲足球先生 Yaya Toure 是象牙海岸這支球隊的心臟。攻守俱備且擁有出色領導能力，讓 Y. Toure 成為目前世界足壇上頂尖的全能中場之一。在英超紐卡索聯效力的 Cheick Tiote 身體素質出色、防守兇悍，將擔任球隊主力後腰，不過容易吃牌是他最大的問題。大象軍團的兩翼將由 Salomon Kalou 與 Gervinho 負責，尤其轉隊到義甲羅馬的 Gervinho，能否把他近期的出色狀態延續到世界盃賽場，將是觀察指標。

後衛 DF　令人期待的換血防線 —— *Defensive*

右路將會啟用年輕的小將 Serge Aurier，左路可能是老將 Arthur Boka，兩人一老一少，一攻一守，固守球隊兩個邊路。Toure 兄弟的哥哥 Kolo Toure 雖然歷經禁藥風波，不過轉會到英超利物浦後仍舊有穩健的身手。他在中路的搭檔有可能是身材高大的 Sol Bamba，這對組合在 2012 年的非洲國家盃有精彩的表現，聯手貢獻了完美的零失球紀錄，將會是在後防線上的黃金組合。整體而言，象牙海岸的後防線令人相當期待。

門將 GK　高空作戰身材劣勢 —— *Goalkeeper*

34 歲的 Boubacar Barry 將連續兩屆把守象牙海岸的大門，不過身高 181 公分的身材讓他在對抗高空球時有先天上的劣勢。有趣的是，Barry 習慣用左腳來接應回傳球，但處理球門球時卻反而用右腳來執行，是少見的雙腳並用的門將。

花絮趣聞 —— *Tidbit*

國名「Côte d'Ivoire」是法語「象牙海岸」的意思，也是該國在 1985 年行文要求各國政府稱呼的正式名稱。在中國大陸，象牙海岸被譯稱為「科特迪瓦（法語音譯）」，不過由於我國與象牙海岸並無邦交，所以還是用「意譯」來稱呼象牙海岸。

Didier Drogba  FW

土超加拉塔薩雷
189cm / 91kg
1978.03.11 / 右 / 36歲

偉大的魔獸

Didier Drogba 是象牙海岸的不動核心,更是該國史上最偉大的足球員,沒有之一。擁有「魔獸」稱號的他憑著壯碩的身體與強悍的對抗性闖蕩足壇,雖然已經 36 歲高齡,但若有需要,短程衝刺依舊難不倒他。此外,Drogba 的射門技巧非常優異,是各隊守門員的夢魘。

Drogba 在場外的品格也同樣受人敬重,不管是對於公益的參與或是對球隊的忠誠度都值得景仰,更曾被《時代雜誌》選為當代最具影響力的非洲人。

總教練 | Manager

Sabri Lamouchi

1971.11.09 / 42歲 / 法國

少帥的考驗

擁有突尼西亞血統的 Lamouchi 球員時期曾代表法國闖進 1996 年歐洲國家盃四強。退役後,Lamouchi 執教生涯的第一站選擇了象牙海岸,儘管他曾率隊奪下 2013 年非洲國家盃亞軍,不過缺乏國際大賽經驗仍舊是 Lamouchi 的大難題。

 FW

Wilfried Bony

英超斯旺西
182cm / 88kg
1988.12.10
右 / 25歲

實力雄厚的替補球員,也有機會搭檔 Drogba 組成雙箭頭鋒衝陷陣,本季在英超面對多支強隊都有過進球,突顯抗壓能力出眾。

 FW

Giovanni Sio

瑞士超巴塞爾
181cm / 77kg
1989.03.31
左 / 25歲

在職業隊擔任主力前鋒,但是他也能客串左右中場,擅長大範圍移動,擾亂對方陣線,並且能夠傳出好球助攻前鋒。

 FW

Gervinho

義甲羅馬
179cm / 68kg
1987.05.27
左 / 27歲

他的邊路突破是球隊在進攻時的利器,有出色的控球盤帶能力,可以打左右邊鋒,身體素質不錯,腳下技術、速度跟爆發力都相當好,具有相當的突破威脅力。

 FW

Salomon Kalou

法甲里爾
184cm / 77kg
1985.08.05
雙 / 28歲

鋒線多面手,可以踢前鋒,也可以打左右邊鋒,身體素質不錯,腳下技術、速度跟爆發力都相當好,具有相當的突破威脅力。

 MF

Yaya Toure

英超曼城
191cm / 90kg
1983.05.13
右 / 31歲

擔任球隊進攻的組織者,他的傳控掌握著球隊的節奏。防守硬悍,且有不錯的技術和良好的大局觀,擅於插上助攻破門得分。

 MF

Cheick Tiote

英超紐卡索聯
180cm / 76kg
1986.06.21
右 / 27歲

擔任中場後腰的防守效率高,跑動能力突出,搶斷技術強的狠角色,給對方中路帶來高度壓迫力,阻擾對方組織進攻。

 MF

Didier Zokora

土超特拉布宗
179cm / 72kg
1980.12.14
右 / 33歲

最大特點是奔跑和攔截,在場上覆蓋的範圍極大,對後防線有很強的保護作用,進攻時還能前插提供支援。

 MF

Max Gradel

法甲聖艾蒂安
175cm / 69kg
1987.11.30
右 / 26歲

出身於法國足壇,早期在英格蘭聯賽踢球,司職左邊鋒,雖然身材並不高大,但以速度和傳球素質著稱。

 MF

Didier Ya Konan

德甲漢諾威 96
174cm / 74kg
1984.02.25
右 / 30歲

18 歲就入選國家隊的天才攻擊手,可以踢進攻型中場及前鋒,可惜後來表現不如預期。現在年齡漸長,身手又逐漸恢復。

 MF

Serey Die

瑞士超巴塞爾
179cm / 77kg
1984.11.07
右 / 29歲

這名在瑞士戰場活躍的球員,是球隊雙後腰戰術中的關鍵人物。技術不俗,盤帶一流,是將球送到前場的重要角色。

 MF

Mathis Bolly

德乙杜塞爾多夫
185cm / 77kg
1990.11.14
雙 / 23歲

出生足球世家,擁有挪威血統,能打中場兩個邊路或客串前鋒,最大的特點是跑動速度快,曾有 4.6 秒跑 40 米的驚人速度。

 DF

Kolo Toure

英超利物浦
180cm / 74kg
1981.03.19
右 / 33歲

球隊的防線核心,位置感極強,攔截出腳凶狠,防守面積也大,儘管已有年紀,仍具備一定的對抗實力。

 DF

Sol Bamba

土超特拉布宗
192cm / 90kg
1985.01.13
左 / 29歲

老經驗的後衛球員,已經效力國家隊多年,有強壯的身體與足夠的身高優勢,在中後衛位置防守相當穩固。

 DF

Constant Djakpa

德甲法蘭克福
177cm / 74kg
1986.10.17
左 / 27歲

在職業聯賽擔綱主力中衛,在國家隊則是得力替補。年輕力壯的他除了做好防守本職,也有很強的助攻意識。

 DF

Arthur Boka

德甲斯圖加特
166cm / 67kg
1983.04.02
左 / 31歲

雖然個子矮小,但速度奇快,擅於在邊路利用速度防守以及突破,這也往往成為效力球隊的主要進攻手段。

 DF

Brice Dja Djedje

法甲馬賽
180cm / 71kg
1990.12.23
右 / 23歲

雖然年紀尚輕,但在邊路的防守狀態穩健。他的攻擊技術優質,具備一定的助攻能力,假以時日必成大器。

 DF

Serge Aurier

法甲圖盧茲
176cm / 76kg
1992.12.24
右 / 21歲

象牙海岸的後防新星,身體素質不錯,速度和對抗能力也不差,這次世界盃之旅將有助於鍛鍊他的大賽經驗。

 DF

Akpa-Akpro

法甲圖盧茲
180cm / 68kg
1992.10.11
右 / 21歲

腳下功夫佳,在職業隊常被當作右中場使用,也能客串後衛,是一名中場多面手。不過國家隊經驗缺乏會是他的主要問題。

 DF

Benjamin Angoua

法甲瓦朗西納
183cm / 72kg
1986.11.28
右 / 27歲

具有速度的一名中場防守多面手,滿場飛奔的他能在多個不同位置迅速協防,這樣的機動性也是他的最大價值。

 GK

Boubacar Barry

比甲洛格倫
181cm / 69kg
1979.12.30
右 / 34歲

以門將來講,他的身材並不算高大,但擁有著非洲門將特有的風格:反應迅速。且狀態良好時,能演出超水準的神勇表現。

 GK

Sayouba Mande

挪超史達比克
193cm / 82kg
1993.06.15
右 / 21歲

雖然經驗較淺,但身材天生就是當門將的好材料。他的潛質優異,未來性極為看好。

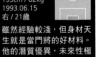

Sylvain Gbohouo

象牙海岸塞威體育
184cm / 82kg
1988.10.29
右 / 25歲

沒有任何國際大賽資歷的球員,身材條件也不突出,入選大名單讓人意外,但也不會有太多機會。

JAPAN

日本 | FIFA 世界排名：47

國土面積：37萬 平方公里
人口：1億 2725萬人

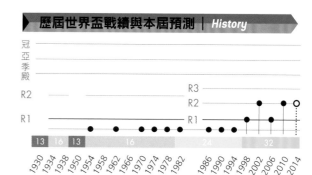

連續五屆闖入到世界盃會內賽，讓日本成為了亞洲地區發展足球最佳的典範。本次在眾多旅歐球員的助陣之下，「藍武士」能否有機會登上世界之巔呢？

前鋒 FW　　前鋒軟腳的解藥？ —— *Forward*

欠缺具備衝擊力、獨當一面且大賽不怯場的前鋒，是長久以來日本為人所詬病的一環。對此，日本試圖找出最好的解決方案，避免再有過去幾屆的「前鋒軟腳症」悲劇發生。出身 J 聯盟大阪櫻花的柿谷曜一朗，曾因血氣方剛被冷凍，但這位天才球員在 2013 年東亞盃精湛的演出，讓他獲得高度評價。除了可身兼前場多職外，柿谷時常有爆炸性演出，讓他有望成為日本前鋒新解答。與柿谷競爭先發的，還有去年大放異彩的大迫勇也，以及現役日本國腳進球最多的岡崎慎司。

中場 MF　　超級雙核心 —— *Midfield*

日本自從 1980 年代開始發展足球運動起，就以「技術流」為發展目標，因此目前藍武士擁有一票技術出色的中場球員：效力 AC 米蘭的本田圭佑與曼聯的香川真司將是本屆日本中場的兩大核心：本田具有日本球員少見的衝擊能力，是日本最需要的大賽型人物；香川創造力十足，手術刀式傳球為其招牌，這對組合會是日本最有力的進攻武器，至於效力德甲的清武弘嗣有機會出現在右路。值得注意的是 23 歲的大阪櫻花小將山口螢，成熟度高、中場調度功夫佳，有望搶到先發。

後衛 DF　　偏攻的旅歐後防線 —— *Defensive*

除了大阪飛腳的中後衛老將今野幸泰外，日本的先發防線幾乎都是旅歐的球員。27 歲的長友佑都目前是國際米蘭不動的先發左後衛，本季以後衛身分在義甲踢進生涯新高 5 球，讓長友的進攻能力進化再升級。南非世界盃後才嶄露頭角的內田篤人，歷經多年德甲洗禮後，攻守評價獲得肯定，不過內田的傷勢能否 100% 恢復還有待觀察，所幸同屬德甲的酒井宏樹與酒井高德都是不錯的替補人選。比較令人擔心的是中後衛位置，效力英超的吉田麻也，狀態時好時壞，令人憂心。

門將 GK　　和製門神 —— *Goalkeeper*

四年前，當時效力川崎前鋒的川島永嗣原本只是作為楢崎正剛的備位門將。但在 2010 年世界盃前夕與英格蘭的一場友誼賽上表現精彩，讓他一夕之間爆紅、成為首選，加上後來在南非的表現搶眼，更加奠定他在頭號國門的地位。標準烈日的旅歐經驗將幫助他更成熟。

盤帶	門將
傳球	解圍
跑位	攔截
射門	鏟球

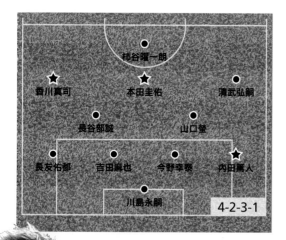

柿谷曜一朗

★ 香川真司　　★ 本田圭佑　　清武弘嗣

長谷部誠　　　山口螢

長友佑都　吉田麻也　今野幸泰　★ 內田篤人

川島永嗣

4-2-3-1

一本漫畫書，到底能夠改變足球多少？1980 年代出版的經典漫畫《足球小將翼》整整影響了日本 30 年，這本漫畫當時除了啟發了日本兒童對於足球的熱愛，更有許多日本現役國腳表示受到漫畫主角大空翼的影響，才走上了足球之路。如今足球在日本成為了最熱門的運動，於是在 2012 年的一部電視廣告中，大空翼直接把隊長袖標交給了現任隊長長谷部誠，希望他能率領日本在巴西實現奪冠美夢。

 看板球星 | SUPER STAR

本田圭佑
MF

義甲 AC 米蘭

182cm / 74kg
1986.06.13 / 左 / 28歲

和之國的武士

在日本鋒線無力的傳統之下，中場球員的進攻能力變得至關重要，本田圭佑在 2010 年世界盃已經證明了他的能耐。目前更是身披義甲豪門 AC 米蘭的王牌「#10」球衣。

不同於一般對亞洲球員的刻板印象，本田圭佑擁有很不錯的身體對抗能力，另外，他的遠射功夫相當優異，還有一腳出色的自由球。個性低調、冷靜的他，極為擅長在無形中撕裂對方防線，並給予致命一擊——他是當前日本隊最仰賴的火力輸出來源。

 **總教練 | Manager**

Alberto Zaccheroni
1953.04.01 / 61歲 / 義大利

來自義甲的名教頭

曾帶領過國際米蘭、尤文圖斯等許多頂尖義甲球隊，而 1999 年率領 AC 米蘭奪下義甲冠軍最為著名，當時使用的 3-4-3 陣型更成為足壇經典代表作。2010 年接棒日本國家隊後，幫助他們拿下 2011 年亞洲盃與 2013 年東亞盃，勝率超過 55%。

FW

岡崎慎司

德甲梅因斯

174cm / 76kg
1986.04.16
右 / 28歲

進球最多的現役日本國腳，司職邊鋒，球風簡練，在禁區內擁有極佳的位置感，擅於突然插上門門，是一名真正的禁區殺手。

FW

柿谷曜一朗

日J聯大阪櫻花

172cm / 68kg
1990.01.03
右 / 24歲

年輕有活力，技術一流，無論出任單箭頭或者前腰都非常有威脅性，去年才入選國家隊就坐穩主力位置。

FW

大迫勇也

德乙 1860 慕尼黑

182cm / 70kg
1990.05.18
右 / 24歲

在亞洲的前鋒之中技術十分出色：停球穩，判斷冷靜，跑位能力不錯，射術精湛，視野廣闊，也有一腳分球和策應能力。

MF

香川真司

英超曼聯

172cm / 63kg
1989.03.17
雙 / 25歲

中場的進攻策動者，前插意識強，常運用跑動撕裂對方防線。傳球功力精湛，直塞球凌厲，一腳觸球也非常出色。

MF

長谷部誠

德甲紐倫堡

177cm / 66kg
1984.01.18
右 / 30歲

中場核心兼球隊隊長，傳球精準，且體力充沛，跑動非常積極，憑藉著精準的傳球和靈巧的突破，為球隊貢獻甚多。

MF

清武弘嗣

德甲紐倫堡

172cm / 63kg
1989.11.12
右 / 24歲

雖然個人速度和突破能力較為不足，但自由球和精準的長傳球是他的看家本領。技術特色常與香川真司相較。

MF

遠藤保仁

日J聯大阪飛腳

178cm / 75kg
1980.01.28
右 / 34歲

中場指揮官，大局觀強，腳法出眾，能夠發揮中場防守屏障的作用，也可插上助攻，曾獲得亞洲足球先生榮耀。

MF

山口螢

日J聯大阪櫻花

173cm / 64kg
1990.10.06
右 / 23歲

擁有很強的前插射門意識，屬於組織型後腰。作風硬朗，耐衝耐撞，也有自由球破門能力，進球數非常可觀。

MF

齋藤學

日J聯橫濱水手

165cm / 64kg
1990.04.04
右 / 24歲

年少成名，被譽為「日本梅西」。腳下技術出色，跑動範圍大、速度快，能憑靠一己之力撕裂對方防線，任何角度都能得分。

MF

大久保嘉人

日J聯川崎前鋒

170cm / 73kg
1982.06.09
右 / 32歲

經驗豐富的老將，可以擔任前鋒也可以擔任進攻型中場，進而迅速補防。由攻轉守時，也具備一腳不錯的長傳。

MF

青山敏弘

日J聯廣島三箭

174cm / 73kg
1986.02.22
右 / 28歲

屬於工兵型中場，頭腦冷靜，能預先判斷危急位置，進而迅速補防。不過進球效率不足是他最大缺點。

DF

內田篤人

德甲沙爾克 04

176cm / 62kg
1988.03.27
右 / 26歲

身體條件出色，體能充沛，盤帶速度快，擅長突破，表現沉穩。他的助攻是球隊重要的進攻手段。

DF

長友佑都

義甲國際米蘭

170cm / 68kg
1986.09.12
雙 / 27歲

能踢左、中後衛，有出色的體格及速度，並且總是精極跑位。無論快速的攻守轉換或是有一對一盯防，都有很棒的對抗力。

DF

吉田麻也

英超南安普敦

186cm / 78kg
1988.08.24
右 / 25歲

身材高大且防守能力佳，使之成為球隊的絕對主力。曾參加過北京奧運、倫敦奧運會，大賽經驗豐富。

DF

酒井高德

德甲斯圖加特

176cm / 74kg
1991.03.14
雙 / 23歲

日德混血兒，左右腳技術都很好，在場上拼戰態度積極，且攻守兼具。若能保持競爭力，有機會打上主力位置。

DF

酒井宏樹

德甲漢諾威 96

185cm / 70kg
1990.04.12
右 / 24歲

日本的天才飛翼。在防守高球、控制落點、身體對抗方面非常搶眼，邊路傳中球落點質量高，能增加日本的邊路攻擊能力。

DF

今野幸泰

日J聯大阪飛腳

178cm / 73kg
1983.01.25
右 / 31歲

不但可以打中衛和邊衛，而且還可以打中場的多個位置，攻守兼備的他還有一腳出色的傳中球，是典型的「帶刀後衛」。

DF

伊野波雅彥

日J2聯磐田山葉

179cm / 72kg
1985.08.28
右 / 27歲

國家隊資歷不深，但因為能打右後衛和中後衛而受到青睞，球隊變陣三後衛時將受到重用，身體對抗能力強，盯防技術不錯。

DF

森重真人

日J聯 FC 東京

185cm / 80kg
1983.03.20
右 / 31歲

這名國家隊新人去年開始入選就嶄露頭角，防守能力和制空能力都非常強大，是中後衛位置上的有力替補。

GK

川島永嗣

比甲標準列日

185cm / 80kg
1983.03.20
右 / 31歲

表現穩定的日本國門，曾在亞洲盃決賽當選最佳球員。最大特點是反應敏捷，撲救出色，尤其是對付插球時的抗壓力超強。

GK

西川周作

日J聯浦和紅鑽

183cm / 81kg
1986.06.18
左 / 27歲

日本門將希望之星，五年來競競業業擔任替補，球門前敏感度高，且有穩定的發揮而入選。

權田修一

日J聯 FC 東京

187cm / 85kg
1989.03.03
右 / 25歲

幫助日本在敦奧殺入四強，但在兩位前輩旁邊無太多機會，只能期待下次世界盃有機會登場。

MARIO #9
BALOTELLI

" I AM DIFFERENT.
 IF YOU CAN FIND ANOTHER LIKE ME, THEN I WILL BUY YOU DINNER."

我是與眾不同的。若你能找到另個如我一般的人，我請你吃晚餐！

ANGEL OR DEMON

天使，或者魔鬼

他是耀眼的天使，卻也是魔鬼的化身──第一次進軍世界盃的這個大男孩可能不知道，
此番他的一念之間，將會左右他肩膀上所負著的、承襲藍衫光榮的歷史重責。

Writer / 札內蒂

他一向不按牌理出牌，他總能以各種神奇方式進球、但也總能因各式莫名理由被趕出場。他高大、敏捷、腳法秀麗；能打中鋒，也可以走邊路，此外，他還是個定位球高手，甚至是當今最厲害的12碼罰球大師──他曾連續26次主罰12碼點球全數得分。

義大利向來不乏英雄：他們有堅固如岩石的後防、華美流暢的中前場。他們俊美有型，穿著貼身球衣如文藝復興時期的雕像──以及，是的，他們還有Mario Balotelli。

耀眼的天使

1990年8月12日，來自非洲迦納的Barwuah夫婦，在義大利巴勒摩生下一名男孩，兩年後，他們舉家搬到布雷西亞。男孩3歲時，由於腸道感染問題，一度危及生命，在窮困的父母求助社福部門後，男孩被送往寄養家庭──當地的Balotelli家收養。儘管一開始Barwuah夫婦還有往返探望，但後來彼此的關係逐漸顯得做作、不自然。最後，男孩被永遠留在Balotelli家，並改與養父母同姓。

雖然身世多舛，不過Mario Balotelli跨入足球領域的過程，倒是比同齡孩子順利許多。他在義丙球隊隆美辛尼度過青訓時光，15歲便於聯賽登場。幾個月後，他被義甲豪門國際米蘭相中，並招募至旗下。Balotelli在國米的U17青年隊展現強大的進球效率，季中就獲拔擢至U19隊。即使越級打怪，他仍舊屢建奇功、光彩奪目。國米一軍的主教練Roberto Mancini在球員時代就是一名前鋒，而他當然沒有錯過這塊瑰寶。Mancini將Balotelli拉上一隊，並於季前熱身賽給予他不少出場機會。2007年12月17日，17歲的Balotelli首度在一隊替補出賽，三天後，他銜命先發，並攻進2球──這年，Balotelli在15場比賽中收穫7個進球，而國際米蘭則在義甲聯賽順利封王。

剛滿18歲、終於獲得義大利國籍的隔天，Balotelli獲得U21國家隊徵召，並在兩週後，穿上夢寐以求的藍衫。他黝亮而健壯，彷彿身佩黑色戰甲；他高大卻不失靈巧，有速度，且爆發力十足。看著無比耀眼的Balotelli，有人說──他將會是義大利足球未來十年的希望。

魔鬼的化身

教練無一不為Balotelli的天份懾服，但他的難以控制和輕忽紀律，也令管理階層頭痛不已──事實上，他惹出的麻煩和功績不相上下。

儘管身在藍黑軍國際米蘭，但Balotelli從未隱瞞自己是同城死

敵——AC米蘭的球迷。他不僅在更衣室用口哨吹奏對方隊歌，還曾在電視節目中高舉對方球衣，讓國米球迷、球團都氣得跳腳。球場上的Balotelli讓教練又愛又惱，他頭腦聰明但我行我素，無法貫徹球隊的攻防體系意志。他總是有仇報仇、以怨報怨，除了垃圾話滿場交鋒之外，對敵方的防守小動作也必定加倍奉還。

很少有前鋒球員會像Balotelli吃那麼多黃、紅牌。看台上自家球迷噓他時，他比手勢命他們閉嘴，甚至大腳把球踢上看台洩憤。國際米蘭主教練從Mancini到Jose Mourinho無不用心良苦，但不管是Mancini式「愛的教育」，還是Mourinho「恩威並施」的策略，對他都不管用，隊上老大哥不時言教、身教的「輔導」也難達效果。

而到了場外，Balotelli同樣令人難以捉摸：他和朋友在屋內玩煙火，結果造成火災（之後竟然還因此撈到煙火安全活動代言）；丟飛鏢擲傷小朋友、開車進女子監獄只為了「晃一晃」、在公共場合射擊空氣槍……Mourinho曾以「難以駕馭（unmanageable）」來形容他，而網友則為他取了「巴神」這個封號——不是對他足球技術的恭維，而是諷刺他「與眾不同」的思維，完全屬於「神經」等級。

純粹無邪大頑童

儘管在充滿愛心的寄養家庭長大，但Balotelli始終覺得自己是被拋棄的小孩。加上那一身惹眼的黑皮膚，使Balotelli從小便受盡羞辱。對手與球迷以充滿種族歧視的污言穢語問候他，甚至模仿猩猩的嚎叫、動作嘲侮他。2012年歐洲國家盃，身為第一位穿著義大利球衣在重大國際賽事登場的非裔球員，他成為眾人討論的焦點——雖然足壇打擊種族主義不遺餘力，但非洲裔球員仍是遭歧視的一群。就在Balotelli於準決賽連中兩元、擊垮強敵德國，並率隊晉級決賽後，《杜林體育報》的標題是這樣下的：「我們把他們的臉『打黑』了！」即使原意是指對手慘遭淘汰，但此類拿人種與膚色做文章的雙關語，總是不時在Balotelli身畔出沒，而這些都間接形塑、鎔鑄成他古怪乖張的性格。

但其實，Balotelli就只是個純粹無邪的大頑童。他在2012年那場淘汰德國的歐洲盃賽場上得分後，直奔向場邊，深深擁抱特地飛到波蘭替他加油的養母Silvia Balotelli，兩人開心地哭成一團。他說他要把進球獻給母親，「因為媽媽老了，不太能出遠門，她大老遠來這裡看我，一定要讓她開心。」

儘管Mourinho教練曾指責Balotelli不努力訓練，也曾為了懲戒他不守紀律、未執行戰術的壞毛病，而罰他坐板凳，但另一方面，Mourinho在面對外界批評Balotelli時，總是不忘為他辯護。

2010年夏天，Balotelli轉至英超曼城隊，並與一手提拔他的恩師Mancini重逢。隔年球季，他在一場與紅魔曼聯於對方老特拉福主場的「曼徹斯特德比」對決中獨進2球，進球後，他淡定的站在綠茵地上，並緩緩掀起球衣，大剌剌露出內衣上的三個字：「Why Always Me？（怎麼又是我？）」狠狠開了紅魔球迷一個玩笑。他搶佔所有報紙版面，更促使印上這三字的山寨商品熱賣。

其實Balotelli進球後通常鮮有激動的慶賀舉動，「把球攻入球門正是我的工作，你有看過郵差把信送到之後在慶祝的嗎？」——這就是Balotelli，令人時而氣結、時而莞爾、最常是啼笑皆非的大孩子。

藍衫軍的骨幹

2013年1月，Balotelli和曼城主教練Mancini在訓練時發生口角、扭打，一直惜才、包容他的恩師再也無法忍受了，Balotelli被賣回義大利，接手的，正是他夢寐以求的AC米蘭。

四年前南非世界盃，19歲的Balotelli曾滿懷期待被徵召入隊，可惜最後事與願違。而今年，已站在世界頂級前鋒之列的他，將挑起義大利隊的骨幹。連1982年世界盃獨進6球、率領義大利奪冠的英雄Paolo Rossi都說，Balotelli將是今年藍衫軍能否在巴西創造榮耀的重大關鍵。

主罰點球時的Balotelli總是異常冷靜，並擅長和門將鬥智，與「其他時間」的衝動、火爆脾氣判若兩人。他曾說，那是因為「我懂得怎麼控制心神」——他是不是像極了《灌籃高手》裡號稱擁有「鬼一般的集中力」的櫻木花道，狀況百出，令對手和隊友都頭疼，但無疑，是個絕世天才。

他有時像是球場上的超級馬利歐（Super Mario），有時卻成為人見人厭的壞利歐（Wario）。第一次進軍世界盃的這個大男孩可能不知道，此番他的一念之間——天使，或者魔鬼，將會左右他肩膀上所負著的、承襲藍衫光榮的歷史重責。我們不會知道、也毋須揣測，只要負責睜大眼睛，仔細領略、好好享受他狂野不羈、充滿野性魅力的足球。

GROUP **D**

URUGUAY

烏拉圭 | FIFA 世界排名：5

國土面積：17萬 平方公里
人口：332萬人

▶ 戰力數值 | *Analyzing*

盤帶	門將
傳球	解圍
跑位	攔截
射門	鏟球

▶ 先發陣容 | *Starting XI*

Forlan　　Cavani　　Suarez
C. Rodriguez　Gargano　E. Alvaro
Caceres　Godin　Lugano　M. Pereira
Muslera

4-3-3

▶ 歷屆世界盃戰績與本屆預測 | *History*

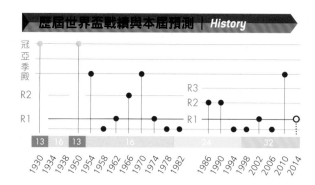

1950 年世界盃，烏拉圭在里約熱內盧馬拉卡納球場，擊敗了擁有 10 萬觀眾助陣的地主巴西搶下隊史第二座世界盃冠軍。64 年後，烏拉圭是否能二度美夢成真？

前鋒 FW　　期待王牌歸來　————　*Forward*

新科「英格蘭足球先生」、王牌前鋒 Luis Suarez 的膝蓋傷勢為本屆烏拉圭前鋒戰力投下巨大陰影。儘管他們仍舊擁有 35 歲的老經驗射手 Diego Forlan 與 2011 年「南美足球先生」Edison Cavani 搭檔，前鋒線戰力還是相當傲人，不過身在死亡之組，烏拉圭想要爭取出線，必須憑靠團隊戰力共同彌補火力損失。但若他們能夠持續晉級，Suarez 就隨時保有復出的機會。屆時，已完成團隊戰力凝聚的這支南美強權，再加上外星人等級的王牌歸位，攻擊力將勢必將如洪水猛獸。

中場 MF　　濃濃南歐聯賽風格　————　*Midfield*

目前效力西甲馬德里競技的邊鋒 Cristian Rodriquez，會外賽出賽 17 場踢進 3 球，有望搶得一席先發。另外兩名分別在義甲踢球的 Diego Perez（波隆納）、Walter Gargano（帕爾馬）、以及 32 歲老將 Edigio Avevalo 將提供球隊在中場中路的防守需求。另外曾效力荷蘭阿賈克斯的 Nicolas Lodeiro，會是中軸線替補的頭號人選。綜觀看來，烏拉圭的中場線幾乎都是在南歐聯賽體系（西、義、葡）討生活，皆有一定的水準。

後衛 DF　　能力多面的後防線　————　*Defensive*

烏拉圭後防線上的球員大多能勝任兩個以上的位置。例如尤文圖斯的 Martin Caceres 可踢左後衛、中後衛與防守型中場，拉齊歐的 Alvaro Gonzalez 也可以踢兩側邊後衛與防守型中場，本菲卡的 Maxi Pereira 可踢傳統邊後衛（Fullback）與進攻型翼衛（Wingback），這些球員將視臨場狀態爭取先發機會。至於中後衛部分，隊長 Diego Lugano 與 Diego Godin 是絕對主力，而馬德里競技的年輕小將 Jose Gimenez 與高大後衛 Sebastian Coates 則會角逐頭號替補中衛角色。

門將 GK　　娃娃臉鎮守大門　————　*Goalkeeper*

由於稚嫩外表與出色表現，讓許多人在南非世界盃認識了 Fernando Muslera 這個名字。一年後，Muslera 在驚訝聲中轉會土耳其豪門球隊加拉塔薩雷，並創下單季 19 度完封對手的紀錄。如無意外，他將在未來十年繼續把守烏拉圭的大門。

花絮趣聞　————　*Tidbit*

1930 年第一屆世界盃之所以會選在烏拉圭舉行，是源自當時烏拉圭正逢建國百年大慶，該國政府想要舉辦一項全球性的大賽來慶祝，並且承諾會全程負責各球隊的費用，最後也讓許多歐洲球隊同意跨海參賽。於是首屆的世界盃就在烏拉圭展開，最後烏拉圭也成為史上第一個世界盃冠軍。

Luis Suarez FW

英超利物浦
181cm / 81kg
1987.01.24 / 右 / 27歲

全能創意攻擊手

能踢邊路又可司職中鋒的 Luis Suarez，屬於全能型攻擊手。他是當前世界最富進攻創意的球員之一，無論射門的技術與判斷能力、傳球視野和嗅覺、盤帶與突破方面，都有十分搶眼的表現，進球能力更是當今足壇頂尖。不過他的缺點在於速度和爆發力都只是一般水準。

不過由於他的膝蓋在訓練時受傷，若接受手術的話，最快也要到 6 月底、7 月初才有復出的機會。想要看到他在世界盃奮戰的英姿，還得看烏拉圭能走多遠。

總教練 | **Manager**

Oscar Tabarez

1947.03.03 / 67歲 / 烏拉圭

老帥領銜重返榮景

自 2006 年二度接掌烏拉圭兵符至今，是本屆 32 隊當中執教單一國家隊最久的教頭。任內除了兩度贏得「南美最佳教練」外，更帶領烏拉圭重返世界列強之林，2010 年世界盃闖進四強、2011 年美洲國家盃冠軍都是代表作。

 FW

Diego Forlan

日 J 聯大阪櫻花
180cm / 75kg
1979.05.19
雙 / 35歲

上屆世界盃金球獎得主，雖然過了巔峰期，但依然是球隊的精神領袖，門前嗅覺靈敏，重炮轟門依然有威脅。

 FW

Edinson Cavani

法甲巴黎聖日耳曼
184cm / 74kg
1987.02.14
右 / 27歲

身體條件極佳，護球非常穩，在前場活動範圍廣，左右腳均擅，而且射術精湛、進球效率高，頭球和腳下功夫非常均衡。

 FW

Christian Stuani

西甲西班牙人
186cm / 77kg
1986.10.12
右 / 27歲

效力西甲球隊多年，表現不錯，進球效率也高。擔任替補前鋒的他，有能力把握有限出場機會爭取進球。

 MF

Cristian Rodriguez

西甲馬德里競技
178cm / 75kg
1985.09.30
左 / 28歲

速度驚人，步頻很快，盤帶出色，擅長過人，射門能力也不錯，有「烏拉圭C羅」之稱，在西甲勁旅中場佔據一席之地。

 MF

Diego Perez

義甲波隆那
177cm / 81kg
1980.05.18
右 / 34歲

球風就如其長相一樣凶狠剽悍，在國家隊擔任後腰位置，防守覆蓋面大，體能充沛，是後防線前的一道屏障。

 MF

Walter Gargano

義甲帕爾馬
168cm / 65kg
1984.07.23
右 / 29歲

身材不高但司職後衛擅長拼搶，經驗豐富，且有著很好的控球能力，無論是下腳還是出球都非常快、準。

 MF

Egidio Arevalo

墨甲莫雷利亞
170cm / 68kg
1982.01.01
右 / 32歲

這名中場猛將作風強悍，滑鏟積極而兇猛，上屆世界盃貢獻超過 30 次攔截，是烏拉圭最終奪得殿軍的防守端關鍵角色。

 MF

Nicolas Lodeiro

巴甲保地花高
170cm / 69kg
1989.03.21
左 / 25歲

球隊的自由球專家，速度快，貼地控制和帶球技術出色，精力旺盛，左右腳皆靈活，有著輕巧的滑行過人絕技。

 MF

Gaston Ramirez

英超南安普敦
183cm / 78kg
1990.12.02
左 / 23歲

近況出色，主要踢前腰位置，但也可以勝任兩個邊路以及第二前鋒，不僅有著出色的突破能力，而且總是積極參與防守。

 MF

Alvaro Gonzalez

義甲拉齊歐
176cm / 72kg
1984.10.29
右 / 29歲

球隊的主力後腰人選之一，同時也可以出任中衛，在中場防守上球風強硬，出腳果斷凶狠，搶斷率極高。

 MF

Alvaro Pereira

巴甲聖保羅
180cm / 78kg
1985.11.28
左 / 28歲

在中場能力均衡，能打左中場、後衛，是烏拉圭隊內少數不黏球的球員。他在中場時也能兼顧組織任務。

 MF

Sebastian Eguren

巴甲帕爾梅拉斯
186cm / 84kg
1981.01.08
右 / 33歲

中場多面手球員，防守位置感強，腳下技術出色，主要出任防守型中場，但也能扮演前腰和影子前鋒位置。

 DF

Diego Lugano

英超西布朗維奇
186cm / 83kg
1980.11.02
右 / 33歲

身負隊長任務的他，是球隊防線上的領軍人物。身材高大速度快，鏟球動作凶狠果決，頭球了得，經常在自由球時插上得分。

 DF

Diego Godin

西甲馬德里競技
185cm / 73kg
1986.02.16
右 / 28歲

本賽季在西甲的表現相當出色，防守沉穩老練，出色的身體素質和良好的球感，是南美洲少有的技術速度型後衛。

 DF

Martin Caceres

義甲尤文圖斯
181cm / 77kg
1987.04.07
右 / 27歲

優勢是爭奪空中球，速度、侵略性和勇氣兼備。除了中後衛，他還能打邊後衛和防守型中場，是後防線上的全才。

 DF

Maxi Pereira

葡超本菲卡
173cm / 73kg
1984.06.08
右 / 30歲

主力右後衛，也可以打左後衛和右前衛，腳法和位置感不錯，長傳和防守都非常出色，在葡超中的表現出色。

 DF

Jorge Fucile

葡超波圖
177cm / 73kg
1984.11.19
右 / 29歲

可以打左右兩個邊後衛位置，速度極快，邊路傳中能力強，左右腳俱佳，豐富的經驗讓他在國家隊具有一定價值存在。

 DF

Jose Maria Gimenez

西甲馬德里競技
185cm / 80kg
1995.01.20
右 / 19歲

本賽季登陸歐洲足壇，證明自身能力，是球隊中後衛替補，也能客串右後衛，身體強壯，衝撞能力出色。

 DF

Sebastian Coates

烏拉圭蒙特維多民族隊
196cm / 85kg
1990.10.07
右 / 23歲

強壯的體型讓他有著很強的空中爭頂能力，鏟球技術出色，控球技術不錯，處理球實用而直接，以安全穩妥為原則。

 GK

Fernando Muslera

土超加拉塔薩雷
190cm / 84kg
1986.06.16
右 / 27歲

上屆賽會表現精采的他有著標準門將身材，搭配驚人的彈速和反應，尤其門內技術非常卓越，對於高空球的控制也相當不錯。

 GK

Martin Silva

巴乙華斯高
186cm / 80kg
1983.03.25
右 / 31歲

上屆世界盃替補門將，在洲際附加賽兩回合因 Muslera 受傷而上場，一球不失，身手不壞。

Rodrigo Munoz

巴拉圭利伯泰迪
181cm / 79kg
1982.01.22
左 / 32歲

縱使在國內聯賽也沒有特別突出表現的守門員，功力平平，是烏拉圭沒有選擇中的選擇。

COSTA RICA

哥斯大黎加 | FIFA 世界排名：34

國土面積：5萬 平方公里
人口：470萬人

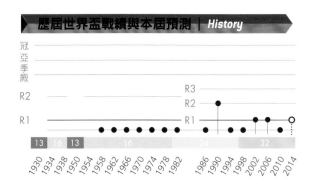

這是哥斯大黎加第四度晉級世界盃會內賽，過去他們最好的成績是 1990 年 16 強。這次小組賽烏、義、英三強環伺，想要從夾縫中生存，需要一點奇蹟。

前鋒 FW　成敗關鍵 Bryan Ruiz ——— *Forward*

傳奇前鋒 Paulo Wanchope 在 2008 年從國家隊退役之後，現年 28 歲的 Bryan Ruiz 成為哥斯大黎加的頭號球星。職業生涯從比利時、荷蘭聯賽發跡的前場全能球員 Ruiz，可踢影子前鋒、邊鋒、進攻型中場……等多個位置，會外賽上 Ruiz 雖僅踢進三球，但在助攻方面表現出色。他將與會外賽踢進 8 球、效力美國皇家鹽湖城的 32 歲老將 Alvaro Saborio 出現在先發箭頭上。至於曾在本季歐冠淘汰賽中面對曼聯踢進兩球的 Joel Campbell，會是教練在鋒線上的另一選擇。

中場 MF　北歐製造 ——— *Midfield*

26 歲的高大中場 Celso Borges 效力瑞典聯賽、30 歲的邊路好手 Christian Bolanos 來自丹麥豪門哥本哈根，另外 30 歲的防守型中場 Michael Barrantes 也是來自挪威聯賽。這三位都在北歐踢球，是哥斯大黎加在會外賽中場線的核心人物。尤其在比賽中喜歡綁頭巾踢球的 Bolanos，更曾接受過歐冠賽事的洗禮，是球隊少數參加過 2006 年德國世界盃，並且具有進攻能力的球員。如何協助後衛群防守，以及在少數的進攻機會中傳出好球到前場，是這次中場線最大的課題。

後衛 DF　五後衛鐵桶陣 ——— *Defensive*

哥斯大黎加在會外賽以中北美加勒海區第二名出線，跌破了不少人的眼鏡。10 場只丟 7 球，讓他們成為該區最會防守的隊伍。哥斯大黎加會外賽在面對主要對手時會採用五後衛的極端陣型，來穩固球隊的後防線，面對實力與旗鼓相當的球隊則啟用四後衛陣型。因此巴西世界盃哥斯大黎加將碰上烏義英三強，理應會祭出五後衛鐵桶陣迎戰，試圖靠團隊防守爆出冷門。預料將排出 Cristian Gamboa、Michael Umana、Giancarlo Gonzalez、Roy Miller 與 Junior Diaz。

門將 GK　中北美最佳門將 ——— *Goalkeeper*

27 歲的 Keylor Navas 曾在 2009 年中北美洲黃金盃，獲選為該屆賽會的最佳門將，奠定了他在哥斯大黎加國家隊的地位。接著 2011 年，在西甲球隊萊萬特展開他的旅歐生涯，2013-14 賽季起，成為萊萬特的頭號門將。

盤帶		門將
傳球		解圍
跑位		攔截
射門		鏟球

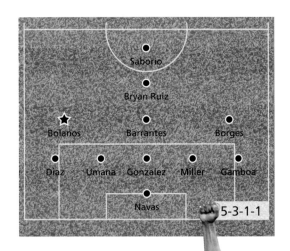

Saborio
Bryan Ruiz
Bolanos　Barrantes　Borges
Diaz　Umana　Gonzalez　Miller　Gamboa
Navas

5-3-1-1

1985 年出生在哥斯大黎加首都聖荷西的明星前鋒 Bryan Ruiz，1 歲時，生父拋棄家庭，他由母親撫養長大。這導致他在日後成為足球選手時，無論在哪一隊的球衣上，皆拒絕燙上「Ruiz」的姓氏，取而代之的是他的名字「Bryan」。對於這個來自許多球迷間的疑問，他曾經對外表示，比起姓氏，他更喜歡 Bryan 這個名字，而 Ruiz 對他來講，則已經沒有任何意義了。

看板球星 | **SUPER STAR**

Christian Bolanos
MF

丹麥哥本哈根
178cm / 67kg
1984.05.17 / 右 / 30歲

旅歐的中樞領袖

Christian Bolanos 成名甚早，早在 2001 年的世青盃上，他就已經嶄露頭角，2006 年也參加了德國世界盃。雖然在丹麥哥本哈根不能算是球隊的絕對主力，但是旅歐經驗讓他成長不少，特別是在缺乏明星球員的哥斯大黎加，場上有一位像他這樣的領袖人物是至關重要的。
技術與速度兼具的 Bolanos 在兩個邊路都有不錯的突破能力，控球、傳導表現亦不俗，尤其一腳穿越球的功夫相當優異。雙腳都能射門的他，也有評價不錯的自由球。

總教練 | **Manager**

Jorge Luis Pinto
1952.12.16 / 61歲 / 哥倫比亞

事不過三

來自哥倫比亞的 Pinto 曾執教多支南美洲的職業隊伍。他曾於 2004、2007 年兩度掌哥斯大黎加兵符，但都因球隊戰績不佳而丟官。直到 2011 年，Pinto 捲土重來，在會外賽期間二度上台，終於率領哥斯大黎加晉級決賽圈，一圓親臨世界盃之夢。

FW

Joel Campbell
希超奧林匹亞科斯
178cm / 70kg
1992.06.26
左 / 17歲

迅速崛起並受到矚目的年輕前鋒，在兵工廠外租期間表現出色，在國家隊進球數量也不差，可以在兩個邊路及禁區活動。

FW

Randall Brenes
哥斯大黎加肯塔吉斯
175cm / 69kg
1983.08.13
右 / 30歲

有相當多比賽經驗的反擊型前鋒，在國家隊進球效率沒有在職業隊高，但是他接應長傳後的突破速度非常驚人。

FW

Bryan Ruiz
荷甲 PSV 埃因霍恩
186cm / 70kg
1985.08.18
右 / 28歲

射門技巧相當優異，屬於天才型前鋒。不過他的非慣用腳技術一向為人詬病，這大幅限縮了他的威脅性。

FW

Alvaro Saborio
美足聯皇家鹽湖城
183cm / 82kg
1982.03.25
右 / 32歲

身高一般但體格強壯，在禁區內有著敏銳嗅覺的老將，一直是哥斯大黎加倚重的得分手，在世界盃上還能夠靠他賣老命演出。

MF

Celso Borges
瑞典超 AIK 索爾納
182cm / 78kg
1988.05.27
雙 / 26歲

身材高大的中場球員，攻守全面，技術出眾，而且還能夠進到禁區充當中鋒，進球效率奇高，是不得不防的危險人物。

MF

Carlos Hernandez
澳足聯威靈頓鳳凰
170cm / 70kg
1982.04.09
右 / 32歲

曾是是哥國國內聯賽最佳進攻中場，不過這幾年因為年紀的關係狀態下滑。傳球能力保持得不錯，能為隊友創造機會。

MF

Yeltsin Tejeda
哥斯大黎加薩普里薩
175cm / 71kg
1992.03.17
右 / 22歲

相當年輕的一名防守球員，憑藉自己驚人的活動能力，在後衛身前形成一道防線，在球隊需要積極防守時總會想到他。

MF

Diego Calvo
挪超華拉倫加
178cm / 78kg
1991.03.25
右 / 23歲

在左右兩個邊路都能夠帶球突破的小將，年輕有勁、破壞力十足。儘管國家隊比賽場次不多，但後勢相當看好。

MF

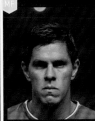

Ariel Rodriguez
哥斯大黎加阿拉朱埃倫斯
182cm / 80kg
1986.04.22
右 / 28歲

這兩年逐漸受到重用，非常聰明，是懂得冷靜用頭腦踢球的球員。主要位置是防守型中場，必要時也可以稍微靠前進攻。

MF

Jose Miguel Cubero
哥斯大黎加希雷迪亞諾
178cm / 77kg
1987.02.14
右 / 27歲

有不錯的控球能力，傳球與跑位觀念都很出色，是一名注重團隊配合的球員，也是進攻型中場的主要替補。

MF

Michael Barrantes
挪超阿里辛特
177cm / 71kg
1983.10.04
左 / 30歲

反應敏捷、腳法過人的矮個子中場，能在禁區邊緣盤帶並給隊友傳出好球，缺點是對抗能力稍差，防守能力也一般。

DF

Johnny Acosta
哥斯大黎加阿拉朱埃倫斯
178cm / 77kg
1983.07.21
右 / 30歲

身材不算高大，在對抗中常常落於下風。不過他的活動力十足，可以在後防線上發揮靈活盯防對手的優勢。

DF

Cristian Gamboa
挪超洛辛堡
175cm / 67kg
1989.10.24
右 / 24歲

右後衛的主力先發，轉身靈活速度快。年紀雖然不大，但是比賽經驗豐富，在右中場也可以有不錯的表現。

DF

Giancarlo Gonzalez
美足聯哥倫布機員
191cm / 71kg
1988.02.08
右 / 26歲

有著身材上的優勢，對於高空球的防守頗有心得，屬於沉穩內斂型的球員，總是盡心盡力的投入防守之中。

DF

Oscar Duarte
比甲布魯日
184cm / 85kg
1989.06.03
右 / 25歲

速度水平不錯，轉身追防靈活，防守範圍寬廣，是非常稱職的替補人選。不過他通常以防守為主，進攻參與相當有限。

DF

Junior Diaz
德甲梅因斯
185cm / 76kg
1983.09.12
右 / 30歲

儘管有不錯的身材條件，但身體對抗並不是他的強項。左路的上前助攻跟傳中才是他的本色，可以兼踢左中場與左後衛。

DF

Roy Miller
美足聯紐約紅牛
188cm / 75kg
1984.11.24
左 / 29歲

有著強壯體魄的中後衛，防守技術不錯，在五後衛體系中，擔任左邊中衛為主，偶爾也能夠從左路來發起進攻。

DF

Michael Umana
哥斯大黎加薩普里薩
183cm / 73kg
1982.07.16
右 / 31歲

這名身高不高的老將能夠踢右後衛，但在國家隊反而以中衛為主，有出色的速度及預判能力，是經驗老到的防守球員。

DF

Heiner Mora
哥斯大黎加薩普里薩
179cm / 76kg
1984.06.20
右 / 29歲

右邊後衛出身的球員，但是近年來慢慢將位置前推，經常也出任右中場，是一名喜歡進攻的邊路球員，也是右路的活棋。

GK

Keylor Navas
西甲萊萬特
184cm / 78kg
1986.12.15
右 / 27歲

在西甲有許多精采表現的門將，是哥斯大黎加把守大門的首選，身材不高，不過擁有精準的腳下功夫，可以發起大腳反攻。

GK

Patrick Pemberton
哥斯大黎加阿拉胡埃倫斯
178cm / 75kg
1982.04.24
右 / 32歲

出擊的判斷能力不錯，不過身材矮小，先天的劣勢讓他無法在門將位置有太重要的影響。

Esteban Alvarado
荷甲阿爾克馬爾
193cm / 85kg
1989.04.28
右 / 25歲

從哥斯大黎加青年梯隊升上來的選手，身材上面有絕對的優勢，會是一名可造之材。

69

ƎNGLAND

英格蘭 | FIFA 世界排名：11

國土面積：13萬 平方公里
人口：5350萬人

盤帶　　　　　　　　　　　　門將
傳球　　　　　　　　　　　　解圍
跑位　　　　　　　　　　　　攔截
射門　　　　　　　　　　　　鏟球

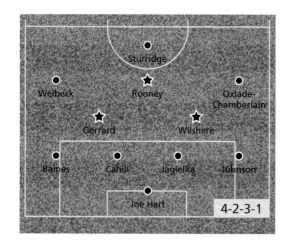

身為現代足球的發源地，英格蘭自從 1966 年後就再也不曾奪冠。最近幾屆總是令人失望的三獅軍團，這次更在小組賽抽到了下下籤，他們能否創造奇蹟？

前鋒 FW　　救世主的贖罪　　—— *Forward*

無論英格蘭最後的陣型是如何，鋒線上的王牌絕對非 Wayne Ronney 莫屬。自從 2004 年歐洲國家盃成名後，「英格蘭救世主」名號一直背負在曼聯前鋒 Rooney 的身上。雖然前兩屆世界盃的表現令人失望，讓 Rooney 誓言將捲土重來，唯一要擔心的還是近年來收斂不少的脾氣，會不會突然世界盃期間火山爆發。利物浦前鋒 Daniel Sturridge，估計將輔佐 Rooney 在鋒線上衝鋒陷陣；而身體素質出色，但欠缺技術腳法的曼聯前鋒 Danny Welbeck，會是英格蘭鋒線上不安定的因子。

中場 MF　　中場危機利空多　　—— *Midfield*

老將能力走下坡，新星未能派上用場。除了神奇隊長 Steven Gerrard 依舊值得信賴之外，年輕世代的好手 Jack Wilshere 傷病史豐富，切爾西的老將 Frank Lampard 踢滿 90 分鐘的能力每況愈下。面對眾多利空的情況下，考驗著總教練 Roy Hodgson 能否在中場線排出一個健康且穩定的陣容。初登場的邊路小將 Alex Oxlade-Chamberlain、Raheem Sterling，以及中軸線的 Jordan Henderson、Ross Barkley 或許會帶給三獅軍團一點新氣象。

後衛 DF　　繼承優良傳統的新世代　　—— *Defensive*

後防線一直都是英格蘭的傳統強項，今年出征的防線，都是來自英超的主力，預估不會有太多問題。雖然 John Terry 與 Rio Ferdinand 的地表最強中衛組合已成為過去，不過取而代之的是 Gary Cahill 與 Phil Jagielka 的搭檔。雖然名聲不夠響亮，但仍會是相當堪用的組合，而曼聯的 Phil Jones 與 Chris Smalling 將隨時待命；右後衛 Glen Johnson 正值當打之年；效力艾佛頓的 Leighton Baines 有望接班 Ashley Cole 成為左後衛先發。唯一要擔心的，還是這群新世代的傷病史。

門將 GK　　門將狀態成疑　　—— *Goalkeeper*

南非世界盃後 Joe Hart 的崛起，讓英格蘭終於找到了一位可以獨挑大樑的門將。但在 2013 年賽季初 Hart 狀態突然下滑，甚至一度丟掉在曼城的頭號門將席位，能否及時找回穩定身手，將決定英格蘭在巴西的命運。

由於英國四個地區（英格蘭、蘇格蘭、北愛爾蘭與威爾斯）的足球協會，都比國際足總（FIFA）還早成立，FIFA 為了拉攏早期勢力龐大的英格蘭入會，於是在 1905 年起接連同意了英國四地區的足球協會加入 FIFA。再加上世界盃的參賽資格是以加盟 FIFA 所屬的「足球協會」為單位，所以理論上英國將會有四支球隊可以參加世界盃會內賽，但其實從來沒發生過。最近一次類似的情況出現在 1998 年世界盃，當時英格蘭與蘇格蘭皆闖進到會內賽。

Wayne Rooney

英超曼聯
176cm / 78kg
1985.10.24 / 右 / 28歲

英格蘭的曙光

英格蘭從 1966 年世界盃之後,再也沒能奪得任何一次大賽冠軍,沒有出現能夠扭轉局勢的超級巨星一直是足球祖國的問題——直到 Wayne Rooney 出現,終於露出一絲曙光。
Rooney 身體強壯帶勁,奔跑速度快,突破能力極為出色。最可貴的是,他的技術粗中帶細,能大力轟門,也可挑球吊射。此外,Rooney 的大局觀念極佳、視野和助攻能力評價都相當高。鬥志高昂、好勝心強烈的他,將是左右英格蘭戰局的關鍵人物。

Roy Hodgson

1947.08.09 / 66歲 / 英國

老帥新招

英格蘭總教練常被戲稱為「僅次於首相,全英第二難當的職務」。Hodgson 執教生涯幫助許多中小型球隊打出成績,2012 年在質疑聲中上任後,帶領英格蘭闖進歐洲國家盃八強,獲得不錯評價。如何整合大牌球員將是他本屆世界盃的首要習題。

FW
Daniel Sturridge
英超利物浦
188cm / 76kg
1989.09.01
左 / 24歲
身體素質超好,具有驚人的爆發力和精湛射門技術,在中鋒、邊鋒這兩個位置都有良好而靈敏的進球嗅覺。

FW
Danny Welbeck
英超曼聯
183cm / 72kg
1990.11.26
右 / 23歲
雖然進攻數據平庸,但他能在惡劣的環境下的控球、速度,在中圈的推進與反插、適時地拉邊和內切,是陣中稀有的實用元素。

FW
Rickie Lambert
英超南安普敦
188cm / 76kg
1982.02.16
右 / 32歲
大器晚成的國腳。去年才上演國家隊首秀就進球,頭球功夫不俗,是個稱職的攻擊手,也能殿後出任進攻型中場。

MF
Steven Gerrard
英超利物浦
183cm / 83kg
1980.05.30
右 / 34歲
身體素質出眾,有力量有速度,最大的武器是奔跑起來後的衝刺力,也有大力遠射的絕活,隊長氣質極具影響力。

MF
Frank Lampard
英超切爾西
184cm / 88kg
1978.06.20
雙 / 35歲
插上進攻極為犀利,而且遠射的命中率極高,還能以精準的長傳策劃反擊,是一名進球相當多的中場球員。

MF
Jack Wilshere
英超兵工廠
170cm / 60kg
1992.01.01
左 / 22歲
世界上最出色的年輕中場之一,技術極為全面,擅長左腳,不懼怕衝撞,盤帶技術細膩,組織傳球能力很強。

MF
Jordan Henderson
英超利物浦
182cm / 67kg
1990.06.17
右 / 23歲
擁有出色身體素質、精湛的腳法、良好的大局觀以及精準的傳球,本賽季在英超大放異彩,被視為 Gerrard 的接班人。

MF
A. Oxlade-Chamberlain
英超兵工廠
180cm / 69kg
1993.08.15
雙 / 20歲
身體爆發力極佳,兩個邊路都能突破,相當具有威脅性。他的傳球功力也不錯,不過進球能力還要再加強。

MF
Raheem Sterling
英超利物浦
170cm / 65kg
1994.12.08
雙 / 19歲
本賽季在俱樂部右邊鋒位置上呼風喚雨,有著極快的速度、爆炸力強,盤帶技術和控球能力出色,進球能力強。

MF
James Milner
英超曼城
176cm / 70kg
1986.01.04
右 / 28歲
身體強壯,體力充沛,傳中腳法優秀,左右腳技術均衡,位置靈活,閱讀比賽能力強,同時具備一定的進球能力。

MF
Ross Barkley
英超艾佛頓
189cm / 80kg
1993.12.05
右 / 20歲
年紀輕輕就展現過人的才華,不論是邊路突破或中路的創造力都很強,被喻為英格蘭繼 Rooney 之後又一天才。

MF
Adam Lallana
英超南安普敦
173cm / 72kg
1988.05.10
右 / 26歲
大器晚成的中場大將,控制球冷靜而穩健,是南安普敦戰績穩定的最大功臣,被認為是未來英格蘭中場接班人之一。

DF
Gary Cahill
英超切爾西
188cm / 71kg
1985.12.19
右 / 28歲
防線的定海神針,防守時出腳及時果斷,解圍效率高,而且擅長頭球,而且非常擅長前上助攻與頭槌攻門。

DF
Phil Jagielka
英超艾佛頓
180cm / 87kg
1982.08.17
右 / 31歲
是一萬能足球員,各方面能力都很均衡,除了司職中後衛,還能擔任中場,甚至在緊急情況下曾於英超賽場擔任過守門員。

DF
Leighton Baines
英超艾佛頓
170cm / 70kg
1984.12.11
右 / 29歲
他是一位不可多得的左路悍將,防守功夫為全面,攻擊時能傳能射,速度快技術又好,而且有評價相當高的橫傳質量。

DF
Glen Johnson
英超利物浦
182cm / 70kg
1984.08.23
右 / 29歲
作為邊後衛,他的優勢明顯:強壯的體格、凶狠的鏟斷,合理的卡位。此外,也常常憑藉爆發力幫助球隊打破僵局。

DF
Phil Jones
英超曼聯
180cm / 70kg
1992.02.21
右 / 22歲
中後場防守的多面手,能夠司職中後衛、右後衛和後腰位置,壯碩的身體素質讓他在與對手搶球時總佔據優勢。

DF
Chris Smalling
英超曼聯
192cm / 81kg
1989.11.22
右 / 24歲
近兩年逐漸站穩職業隊的主力位置。防守凶悍,能夠踢中後衛和右後衛,搶斷能力極強,站位意識和腳下技術都有不錯評價。

DF
Luke Shaw
英超南安普敦
185cm / 75kg
1995.07.12
左 / 18歲
本賽季異軍突起的左後衛新秀,已經受到眾多豪門球會的關注。速度快、體能佳,攻守出色,是英格蘭新生代後場的希望。

GK
Joe Hart
英超曼城
194cm / 83kg
1987.04.19
右 / 27歲
身體條件極其出色,是非常理想的門將材料,反應敏捷,速度極快,經常有令人驚歎的撲救,長傳也很精準。

GK
Ben Foster
英超西布朗維奇
190cm / 79kg
1983.04.03
右 / 31歲
曾是一號國門的候選人,但因表現失常、失誤連連而失去地位。近年恢復穩定,是不錯的替補人選。

Fraser Forster
蘇超塞爾提克
201cm / 90kg
1988.03.17
右 / 26歲
門前的另一個穩定選擇,在蘇超表現出色,雖非完成品但沒太多缺點,隨時可以上陣替補。

GROUP **D**
ITALY

義大利 | FIFA 世界排名：9

國土面積：30萬 平方公里
人口：6148萬人

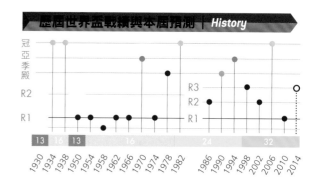

歷屆世界盃戰績與本屆預測 | *History*

 戰力數值 | *Analyzing*

盤帶　　　　　　　　　門將
傳球　　　　　　　　　解圍
跑位　　　　　　　　　攔截
射門　　　　　　　　　鏟球

 先發陣容 | *Starting XI*

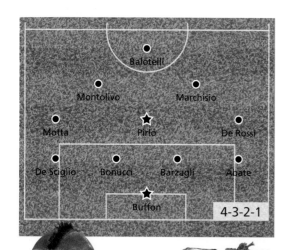

Balotelli
Montolivo　　Marchisio
Motta　　Pirlo　　De Rossi
De Sciglio　Bonucci　Barzagli　Abate
Buffon
4-3-2-1

近年來義大利在國際賽場的表現，總是給人有好有壞的印象，成績浮動幅度太大，曾在 2006 年世界盃奪冠，但隔了一屆在 2010 年卻在小組賽慘遭淘汰。

前鋒 FW　　「巴神」降臨　　—— *Forward*

過去義大利專門盛產優雅型金童前鋒，但是 Mario Balotelli 的出現，徹底顛覆了這個國家給人的印象。Balotelli 的職業生涯從國際米蘭發跡，接著在英超曼城與 AC 米蘭皆展現出令人讚嘆的足球天賦，只可惜古怪的性格讓他成為許多教練眼中的不定時炸彈，甚至被認為是一把好壞參半的兩面刃。2012 年歐洲國家盃，Balotelli 踢出了代表作，四強賽兩度攻破德國大門，最後幫助義大利拿下亞軍，而本次義大利能在世界盃走多遠，還是要寄望 Balotelli 在場上能否有爆炸性演出。

中場 MF　　人才輩出的中場　　—— *Midfield*

除了優雅型前鋒外，出產大量技術型中場也是義大利的優良傳統。傳球範圍廣闊、自由球功夫獨特 Andrea Pirlo 將繼續領導藍衫軍的中場。防守兇悍的 Daniele De Rossi、2012 年歐國盃踢出成績的 Riccardo Montolivo 與尤文圖斯的 Claudio Marchisio 三人正值巔峰年紀，預料將築起義大利強而有力的中場大牆。這個組合技術含量極高，甚至媲美西班牙的中場組合。而在法甲巴黎聖日耳曼找到第二春的 Thiago Motta、節奏掌控優異的 Alberto Aquilani 將是板凳席上的可用之兵。

後衛 DF　　28 歲巔峰的後防強將　　—— *Defensive*

義大利防線雖不如過往擁有多位世界級後衛，但仍舊有相當多實力出色的防守強將，防線年齡平均 28 歲，正值巔峰。尤其來自尤文圖斯的三大中後衛 Andrea Barzagli、Leonardo Bonucci、Giorgio Chiellini 以他們出色的防守能力，將形成先發位置 3 搶 2 的競爭局面。右邊衛預料將由 AC 米蘭的 Ignazio Abate 出任，至於小將 Mattia De Sciglio 可左可右，雙能衛的功能將讓總教練 Cesare Prandelli 有更多調度空間。

門將 GK　　一夫當關的頂級門神　　—— *Goalkeeper*

自從 1997 年入選國家隊後，Gianluigi Buffon 就成為了世界足壇最佳門將的代名詞。在 2006 年世界盃的神勇演出，讓他註定名留球史。歷經無數大風大浪的 Buffon，仍是義大利本屆後防最可靠的人物。

花絮趣聞　　—— *Tidbit*

義大利前鋒 Mario Balotelli 雖然擁有出色的足球天賦，但在場內場外時常做出一些令人傻眼的行為。例如曾在家中浴缸放煙火導致房屋失火，效力曼城時期曾與總教練 Roberto Mancini 在訓練場大打出手，最經典的就是曾在進球時掀出印有「Why Always Me ？」字樣衣服慶祝，更讓他獲得了「足球界 Dennis Rodman」的綽號。

Mario Balotelli

義甲 AC 米蘭

189cm / 88kg
1990.08.12 / 右 / 23歲

超級馬利歐

被球迷戲稱為「超級馬利歐」的 Mario Balotelli，是義大利最受期待、也最頭痛的足球天才。儘管總是不乏脫序行為，但他在足球領域的威脅性，絕對無庸置疑：擁有壯碩體魄但腳法卻不失細膩，速度不特別驚人，可是體力異常充沛。他的射門技巧上乘，特別在主罰 12 碼點球時，總能保持鎮定與專注力，這使他成為一位世界頂級的點球高手。若能控制好情緒，將自己努力留在場上，Balotelli 的破壞力將讓人難以估量。

總教練｜**Manager**

Cesare Prandelli
1957.08.19 / 56歲 / 義大利

浪漫足球的代表

過去曾帶領許多義大利球隊闖出佳績，最具代表性的就是率領「紫百合」佛倫提那闖進歐冠。2010 年接掌義大利兵符後，他將傳統義式的防守反擊融入先進的控球打法，進而幫助藍衫軍在不被看好的情況下，拿到 2012 年歐洲國家盃亞軍。

FW

Alessio Cerci
義甲杜里諾

180cm / 78kg
1987.07.23
左 / 26歲

擅長打邊鋒位置，邊路進攻犀利，特別是右路進攻，輕盈地在防線之中穿梭，隨後內切中其致命的左腳射門。

FW

Giuseppe Rossi
義甲佛倫提那

173cm / 72kg
1987.02.01
雙 / 27歲

典型義大利小個子靈巧前鋒，門前的嗅覺靈敏，擁有良好的射術，跑位靈活出色，盤帶高超，經常上演一對一過人的好戲。

FW

Lorenzo Insigne
義甲拿坡里

163cm / 59kg
1991.06.04
雙 / 23歲

名副其實的「矮腳虎」，身材矮小但卻相當強壯，身體柔韌性、靈活性非常出色，經常能像泥鰍般在敵方後防線製造麻煩。

FW

Mattia Destro
義甲帕爾馬

181cm / 73kg
1991.03.20
右 / 23歲

除了有穩定的進球率，也肩負打通進攻通道的職責，能為後防線的大腳長傳提供接應點，同時還能憑一己之力來發動進攻。

MF

Andrea Pirlo
義甲尤文圖斯

177cm / 68kg
1979.05.19
右 / 35歲

中場全才兼靈魂人物，組織能力、得分能力、定位球能力樣樣精通，全面性令人驚嘆，自由球門是球隊的得分手段之一。

MF

Claudio Marchisio
義甲尤文圖斯

179cm / 76kg
1986.01.19
右 / 28歲

跑動能力出色，攻防俱佳，出色的跑動和攔截能力，使其成為中場的屏障；進攻時從後插上和一腳出球也是球隊進攻的奇兵。

MF

Antonio Candreva
義甲拉齊歐

181cm / 72kg
1987.02.28
右 / 27歲

作為前腰球員身體硬朗，傳球很準、擅長大範圍調度，向前輸送直塞的能力出色，技術一流，還有毀滅性的右腳射門功夫。

MF

Riccardo Montolivo
義甲 AC 米蘭

182cm / 79kg
1985.01.18
右 / 29歲

作為後腰球員技術很好，身體的靈活、技巧和柔韌性結合的非常好，分球十分合理，經常把握機會前插，組織能力佳。

MF

Thiago Motta
法甲巴黎聖日耳曼

187cm / 83kg
1982.08.28
左 / 31歲

擁有十分強健的體格，能夠勝任多個中場位置，既可以參與進攻、扮演創造型角色，也可以站在後腰位置上，破壞對手進攻。

MF

Marco Parolo
義甲帕爾馬

186cm / 82kg
1985.01.25
雙 / 29歲

被譽為「中場攻防全能人」，他不僅具有強悍的防守能力，同時遠射和射門也有自己的特點，是義大利中場的奇兵。

MF

Daniele De Rossi
義甲帕爾馬

185cm / 83kg
1983.07.24
右 / 30歲

能攻善守，是歐洲頂級中場，視野開闊，傳球精準，還有一腳遠射的能力，經常在關鍵時刻為球隊攻城拔寨，底定勝局。

MF

Alberto Aquilani
義甲佛倫提那

186cm / 77kg
1984.07.07
右 / 29歲

技術出眾的中場組織者，擅於掌握比賽的節奏並適時發起進攻，但因為受傷而導致足球生涯起伏，若身體健康將會很有威脅。

DF

Ignazio Abate
義甲 AC 米蘭

180cm / 73kg
1986.11.12
右 / 27歲

風格簡單直接，在右邊防守有驚人的速度和出色的體能，喜歡從後插上助攻，利用自己過人的速度拉開空檔然後傳球。

DF

Mattia De Sciglio
義甲 AC 米蘭

180cm / 70kg
1992.10.20
右 / 21歲

擔任左後衛，擅長在邊路上下翻動並保持位置，優勢在於既可以踢左路，又能夠駕馭右路，展現出遠超其年齡的成熟球技。

DF

Gabriel Paletta
義甲帕爾馬

190cm / 88kg
1986.02.15
右 / 28歲

盯人密不透風，並能夠迅速察覺對方的意圖，很難被過掉，在防守端本職上盡職盡責，在進攻端的定位球當中也能製造威脅。

DF

Christian Maggio
義甲拿坡里

184cm / 79kg
1982.02.11
右 / 32歲

右路全能球員，防守穩健，助攻犀利，傳球十分精準，特點是攻擊能力極強，經常能夠在關鍵時刻傳出好球。

DF

Giorgio Chiellini
義甲尤文圖斯

186cm / 76kg
1984.08.14
雙 / 29歲

當仁不讓的主力左後衛，依靠身體強有力的突破、準確的出腳、凶狠的鏟斷是他的招牌，是中路防守必不可少的一環。

DF

Andrea Barzagli
義甲尤文圖斯

186cm / 79kg
1981.05.08
右 / 33歲

防線不可逾越的鐵閘，與 Chiellini 合作無間，是後防基石，幾乎每場比賽都能做到滴水不漏，具備世界級中衛實力。

DF

Leonardo Bonucci
義甲尤文圖斯

190cm / 82kg
1987.05.01
右 / 27歲

由於出身中場，所以擁有不錯的腳下技術，除了防守穩健，更擅長組織進攻，具備其他中衛罕見的組織才華。

GK

Gianluigi Buffon
義甲尤文圖斯

191cm / 83kg
1978.01.28
右 / 36歲

義大利 15 年來最傑出的門將，守門技術極為出色，撲救時極少脫手，反應快，表現長期穩定，擅長指揮防守，經常撲出點球。

GK

Salvatore Sirigu
法甲巴黎聖日耳曼

192cm / 80kg
1987.01.12
右 / 27歲

法甲冠軍隊伍的主力門將，技術達到世界級，反應快、撲救判斷準確，失誤率低。

Mattia Perin
義甲熱那亞

188cm / 74kg
1992.11.10
右 / 21歲

各級青年比賽資歷完整，門前反應迅速但判斷略差，雖然年輕但已經可以挑戰 Sirigu 的地位。

FRANCK RIBERY #7

" I COME FROM THE GHETTO, FROM NOTHING.
IT ONLY MAKES YOU STRONGER WHEN YOU HAVE BEEN THROUGH
DIFFICULT SITUATIONS. "

我來自一無所有的貧民窟，若你經歷過艱困的景況，你一定會益加堅強。

SCARRED HERO：THE RETURN

——— 捲土重來的疤面英雄 ———

他身披聖衣，舉足猶若鋒銳尖刀——他就像法國人心中的英雄拿破崙，
矢志帶領高盧雞軍團逐步攻克列強駐守的城池，恢復昔日的法蘭西榮光。

Writer / 梁奕豪

對手，是奔放不羈的西班牙——而且紅衫鬥牛士早早憑著一粒點球取得領先。

16強戰，2006世界盃——誰都知道，在這座無比殘酷的生存淘汰競技場之中，「先馳得點」所代表的絕對優勢。

在上半場的尾聲，身披法國隊「#22」白色聖袍、年僅23歲的他，於三位防守者之間，乘隙將球平送給經驗老練的中場Patrick Vieira，接著——他猛然加速。

或許是靈犀、也或許是多年累積的、如刀般的眼角餘光之故，Vieira毫不思索便將球往前一傳穿越。飛馳的他早已甩脫身旁所有煩擾，抄起球直逼球門。四年前在世界盃聲名大噪的西班牙門神Iker Casillas奮勇出擊，但他僅僅一個頓挫，隨即再催油門，便將對方晃倒。門前淨空，他以左腳側輕輕一敲，皮球便應聲入網。

人們後來知道了幾件事：那是他第一次世界盃、也是他國家隊第一顆進球、之後法國逆轉了西班牙，最終甚至奪得亞軍，以及——他的名字叫作Franck Ribery。

就是那一年，夢想的2006，他成為法國的民族英雄。

救贖的場域

「科學怪人，你是科學怪人！」

「我不是！」

「怪人的臉上才會有疤痕！」

「可惡，我要殺了你！」

他正要揮拳之際，父親突然從後捉住他的手，並吆喝趕跑面前這群尋釁者，小孩們落荒而逃，而他甩脫了父親，沒看一眼，充滿忿恨直奔回家。他的忿恨不是來自挑釁者、也不是來自父親，一切都來自臉上那道揮之不去的可惡疤痕。兩歲那年，一次交通意外在他的臉上無情地烙下這道可怕疤痕。此後的日子，他一直背負著「怪人」之名，人們或走避、或冷眼看待。他的家庭貧困，童年灰暗，上天彷彿把他的笑容全都奪走了——除了每次在那個地方的時候。

漆黑的夜空沒有一顆星，沉實得很，與這片熟睡的法國貧民窟相映成趣。不過此時，還有一個地方有一盞大燈，明亮照人——那塊沒有清晰粉線、門框破敝、長寬比例失真、叫作「足球場」的地方。這裡不是什麼富饒天堂，卻讓他找回了快樂笑容。

「我們每天在那裡踢四到六個小時的球。我們晚上8點在球場見面，然後選人組隊。那裡有一盞大燈照著，沒意外的話，我們通常會踢到凌晨一、兩點。」

PROFILE

Franck Ribery

法國

德甲拜仁慕尼黑

中場

31 歲

170cm 72kg

右腳

給他們一顆足球便能讓他們樂足一整天，那彷彿使他們暫時忘記貧困的痛苦，盡情享受當下的快樂。足球讓他們的童年不只有戰爭、貧窮、死亡、悲痛記憶，而還存留一張無憂無慮的天真笑臉。他甚至說，足球，讓他重新感到生命的意義。

從未停止的進化挑戰

提到臉上的疤痕，Ribery說：「有人會覺得我的臉很醜，但我不會去整容——那次車禍改變我的人生，讓我更珍惜我的生活和事業、更專注於足球。它賜給我力量，塑造了我堅毅的個性——而且，拿到世界冠軍，比擁有一張俊俏的面容更令人心動！」

Ribery的足球天賦很早展露，也有加入職業俱樂部的青訓系統，但17歲之後，他一直輾轉效力於國內低層級的聯賽，那甚至無法讓家庭溫飽。「我們需要錢，但我效力的丙組球隊沒法支付我太多薪水。後來我便和父親一起工作。他是一位很有經驗的鋪路工人。那時候，我得鏟石頭、拉材料、填洞……一切都比我想像中難，我無法控制那些工具，而且工作非常累人。那時我才意識到我父親的工作是多麼的辛苦，同時我也很清楚，我不能再這麼做下去了——我必須成為一名職業球員。」

就為了這個夢想，Ribery展開漫漫旅程，他輾轉於法國低層級聯賽、甚至漂洋越境土耳其。足球跟大自然一樣，都是弱肉強食、適者生存的規矩。若想繼續生存，就得不斷磨鍊自己、不停向更高層次挑戰。2005年，Ribery帶著外洋經驗回到熟悉的祖國打拚——法甲馬賽給了他機會。這時他成熟許多，整個人脫胎換骨，他協助馬賽贏得法國盃亞軍，自己也獲選為「法國年度最佳青年足球員」。

2006世界盃一戰成名後，他沒有停止進化與挑戰的腳步。除了再度率領馬賽衝擊法國盃亞軍外，更於法甲聯賽中攻上第二名，這年，他榮獲「法國足球先生」。

之後，Ribery決定再度越洋，這回，是競爭水平更高的德甲賽場。他加入傳統強權拜仁慕尼黑，並持續磨鍊、戰鬥。他大膽嘗試踢左路，將源源不絕的勤快跑動與爆發加速度特性發揮得淋漓盡致，這年，Ribery風光贏得聯賽、盃賽冠軍，並受封德國、法國足球先生。

2010年，儘管惱人的傷勢纏身，但Ribery仍舊帶著再一度的德甲雙冠、以及歐洲冠軍聯賽亞軍頭銜，重返他成名的起點——世界盃。

捲土重來的疤面英雄

四年後，他的背上刻著代表主力翼鋒的「#7」球號，過去這段期間，他憑著魔法征服了所有人，人們認為他將會是「後Zidane時期」最可靠的元帥──不料，當世界盃完結，一切猶夢初醒。

背負全國企盼的Ribery一球未進，而法國隊三場小組賽僅僅取得1和2負，甚至還輸給了主辦國南非，在驚愕與痛罵聲之中，他們草草結束世足之旅。Ribery面頰上扭曲著的疤痕透過全球轉播送達每一位球迷眼中，那是一種難以名狀的複雜表情，由無奈、憤怒、徬徨、沮喪雜糅而成。然而回國之後，面對排山倒海的責難與唾罵，他只是冷靜而簡短地説：「不要緊，我會用行動證明一切。」

Ribery努力將傷勢調養癒合，並早早投入訓練，他是拜仁慕尼黑所有參加世界盃的球員之中首個歸隊報到的。2012年取得聯賽、盃賽、歐冠三項亞軍，隔年更上層樓，一舉提升為三座冠軍！Ribery的技術益臻成熟，他展現強大的滲透與破壞力，除了活躍於兩翼之外，他也能勝任攻擊中場的任務。效力拜仁慕尼黑的七年之間，他六度取得雙位數進球，且助攻年年上雙。

2013年，Ribery站上歐洲足球之巔，他擊敗當世最強的兩位足球員Lionel Messi與Cristiano Ronaldo，獲選歐洲年度最佳球員。在前進2014巴西世界盃的資格賽中，Ribery個人累積5個進球，包括歐洲區第一輪時兩度追平白俄羅斯的精采表現。

四年又過去了，世人再次將目光聚焦於「世界盃」這座夢之舞台。這一次，31歲的Ribery將扛起法國隊的核心領袖，心態、技術都正值顛峰的他，不再是2006那個打進追平球後雀躍狂喜的少年、也不是2010那位徬徨無助的青年──現在，他是領袖，除了肩負成敗責任，他還得扮演心靈導師激勵隊友、拉拔後進──不過沒有改變的是，他仍舊是那位痴愛足球、堅持不懈、持續挑戰進化的球員。「不要緊，我會用行動證明一切。」還記得四年前的他如是説。如今，捲土重來的疤面英雄臉上沒有遲疑，在強將如林的戰場，他身披聖衣，舉足猶若鋒鋭尖刀──他就像法國人心中的英雄拿破崙，矢志帶領高盧雞軍團攻克列強駐守的城池，恢復昔日的法蘭西榮光。

SWITZERLAND

瑞士 | FIFA 世界排名：8

國土面積：4萬 平方公里
人口：800萬人

戰力數值 | *Analyzing*

盤帶	門將
傳球	解圍
跑位	攔截
射門	鏟球

先發陣容 | *Starting XI*

Mehmedi
Barnetta　Xhaka　Shaqiri
Inler　Behrami
R. Rodriguez　von Bergen　Djourou　Lichtsteiner
Benaglio
4-2-3-1

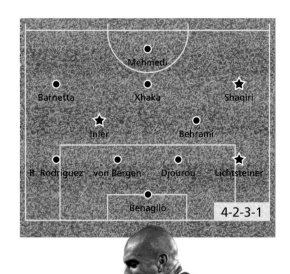

▶ 歷屆世界盃戰績與本屆預測 | *History*

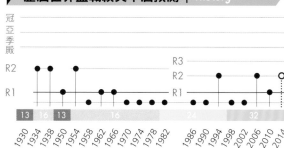

瑞士在 FIFA 排名高居世界第 8，但實力並不如排名般強勁。今年籤運極佳，會外賽以頭名出線，會內賽又抽得好籤，很有機會再闖 16 強。

前鋒 FW　　先發不濟，新星崛起　　——— *Forward*

名將 Alexander Frei 退出後，瑞士的鋒線出現問題。本屆會外賽上全隊 17 個進球竟然只有 2 球是由前鋒打進的，預料將由 Admir Mehmedi 擔任先發的單箭頭。至於 21 歲的 Josip Drmic 是瑞士本屆賽事最受矚目的新星，他在整個 2014 年的 9 進球 10 助攻的火熱表現位居全歐洲排名前四強，引起各大豪門的搶人大戰。Drmic 和另一位德甲弗萊堡的影子前鋒 Admir Mehmedi 同樣能打前鋒能打邊鋒，會是 Ottmar Hitzfeld 在局面僵持的活棋。

中場 MF　　速度、硬度、經驗兼備　　——— *Midfield*

固定的五中場配置是瑞士的強項，效力義甲拿坡里的三大鐵腰 Gokhan Inler、Valon Behrami、Blerim Dzemaili 讓瑞士防守無慮，29 歲的隊長 Inler 的重砲遠射更是聞名天下的絕技。兩翼的 Xherdan Shaqiri 與 Tranquillo Barnetta 也以勇悍聞名，年僅 22 歲的瑞士足球先生 Shaqiri 與拜仁慕尼黑隊友法國 Ribery 的邊路對決也是 E 組龍頭之爭的關鍵。也在德甲踢球的 Granit Xhaka、Gelson Fernandes 同樣實力不俗，瑞士中場的德國元素為他們注入了血性與硬度。

後衛 DF　　邊衛水準優於中衛　　——— *Defensive*

防守一直是瑞士近年在豺狼虎豹環伺的歐洲區穩住戰果的關鍵，他們在 2006 年世界盃四場比賽一球未失令人驚豔，上屆世界盃三戰也僅失一球。Philippe Senderos 已經淡出主力位置，由以前的英超兵工廠同伴 Johan Djourou 擔負重責。兩個身體強壯、體能良好的優質邊衛 Stephan Lichtsteiner、Ricardo Rodriguez 更讓瑞士邊路攻防足以抵抗任何強隊。Rodriguez 今年在德甲大爆發，成為歐洲五大聯賽評分最高的左後衛，引起豪門注意，也是瑞士本屆大賽的焦點新星。

門將 GK　　兩大門神防守穩當　　——— *Goalkeeper*

門將也是瑞士穩固後防上的堅強支柱，30 歲的 Diego Benaglio 擔任國家隊的一號門將出戰至今，發揮穩定，在德甲上也不時展現力阻強敵輪番轟炸的領袖氣魄。二號門將 Yann Sommer 在歐冠聯賽屢屢有過精彩發揮，同樣實力出眾。

花絮趣聞　　——— *Tidbit*

瑞士是全世界最和平、富裕的國家之一，瑞士足協則是國際足協的創始者之一。他們在 1934、1938、1954 這三次早期的世界盃都得到八強的好成績。瑞士人最喜歡的運動有滑雪、摔角、網球與足球。他們的英雄、前網球球王 Roger Federer 同樣擁有一腳好功夫，他表演過「網式足球」。2013 年 3 月的瑞士足球聯賽圖恩對蘇黎世隊的比賽開始不久，一隻貂鼠突然衝進球場，並且快速奔跑不肯就擒，咬傷了一名保安與蘇黎世後衛 Loris Benito，後來憑藉戴著手套保護的門將 David Da Costa 才成功抓住了它。這則球場趣聞也讓瑞士足球登上了全世界的新聞版面。

Gokhan Inler MF

義甲拿坡里
183cm / 80kg
1984.06.27 / 右 / 29歲

穩健的大將

瑞士在巴西世界盃被列為種子隊可能會讓一些球迷感到意外，但事實上他們憑著堅強的防守，在世界排名上高居第七位，連上屆世界盃冠軍西班牙都曾栽在他們手上。

瑞士的穩健防守跟 Gokhan Inler 在中場的掃蕩及掌控局勢有絕對關係，Inler 體能充沛，是一位全能型的中場球員。此外，右後衛或中後衛的任務也難不倒他們。瑞士有許多土耳其裔的球員，而 Inler 便是其中最出色的一位。目前擔任國家隊隊長的他，是瑞士陣中不可或缺的大將。

總教練 | Manager

Ottmar Hitzfeld
1949.01.12 / 65歲 / 德國

足智多謀的將軍

足壇名帥 Hitzfeld 曾於德甲強權多特蒙德、拜仁慕尼黑執教過，並分別拿下歐冠。他擁有充分的戰略性的思維，而獲得了「將軍」的美名。球員、教練生涯都曾在瑞士聯賽效力的他，對該國相當熟悉，是瑞士國家隊再恰當不過的人選。

Josip Drmic FW

德甲紐倫堡
182cm / 70kg
1992.08.08
右 / 21歲

瑞士的年輕天才射手，本賽季狀態相當勇猛。可以踢邊鋒或做球給前鋒，總是敏銳穿插對方後防線空檔，對球門造成極大威脅。

Admir Mehmedi FW

德甲弗萊堡
183cm / 77kg
1991.03.16
右 / 23歲

傳球能力不錯的前鋒，過去在國家隊表現平平，但租借至弗萊堡後進球大爆發，被期能在世界盃也有火熱表現。

Haris Seferovic FW

西甲皇家社會
191cm / 84kg
1992.02.22
左 / 22歲

技術水準不錯，但進球率不高，他擅長撕裂對手的防線，並吸引對方防守，給隊友製造空檔，進而取得更好的攻門機會。

Mario Gavranovic FW

瑞士超 FC 蘇黎世
175cm / 68kg
1989.11.24
右 / 24歲

瑞士青年軍的明星射手，成名甚早。他的門前嗅覺不錯，入選國家隊以來，進球率不低，是很好的替補。

Xherdan Shaqiri MF

德甲拜仁慕尼黑
169cm / 72kg
1991.10.10
左 / 22歲

在競爭激烈的職業隊打上中場主將。他的身材矮小，屬於靈巧型中場，速度奇快、雙腳技術俱佳，著於在邊路製造威脅。

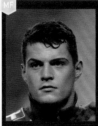

Granit Xhaka MF

德甲慕森加柏
185cm / 82kg
1992.09.27
左 / 21歲

他是一位非常棒的傳球者，不僅成功率高，也有能力將球推送到具有充分進攻威脅性的區域，一舉打破對手的防線。

Tranquillo Barnetta MF

德甲法蘭克福
178cm / 70kg
1985.05.22
雙 / 29歲

成名甚早，曾被譽為「瑞士最棒天才球員」，腳下功夫也確實不俗。不過如今已是參加過兩屆世界盃老將。

Gelson Fernandes MF

德甲弗萊堡
183cm / 70kg
1986.09.02
右 / 27歲

身材強壯，且還具備難能可貴的柔韌性和創造性。攻防能力均衡，使得他在職業隊和國家隊中同樣備受重用。

Valon Behrami MF

義甲拿坡里
184cm / 78kg
1985.04.19
雙 / 29歲

無論搶斷次數與成功率都名列前茅。此外，他的突破能力勇猛，前插意識也強，必要時甚至能直取球門得分。

Valentin Stocker MF

瑞士超巴塞爾
179cm / 73kg
1989.04.12
左 / 25歲

具備左邊鋒的一切優點，良好的身體素質，穩定的表現，並以組織進攻和精湛的盤帶為特點，此外還可出任影子前鋒。

Blerim Dzemaili MF

義甲拿坡里
179cm / 73kg
1986.04.12
右 / 28歲

在中場以防守為主要任務，並不常貿然參與進攻。儘管身材不高，但以體力量強勁，也有不錯的遠射技術。

Stephan Lichtsteiner DF

義甲尤文圖斯
180cm / 77kg
1984.01.16
右 / 30歲

鬥志頑強、體能充沛，不僅防守表現突出，而且助攻能力也不弱，目前已是瑞士陣中至關重要的一位球員。

Johan Djourou DF

德甲漢堡
191cm / 87kg
1987.01.18
右 / 27歲

身材高大強壯，彈跳能力突出，前一陣子在職業聯賽表現時好時壞，但近期防守意識較差和注意力不集中的弊病大有改善。

Philippe Senderos DF

西甲瓦倫西亞
190cm / 84kg
1985.02.14
雙 / 29歲

年少成名的他在中路防守十分強硬，無論掃蕩或頭球解圍都十分出色，特別在防守定位球時，他的制空優勢往往能化解危機。

Ricardo Rodriguez DF

德甲沃夫斯堡
180cm / 78kg
1992.08.25
左 / 21歲

這名年輕的左邊衛，防守能力佳，搶斷率高、擅長罰球定位球，本賽季在德甲表現出色，吸引了豪門球隊的興趣。

Reto Ziegler DF

義甲薩索羅
183cm / 80kg
1986.01.16
左 / 28歲

能傳、能射的他，在場上可以勝任左後衛或左中路，是一名優秀的邊路攻擊手。速度快突破犀利，傳中的腳法也不錯。

Michael Lang DF

瑞士超蘇黎世草蜢
185cm / 79kg
1991.02.08
右 / 23歲

擁有出色的體能，防守的攔截意識非常強硬，下腳鏟球更是果斷堅決。此外，頂尖的彈跳能力助他強勢解圍。

Steve von Bergen DF

瑞士超伯爾尼young boys年輕人
186cm / 82kg
1983.06.10
右 / 30歲

瑞士中路防守中的大山，具備中衛所需的頭球功夫，曾參加上屆世界盃，其豐富的經驗將使瑞士的後防線更加牢靠。

Fabian Schar DF

瑞士超巴塞爾
186cm / 85kg
1991.12.20
右 / 22歲

能夠勝任隊中的多個位置，中、右後衛都難不倒他。防守功力一流，本賽季隨職業隊在歐冠表現突出。

Diego Benaglio GK

德甲沃夫斯堡
194cm / 89kg
1983.09.08
右 / 30歲

中生代門將。長期在德甲踢球，門前表現出愈發成熟，身高佔盡優勢，同時還保有敏捷快速的反應，對射門落點判斷準確。

Yann Sommer GK

瑞士超巴塞爾
183cm / 79kg
1988.12.17
右 / 25歲

豪門主力門將，比賽經驗豐富，而且年輕體力充沛，反射極佳且技術熟練，表現相當穩定。

Roman Burki

瑞士超蘇黎世草蜢
187cm / 83kg
1990.11.14
右 / 23歲

出自瑞士名門，有不錯的體型、反應快且撲救能力優異，但年資尚淺只能擔任三號門將。

ƐCUADOR

厄瓜多 | FIFA 世界排名：28

國土面積：25萬 平方公里
人口：1544萬人

「高原獵豹」厄瓜多在 21 世紀才迅速崛起，自 2002 年起這四屆世界盃只缺陣了一次會內賽，繼 2006 年後再度挺進 16 強是他們最大目標。

前鋒 FW　雪上加霜的薄弱攻擊線 ——— *Forward*

當 27 歲的頭號前鋒 Christian Benitez 不幸在去年 7 月底於加盟卡塔聯賽卻出現心臟問題猝死後，厄瓜多就失去了進攻重心。現在進球重任都落到了前曼城射手 Felipe Caicedo 的身上，但他並不像 Benitez 能憑藉個人能力解決問題，相對更需要隊友助攻。而其他兩位與他搭檔鋒線的年輕球員 Enner Valencia、Jaime Ayovi 也還不成氣候，讓 Reinaldo Rueda 深感頭疼。厄瓜多本來就已經是南美前五強中進球最少的球隊，屢弱的攻擊線將是厄瓜多挺進淘汰賽階段的最大阻礙。

中場 MF　攻守平均的兩翼 ——— *Midfield*

厄瓜多的中場攻守實力平均，現任隊長 Antonio Valencia 是英超豪門曼聯的主力右翼，速度飛快、傳中準確的他是高原獵豹陣中攻擊最具威脅的利牙，但不擅射門的老毛病往往也在球隊需要進球時無法建功。左路快馬 Jefferson Montero 也至關重要，他在會外賽的精采進球幫助球隊 1：0 力克強敵烏拉圭而順利挺進巴西，而擁有豐富創造力的 Christian Noboa 和侵略性十足的 Segundo Castillo 則將肩負起中前場的供輸，此外 Castillo 還擁有不錯的遠射能力。

後衛 DF　鐵桶防禦殺出重圍 ——— *Defensive*

厄瓜多在南美獨樹一格的原因在於防守陣型穩定、憑藉低比分的戰術穩穩賺取積分。厄瓜多在會外賽上 16 場比賽只失 16 球，成為他們能打進本屆世界盃的雄厚資本。後衛線上四名主力基本上不會有太多變化，但速度奇快、進攻威脅強的天才小將 Cristian Ramirez 以 19 歲之齡順利入選國家隊，他被譽為南美洲的下一個 Roberto Carlos，也是各界看好今年世界盃最佳新秀獎的有力競爭者。在先發左後衛 Walter Ayovi 已年過 34 歲的情況下，Ramirez 有機會讓世人雙眼為之一亮。

門將 GK　良性競爭的雙保險 ——— *Goalkeeper*

Rueda 上任後讓隊內兩位門將進行良性競爭，最終是 Alexander Dominguez 勝出，穩住一號門將地位。他在會外賽上將 Messi 多次射門拒之門外，保住高原主場不敗戰績。28 歲的 Maximo Banguera 經驗同樣豐富，有需要時也能適時頂上位置。

盤帶　　　　　　　　　　門將
傳球　　　　　　　　　　解圍
跑位　　　　　　　　　　攔截
射門　　　　　　　　　　鏟球

Caicedo　E. Valencia
Montero　Noboa　Castillo　A. Valencia ★
Ayovi　Erazo　Guagua　Paredes
Dominguez
4-4-2

厄瓜多是世界第一的香蕉出產國，境內產業以農牧業為主。首都 Quito 位於火山山麓，海拔高達 2,850 公尺，是全世界第二高的首都，僅次於玻利維亞。而這個空氣稀薄的高原主場成為國家隊的最大優勢，過往任何球隊到這裡都難以討得便宜。厄瓜多今年世界盃會外賽上主場取得了 7 勝 1 和，但作客出戰就只有 3 和 5 負的成績。厄瓜多在足壇聲名最響的，不是球員、教練，而是 2002 年那位「黑哨」裁判 Byron Moreno，他因為在義大利與南韓一戰中的低劣表現，被國際足聯掃地出門，回到國內聯賽後也屢屢出現嚴重失誤，最後落到了失業、運毒、被逮捕入獄的下場。

Antonio Valencia

MF

英超曼聯
180cm / 78kg
1985.08.04 / 右 / 28歲

不高興先生

厄瓜多隊史上旅歐的球員並不多，即使是傳奇球星 Agustin Delgado 曾短暫效力英超南安普敦，最後也是失敗告終。Antonio Valencia 能夠在英超豪門曼聯踢球，並擔任主力先發，可說非常不容易。

個性低調、甚至進球不慶祝的他被稱為「不高興先生」，主要司職右路邊鋒，但也能勝任中場。他的體能充沛、勤於奔跑，具備相當好的助攻能力，傳中的腳法更是出色。此外，他的團隊配合意識強，具有優秀的戰術執行力。

 總教練 | Manager

Reinaldo Rueda

1957.04.16 / 59 歲 / 哥倫比亞

地頭蛇「教授」

來自哥倫比亞的 Rueda 被球員們敬稱為「教授」，他曾帶領母國青年隊在世青賽踢出季軍佳績。Rueda 擅長打主場比賽，但客場戰術往往過於保守。今年在鄰近的南美巴西舉辦的世界盃，說起來也算是半個主場，就看 Rueda 能否發揮特色了。

FW

Enner Valencia
墨甲帕丘卡
174cm / 74kg
1989.04.11
右 / 25歲

墨西哥豪門的明星射手，冬季加盟後 20 戰攻入 15 球，在國家隊進球效率也相當高，擁有突出的爆發力及勁道十足的射門。

FW

Felipe Caicedo
阿聯職足艾查捷拉
190cm / 78kg
1988.09.05
左 / 25歲

年紀輕輕就已旅歐多年。他的身體素質出色，並擁有天生平衡感，對抗中不落下風，速度、反應和靈活性都非常優秀。

FW

Joao Rojas
墨甲藍十字
173cm / 65kg
1989.06.14
右 / 25歲

厄瓜多刻意培養的青年才俊，國家隊出賽近 30 場。司職右邊鋒的他，因為出色的速度，精湛的技術而備受矚目。

FW

Jaime Ayovi
墨甲堤華納
183cm / 81kg
1988.02.21
右 / 26歲

近年來厄瓜多的國家隊常客，有穩定的進球率，是一名活躍於禁區的射手。不過由職業聯賽生涯並不順利。

MF

Renato Ibarra
荷甲維迪斯
176cm / 69kg
1991.01.20
右 / 23歲

邊路天才，最大的武器是超猛速度。在荷甲賽場出任右邊鋒的他表現出色，近兩年迅速崛起，已吸引豪門關注。

MF

Christian Noboa
俄超莫斯科發電機
181cm / 74kg
1985.04.09
右 / 28歲

球隊的中場指揮官，活躍於俄超賽場，出色的中場掌控能力是球隊進攻的武器，短傳極具滲透力，還有一腳不錯的自由球。

MF

Segundo Castillo
沙足聯阿爾希拉爾
180cm / 75kg
1982.05.15
右 / 32歲

雖然身材算矮，但在球場上並不完全依靠身體優勢——他細膩的腳下功夫，總能為厄瓜多的進攻提供有力的武器。

MF

Luis Saritama
厄甲巴塞隆納競技
172cm / 70kg
1983.10.20
右 / 30歲

中場自由人，勝任中場的所有位置，跑動範圍極廣，在中場的視野廣闊，傳球到位，能夠傳給前鋒隊友送上機會球。

MF

Jefferson Montero
墨甲莫雷利亞
169cm / 64kg
1989.09.01
右 / 24歲

本職中場，但也常扮演前鋒或邊鋒的角色，具有良好的視野，經常下底傳中或底線回傳，動作靈巧，在防守反擊中如魚得水。

MF

Pedro Quinonez
厄甲埃梅萊克
170cm / 68kg
1986.03.04
右 / 28歲

防守型中場球員，特點是移動範圍廣，防守區域涵蓋整個中場，甚至有時能包辦禁區。偶爾的射門也會有神來一筆。

MF

Fidel Martinez
墨甲堤華納
176cm / 72kg
1990.02.15
左 / 24歲

因為在職業聯賽的出色表現，而重返國家隊參加世界盃，能出任任何進攻型中場或前鋒，豐富了球隊的進攻選擇。

MF

Carlos Gruezo
德甲斯圖加特
171cm / 67kg
1995.04.19
右 / 19歲

年初加盟頂級聯賽德而引起巨大關注，速度、技術、反應與靈巧皆相當有潛力，評價相當高，將是厄瓜多明日之星。

DF

Cristian Ramirez
德乙杜塞爾多夫
171cm / 69kg
1994.08.15
左 / 19歲

年紀輕輕的左邊鋒，在厄瓜多青年隊時期名氣就很大。除了防守穩固到位，也能完成盤帶下底傳中助攻的任務。

DF

Walter Ayovi
墨甲帕丘卡
171cm / 68kg
1979.08.11
右 / 34歲

後防線上的老大哥，左後衛、中場雙棲，效力國家隊長達 13 年，大賽經驗極為豐富，防守強悍且擅於組織進攻。

DF

Jorge Guagua
厄甲埃梅萊克
179cm / 65kg
1981.09.28
右 / 32歲

資深的中後衛，為國征戰超過 50 場，保持相當好的出色速度和嫻熟技術，讓他在防守中表現游刃有餘，鮮少犯錯。

DF

Gabriel Achilier
厄甲埃梅萊克
180cm / 83kg
1985.03.24
右 / 31歲

懂得利用強壯高大的體格去防守，身體對抗也不易落於下風，鏟球犀利，搶斷成功率不低，是基為稱職的後防。

DF

Oscar Bagui
厄甲埃梅萊克
173cm / 65kg
1982.12.10
右 / 32歲

多年來進進出出國家隊的左後衛老將，防守能力強於進攻，技術不錯，走位敏捷迅速，不會顧此失彼，防守到位。

DF

Juan Carlos Paredes
厄甲巴塞隆納競技
174cm / 72kg
1987.07.08
右 / 26歲

中後場全才，司職右後衛，但也能出任右中場、右邊鋒，通吃整條右路，技術好速度快是最大特點，能夠迅速轉守為攻。

DF

Frickson Erazo
巴甲佛朗明哥
180cm / 64kg
1988.05.05
右 / 27歲

新一代年輕中後衛，飛快的速度讓他活躍於整個禁區，頭球解圍也有相當優勢，效力巴西聯賽的他對世足賽應該很熟悉。

GK

Alexander Dominguez
厄甲基多大學競技聯盟
193cm / 76kg
1987.06.05
右 / 26歲

身高非常具有優勢，守門技術均勻，對方的頭球攻門和吊射想突破他鐵塔般矗立的球門不是一件容易的事。

GK

Maximo Banguera
厄甲巴塞隆納競技
188cm / 87kg
1985.12.16
右 / 28歲

過去 2 年是一號門將，守門成績穩健，大賽經驗豐富，但因傷缺席數場預選賽而失去主力。

Adrian Bone
厄甲 EL 國民
186cm / 76kg
1988.09.08
右 / 25歲

中生代中被期望的選手，不過在國內表現起起伏伏，多次轉會，沒有穩定的成績。

FRANCE

法國 | FIFA 世界排名：16

國土面積：54萬 平方公里
人口：6595萬人

▶ 歷屆世界盃戰績與本屆預測 | History

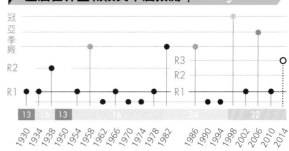

法國足球面臨換血交接的黑暗時期，世界級比賽常常難堪墊底，被媒體諷為「偽豪門」，但在抽到 E 組的絕世好籤後，看來晉級淘汰賽是十拿九穩。

▶ 戰力數值 | Analyzing

盤帶	門將
傳球	解圍
跑位	攔截
射門	鏟球

前鋒 FW　不給力的鋒線危機 —— Forward

天分傲人的法國人在鋒線上從來不乏叱吒歐陸的一流好手，但在 Zidane 退役後，球隊由「中場主導」轉變為「前鋒主導」的進攻模式並不成功。今年世界盃會外賽上法國攻擊並不出色，兩位前鋒 Karim Benzema、Olivier Giroud 只合進 3 球。如果這兩人沒能把在西甲皇家馬德里、英超兵工廠擔任陣中頭號箭頭的進球功力帶進國家隊，打破前鋒不給力的「傳統」，將很難在淘汰賽上討到太多便宜。如果這兩人臨場狀態不佳，在英超表現不錯的第三前鋒 Loic Remy 將是重要奇兵。

中場 MF　刀疤領軍，強將如雲 —— Midfield

高盧大軍中場兵強馬壯且正值巔峰期。「刀疤元帥」Franck Ribery 走出青澀，在今年打破 C 羅、Messi 的長年壟斷，得到歐洲足球先生的肯定，並且成就拜仁慕尼黑的霸業，將他的能力、自信都提升到頂峰，鋒線問題將需要靠他的進球來解決。另外還有 Yohan Cabaye 的控球、Mathieu Valbuena 的犀利突破遠射、Paul Pogba 與 Blaise Matuidi 所組成的攻守俱佳雙後腰，將一同建構法國的強悍中場。附帶一提，年輕的 Pogba 是法國「黃金世代」的代表人物，將是本屆的注目新星。

▶ 先發陣容 | Starting XI

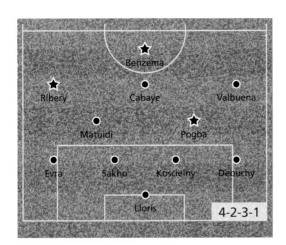

Benzema
Ribery　Cabaye　Valbuena
Matuidi　　Pogba
Evra　Sakho　Koscielny　Debuchy
Lloris

4-2-3-1

後衛 DF　助攻華麗，失誤頭痛 —— Defensive

這幾屆大賽法國的後衛群固然陣容亮麗，卻不時發生意想不到的失誤。會外賽時，主力中衛 Laurent Koscielny 在球隊處於劣勢時的衝動，差點葬送了法國隊的巴西之路。目前基本上左右邊路問題不大，Patrice Evra 與 Mathieu Debuchy 的助攻與防守堪稱一流。由於曼聯左閘 Evra 的年紀已高，所以比賽後半段有機會看到年輕新秀 Lucas Digne 登場——去年夏天被豪門巴黎聖日耳曼用大把鈔票引進的他相當受到重視與期待。

門將 GK　無可挑剔的頂級門將 —— Goalkeeper

這次戴著隊長袖標出征的「天才門神」Hugo Lloris 從 U17 國家隊起就相當活躍。他不是高大門將，但憑藉良好球感，從來不畏懼對手的空戰進攻，而且他擅長化解單刀球、必進球的功夫廣受肯定，有著「聖 Lloris」美譽。

花絮趣聞 —— Tidbit

Franck Ribery 臉上的刀疤來自於兩歲時的一場嚴重車禍，而就算他早已成名擁有大筆鈔票，但卻拒絕家人、朋友的「整容」建議。他說：「有很多人說醜，但那場車禍讓自己變得更加珍惜生活與事業，讓我更專注於足球賽場上。拿到世界冠軍比擁有一張漂亮臉蛋更讓人心動！」另外更有趣的是，他曾在接受德國媒體採訪時自爆擁有中國血統。家族傳說一位祖宗當了皇帝之後不久遭到親人篡位而逃亡到波斯，後代則輾轉到了法國。Ribery 的家中至今仍保存一些不知名中國文物，很像皇宮用品，有些家族習慣也與中國民俗一樣，部分史學專家認為 Ribery 長相與明朝開國皇帝朱元璋相似，很可能就是「靖難之變」後下落不明的明惠帝之子孫。

Franck Ribery MF

德甲拜仁慕尼黑
170cm / 72kg
1983.04.07 / 右 / 31歲

疤臉戰士

Franck Ribery 是法國在「後席丹時期」被寄予厚望的核心人物，可惜在 2010 年世界盃之前捲入了雛妓事件讓他元氣大傷。

Ribery 的踢法全面，能勝任多個位置。他的技術成熟細膩，推進、突破速度也快，並擁有與生俱來的球感，在左路的威脅性極強。此外，他還有出色的視野和精確的傳球能力，能傳能射的他帶球時總是威脅性十足，讓對手非常頭疼。本屆法國隊想擺脫四年前的陰霾、重新振作，必須倚靠這位領袖的發揮。

總教練 | Manager

Didier Deschamps

1968.10.15 / 45歲 / 法國

眾望所歸的少帥

球員時期是法國史上最偉大的隊長之一，也是 1998 年世界盃、2000 年歐洲盃的英雄。退役後，他執教義甲尤文圖斯、法甲摩納哥與馬賽三隊，全都在短期之內創造輝煌。眾望所歸接手國家隊後，得設法解決法國才華洋溢卻內鬥不斷的老毛病。

FW

Karim Benzema

西甲皇家馬德里
184cm / 84kg
1987.12.19
雙 / 26歲

足壇公認的強力前鋒，技術出眾且速度飛快，盤帶變向能力出色，突破犀利，擅長過人，射門得分慾望強，球感極佳。

FW

Olivier Giroud

英超兵工廠
193cm / 92kg
1986.09.30
左 / 27歲

身材高大，可以在高空對抗時為球隊做有貢獻，爭頂成功率很高，屬於火力強勁，行動較為緩慢的炮手。

FW

Loic Remy

英超紐卡索聯
184cm / 66kg
1987.01.02
右 / 27歲

具有天才般的出球球感，無論在盤帶還是傳球都有著不凡的表現，像是一位身手敏捷，殺人於無形的刺客。

MF

Mathieu Valbuena

法甲馬賽
167cm / 58kg
1984.09.28
雙 / 29歲

前腰和左右邊鋒皆宜，是中前場不可多得的全能型球員，將矮小轉化成優勢，更憑著出色的衝擊能力衝散對手的防線。

MF

Paul Pogba

義甲尤文圖斯
186cm / 80kg
1993.03.15
右 / 21歲

技術和身體都極為出色，組織、防守水準也相當高，一腳送出威脅球的球感不俗，並具有自行破門的能力。

MF

Yohan Cabaye

法甲巴黎聖日耳曼
175cm / 72kg
1986.01.14
右 / 28歲

視野開闊，節奏把握十分得當，具有出色的傳球控制能力，尤其擅長長傳。此外，遠射能力也十分了得。

MF

Blaise Matuidi

法甲巴黎聖日耳曼
175cm / 70kg
1987.04.09
左 / 26歲

擁有出眾的體能，總是不懈怠的跑動，支撐著球隊中場。拿球、傳球的能力不錯，搶斷表現更是超群，身體對抗力強大。

MF

Moussa Sissoko

英超紐卡索聯
187cm / 83kg
1989.08.16
右 / 24歲

新生代法國後腰，不僅個子高，還有雙長腿，跑動範圍大，技術細膩，球感嫻熟，攻防俱佳，射門技術也不錯。

MF

Antoine Griezmann

西甲皇家社會
176cm / 67kg
1991.03.21
左 / 23歲

掌控中場局面的節奏感特別好，傳球品質佳，採取典型的突擊式踢法，可客串前鋒，還擁有不錯球隊效率。

MF

Clement Grenier

法甲里昂
186cm / 72kg
1991.01.07
右 / 23歲

一路從各級國家隊升上來的青年才俊。身材壯碩但是卻非常擅於盤帶，腳下技術出眾，能夠在前場負責穿針引線。

MF

Rio Mavuba

法甲里爾
172cm / 74kg
1984.03.08
右 / 30歲

個子非常不起眼，卻是過去十年來里爾最重要的防守中場，入選國家隊的次數並不多，這次入選以備不時之需。

DF

Patrice Evra

英超曼聯
175cm / 76kg
1981.05.15
左 / 33歲

英超勁旅的主力左後衛，在法國隊也是此位置主力。防守上的貢獻更為顯著，屬於攻優於守的後衛。

DF

Raphael Varane

西甲皇家馬德里
190cm / 85kg
1993.04.25
右 / 21歲

擁有超越年齡的成熟冷靜，並具備極佳的位置感和視野，同時擁有及時以明快的補位保護隊友，鮮少犯錯。

DF

Lucas Digne

法甲巴黎聖日耳曼
178cm / 74kg
1993.07.20
左 / 20歲

在左路有相當驚人的突破速度，能夠利用充沛的體能在兩端禁區之間奔走，參加世界盃將是很好的大賽經驗學習。

DF

Eliaquim Mangala

葡超波圖
187cm / 74kg
1991.02.13
雙 / 23歲

身材極為瘦長，這兩年在職業隊表現引人注目的高大中衛，有很好的攔截意識及頭球功夫，還能夠兼任左後衛。

DF

Mamadou Sakho

英超利物浦
187cm / 83kg
1990.02.13
左 / 24歲

本賽季成長不少，中路防守相當穩定，在與對方前鋒一對一的表現佔有很高的勝率，同時具有極佳的身體對抗，頭球出色。

DF

Mathieu Debuchy

英超紐卡索聯
176cm / 76kg
1985.07.28
右 / 28歲

隨著後防老將狀態下滑，這位球員開始受到青睞，並登上了主力位置。他的防守穩定，轉身速度快速，很少失位漏人。

DF

Bacary Sagna

英超兵工廠
176cm / 72kg
1983.02.14
右 / 31歲

這名球員雖然有點年紀，但仍不失為高水準邊路專家，防守下腳凶狠，為了解圍不惜吃牌，進攻時也有傳出好球的實力。

DF

Laurent Koscielny

英超兵工廠
186cm / 75kg
1985.09.10
右 / 28歲

後防基石，擁有良好的身體素質，預判準確，鏟斷精準凶悍，控球沉穩，傳球犀利，必要時還能上前助攻。

GK

Hugo Lloris

英超托特納姆熱刺
188cm / 78kg
1986.12.26
左 / 27歲

發揮穩定，對遠射的撲救尤其有心得，組織防線和對高球的把握出色，此外，擔任隊長的他也有出色的領導能力。

GK

Mickael Landreau

法甲巴斯蒂亞
184cm / 84kg
1979.05.14
右 / 35歲

他原本就經常擔任國家隊替補，身手不成問題。Mandanda 受傷後可望升任二號門將。

Stephane Ruffier

法甲聖艾蒂安
188cm / 90kg
1986.09.27
右 / 27歲

近幾年僅有一場的國際賽經驗，臨危受命前往巴西，身材與技術都保持在水準以上。

GROUP E

HONDURAS

宏都拉斯 | FIFA 世界排名：32

國土面積：11萬 平方公里
人口：845萬人

▶ **歷屆世界盃戰績與本屆預測** | *History*

冠
亞
季
殿

R2
R1

13　16　13　　　16　　　　24　　　　32

1930 1934 1938 1950 1954 1958 1962 1966 1970 1974 1978 1982 1986 1990 1994 1998 2002 2006 2010 2014

▶ **戰力數值** | *Analyzing*

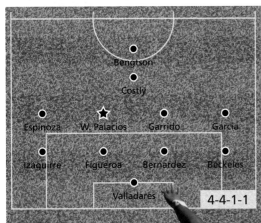

盤帶　　　　　　　　　門將
傳球　　　　　　　　　解圍
跑位　　　　　　　　　攔截
射門　　　　　　　　　鏟球

▶ **先發陣容** | *Starting XI*

Bengtson

Costly

Espinoza　W. Palacios　Garrido　Garcia

Izaguirre　Figueroa　Bernardez　Beckeles

Valladares　　4-4-1-1

宏都拉斯國史第三度闖進世界盃會內賽，但前兩次世界盃都是 0 勝的戰績，今年拜分在整體實力較弱的 E 組之賜，有機會力求隊史在世界盃會內賽上的第一勝。

前鋒 FW　　**黑風雙煞誰能建功？**　　── *Forward*

「攻強於守」的宏都拉斯並不缺乏優秀前鋒，Carlo Costly 與 Jerry Bengtson 這對黑風雙煞正值職業生涯的黃金時期，曾在會外賽上 8：1 痛擊加拿大的比賽中分別上演了帽子戲法！曾在中超踢球的 Costly 在 2009 年與 2011 年兩度助祖國殺入中北美金盃賽的前四強，並好幾次獲選為宏都拉斯足球先生，戰功彪炳。在美國大聯盟新英格蘭革命隊效力的 Bengtson 身高與速度兼具，在世界盃小組賽上主帥可能會將這兩人擇一擺在單箭頭，有機會時憑藉單兵戰鬥能力進行反擊。

中場 MF　　**以攻代守穩定中場**　　── *Midfield*

宏都拉斯在 2012 年倫敦奧運表現出色，世界盃會外賽上他們的中前場進球能力也是有目共睹，常以進攻來彌補防守缺陷，多名海外球員壓陣的中場攻防表現穩定。在英超踢球，曾創下中美洲球員最高轉會費紀錄的 Wilson Palacios 身體條件好、鏟球與遠射功夫突出，而曾在美國大聯盟活躍的 Roger Espinoza、效力休士頓發電機的 Oscar Garcia……等先發戰力，都在歷經四年前的世界盃後累積了更豐富的經驗，同樣處於職業生涯巔峰，為宏都拉斯的世界盃首勝增添不少信心。

後衛 DF　　**後防難敵列強衝擊**　　── *Defensive*

宏都拉斯在會外賽第 4 輪的 10 場比賽中失了 12 球，可見他們的後防面對火力較強的隊伍仍是難以抗衡。隊上幾名先發後衛其實水準都不差，Victor Bernardez 是美國大聯盟與宏國內的明星球員。Maynor Figueroa 在英超等級球隊踢球、Emilio Izaguirre 也是蘇超霸主賽爾提克隊的主力左後衛，還曾奪得蘇格蘭足球先生的殊榮。然而，這條後防線如果在球隊需要進攻而拉大三條線的縱深後，確實還不足以抵抗世界列強的衝擊。

門將 GK　　**可靠的「宏國隊長」**　　── *Goalkeeper*

37 歲的隊長 Noel Valladares 是全隊出賽場次最多的球員，也是中美洲最好的門將之一，經驗豐富、不時在賽場上有神奇撲救。是本次會外賽力壓墨西哥晉級的關鍵，Valladares 的神勇表現成就隊史的經典之戰。

花絮趣聞　　── *Tidbit*

宏都拉斯是哥倫布在 1502 年發現的國家，這裡誕生了世界上最古老的鐘錶。宏都拉斯人對政治、足球這兩件事最為狂熱，國家隊打進世界盃的表現沖淡了人民對於經濟問題的憂愁。2010 年宏都拉斯創下史無前例的、首支國家隊陣中同時有三兄弟效力的佳話，本屆賽事上前鋒 Jerry Palacios、中場 Wilson Palacios 兩位哥哥都還是順利出征巴西，但三弟 Johnny Palacios 就沒能入選國家隊了。宏都拉斯也是台灣在本屆世界盃 32 強中唯一的邦交國。

 看板球星 | SUPER STAR

Wilson Palacios

英超斯托克城

178cm / 71kg
1984.07.29 / 右 / 29歲

超級全能中場

宏都拉斯能夠從默默無聞的中美洲小國，一躍成為連續兩屆打進世界盃的隊伍，跟 Palacios 家族的出現有關：Palacios 家中五兄弟有四名成為宏都拉斯國腳，其中最為人所知的，是曾經效力多支英超球隊的 Wilson Palacios。

Palacios 是現代分工精密的足球運動中，少見的傳統「全能中場」。他擁有出色的天賦，左右腳技術都不錯，活動力也非常強大，總是勤奮的奔跑。他的球風凶悍，擅長頭球和鏟球，可說是一人支撐起整個宏都拉斯的攻防。

 **總教練 | Manager**

Luis Fernando Suarez

1959.12.23 / 54歲 / 哥倫比亞

扎根有成

Suarez 在 2006 世界盃曾領導厄瓜多殺入 16 強，他自 2011 年起執掌宏都拉斯，起初並不順遂，但他沒有被輿論擊倒，而持續培養年輕球員，讓國家隊煥發活力。Suarez 的性格冷靜謙遜，很少發怒與斥責選手，追求漂亮足球與積極的比賽結果。

 **FW**

Carlo Costly

宏都拉斯皇家西班牙人

188cm / 85kg
1982.07.18
右 / 31歲

擁有高效率進球能力的大個子中鋒，門前可以給帶對手的後衛極大的壓力，將會是宏都拉斯最可怕的進球武器。

 **FW**

Jerry Bengtson

美足聯新英格蘭革命

187cm / 73kg
1987.04.08
右 / 27歲

由於和 Costly 風格類似，可以作為搭檔同時上場，也可以替補上陣，進球效率也相當不錯，是球隊的第二進攻點。

 **FW**

Rony Martinez

宏都拉斯皇家社會

180cm / 75kg
1988.10.16
右 / 25歲

是一名速度快且反擊進球效率奇高的選手，但過去在國家隊的表現一般，希望這次能在大賽中有所表現，彌補鋒線的不足。

 **FW**

Jerry Palacios

哥斯大黎加阿拉胡埃倫斯

183cm / 81kg
1981.11.01
右 / 32歲

Palacios 兄弟檔之一，四名國腳兄弟中唯一的前鋒球員，剛出道時進球效率不錯，現在狀態已經下滑，將是鋒線上的替補。

 **MF**

Roger Espinoza

英冠維根競技

179cm / 72kg
1986.10.25
左 / 27歲

左腳的防守大將，中路、左路皆能勝任，只要有需要防守之處，他就會出現在那個位置，是中場不可或缺的要員。

 **MF**

Oscar Boniek Garcia

美足聯休士頓發電機

175cm / 72kg
1984.09.04
右 / 29歲

為國效力經驗豐富的邊路悍將，喜歡在右路利用自己的速度製造威脅，有不錯的傳中球能力，在國家隊擔任助攻角色。

 **MF**

Andy Najar

比甲安德萊赫特

170cm / 68kg
1993.03.16
右 / 21歲

右路的一匹快馬，有驚人的速度跟體力，在邊路非常的活躍，經常能夠利用個人的突破，闖入禁區製造殺機。

 **MF**

Marvin Chavez

美足聯科羅拉多急流

165cm / 66kg
1983.11.03
左 / 30歲

左右腳都有出色的盤帶腳法，能夠勝任兩條邊路，速度跟爆發力極佳，只可惜傳中的能力還要加強，才能有更多貢獻。

 **MF**

Mario Martinez

宏都拉斯皇家西班牙人

173cm / 70kg
1989.07.30
左 / 24歲

左路中場主要的球員，攻守之間的分寸拿捏掌握得不錯，也樂於與團隊配合，個子小但鏟球兇悍，現在已經成為宏都拉斯在中場最重要的防守人才。

 **MF**

Luis Garrido

宏都拉斯奧林匹亞

170cm / 68kg
1990.11.05
右 / 23歲

年輕的中場防守小將，最近兩年開始受到重視，個子小但鏟球出色，在防守中場的位置上，是經常出場的輪換球員。

 **MF**

Jorge Claros

宏都拉斯莫塔瓜

176cm / 67kg
1986.01.08
右 / 28歲

擅長大範圍跑動的選手，體力超群，在中場的掃蕩能力出色，可以踢左後衛及中後衛，在國家隊是中路的主力防守隊員。

 **DF**

Maynor Figueroa

英超赫爾城

180cm / 85kg
1983.05.02
左 / 31歲

效力於英超，有豐富的比賽經驗，技術也不錯，是國家隊的常客，可以踢左後衛及中後衛，在國家隊是中路的主力防守隊員。

 **DF**

Emilio Izaguirre

蘇超塞爾提克

177cm / 77kg
1986.05.10
左 / 28歲

在左路非常穩固的防守，讓他成為國家隊的常客，偶有上前助攻，但並非他的強項，把左路交給他絕對值得信任。

 DF

Victor Bernardez

美足聯聖荷西地震

187cm / 83kg
1982.05.24
右 / 32歲

擁有強壯的體魄讓他在中路的防守佔有優勢，盤帶技術不錯，能夠妥善的處理高空球，還有一腳不錯的遠射功夫。

 **DF**

Juan Carlos Garcia

英冠維根競技

180cm / 76kg
1988.03.08
左 / 26歲

因為是後防線的全能球員而得到教練的重用，在中路或是左路都是他的防守位置，在球隊輪替的時候是重要的一名球員。

 **DF**

Arnold Peralta

蘇甲格拉斯哥流浪者

190cm / 80kg
1989.03.29
右 / 25歲

在蘇格蘭豪門效力的防守型中場，能力均衡，如果出現在右邊路也可以給球隊帶來幫助，將會在國家隊扛下右後衛的位置。

 **DF**

Osman Chavez

中甲青島中能

187cm / 86kg
1984.07.29
右 / 29歲

中路防守的一名硬漢，身強體壯而且頭球功夫了得，也有相當多的國際賽經驗，在中後衛的位置上是主要替補。

 **DF**

Brayan Beckeles

宏都拉斯奧林匹亞

186cm / 80kg
1985.11.28
右 / 28歲

身體素質相當不錯的一名球員，在右路有出色的防守，對抗能力也足夠，需要堅守陣地時，可以換上這名高大的邊後衛。

 **DF**

Juan Pablo Montes

宏都拉斯莫塔瓜

178cm / 75kg
1985.10.26
右 / 28歲

能在禁區內冷靜解圍的後防好手，身材高大而不失靈活，且去年剛選入國家隊就有一顆進球，將增加球隊中衛的替補深度。

 **GK**

Noel Valladares

宏都拉斯奧林匹亞

179cm / 80kg
1977.05.03
右 / 37歲

雖然是高齡的老國門，至今仍然牢牢掌握著先發位置，身材矮小但出擊迅速，門前少有失誤讓他一直是一號門將首選。

 **GK**

Donis Escober

宏都拉斯奧林匹亞

179cm / 76kg
1980.02.03
右 / 34歲

經驗豐富，但還不到能撼動頭號門神的程度。不過作為第二門將倒還算稱職。

Luis Lopez

宏都拉斯皇家西班牙人

182cm / 75kg
1993.09.13
右 / 20歲

這位年輕矮小將意外壓倒幾位老前輩入選國腳，沒有太多比賽經驗的他，本屆賽會以吸收經驗為主。

LIONEL MESSI #10

IN FOOTBALL AS IN WATCHMAKING, TALENT AND ELEGANCE MEAN NOTHING WITHOUT RIGOUR AND PRECISION."

足球就像製錶一樣，如果缺乏嚴格與精密，那麼天份和優雅都毫無意義。

長荷爾蒙匱乏」，必須長期注射藥物（每月900美金），因而被球會割捨。此時，西甲豪門巴塞隆納大膽押注，延攬他加盟青訓團。眾人萬萬沒料到，21世紀的足球風貌，自此讓綽號「La Pulga」（西班牙語「跳蚤」）的他完全改寫。

2004-05球季初登場，三年間，Messi便成為足球史上最狂野的入球機器。在足壇最艱難跋涉的西班牙甲級聯賽，他曾創下連續21場球進球（總共打入33球）、面對全聯盟19支對手全進球的紀錄；他也是足球球會史上單年與單季進球紀錄的保持者（79與73），在歐洲冠軍盃寫下最多場帽子戲法（4）與單場最多入球（5）；作為阿根廷國家隊的一員，他的總入球數（37）僅次於「戰神」Gabriel Batistuta（56），而超越Maradona（34）；他是歷來獲得「金球獎」（Ballon d'Or）次數最多（4）的球手，並持續推進西甲最多場帽子戲法（19）的個人神蹟。

Messi的左腳，就好像美國職棒大聯盟洋基隊傳奇守護神Mariano Rivera的卡特球一樣，是所有門將或後衛都曉得的武器，但日復一日，這樣的先見之明並無法豁免他們受折磨的命運。

Messi叱吒足壇的原因之一是速度。當身高僅169公分的「La Pulga」全速奔跑起來，急停、盤球、射門，所有高大的防守者無不喪氣。巴塞隆納昔日教頭Pep Guardiola曾揶揄道：「Messi是唯一『帶球跑』時，跑得比『沒帶球跑』快的足球員。」巴塞隆納訓練營曾為Messi統計過，他奔跑

時，每秒鐘的步伐可達4.4步，這個數字甚至贏過奧運百米冠軍Usain Bolt的4.2步，驚人速度讓眾多咬牙切齒的足球後衛受盡折騰。

速度之外，還有技術。Messi的盤帶過人腳法，無疑是當今世界第一。足球專家分析，他和Maradona一樣，都擁有極低的重心與強健的雙腿，擅長用肩膀和臀部欺敵，在對手失去平衡的剎那，進行穿越和射門。

才子才情

然而，你如果親眼見證2011年歐洲冠軍盃四強賽，巴塞隆納在死敵皇家馬德里的伯納烏球場（Santiago Bernabeu）以2：0帶走勝利的那場球賽，當能理解才子Messi的才華另有隱情。

巴塞隆納兩球都是由Messi攻進，76分鐘的第一球是他在門前接獲隊友推送，腳尖挑射破門，這一球證明他半場過後高妙解讀比賽的能力，他明白隊友與對手的各自慣性心思，適時出現在最有利的位置；而86分鐘的那一球，則被譽為冠軍盃史上最佳入球，Messi在前場得球，突然加速衝門，皇馬四名後防者先後被他甩過，末了他右腳低射破網，全場譁然。

2012年8月15日，阿根廷與德國隊在法蘭克福舉行一場友誼賽，贊助廠商adidas特別在Messi的球鞋內裝上一只測量晶片，紀錄他在90分鐘比賽內的運動細節，解開了這位小巨人掌控比賽的秘密。

原來，他在近七成的比賽時間中，只在球場中散步，宛如在打一場高爾夫球，這使得他奔跑的距離遠遠少於他的對手或隊友。以該場球來說，Messi只移動了8.49公里，而他的巴塞隆納隊友Andre Iniesta一場球下來得比他多跑上2公里，在2013歐洲冠軍盃的同週賽事裡，皇家馬德里的Cristian Ronaldo兩場球跑了20.742公里，而Messi則僅16.399公里。

比賽中大半時間看似遊魂的Messi，此刻正儲備著熱能，等待適當的時機點火。法蘭克福賽事中，他起身疾奔的次數雖有44次，但總距離只有965米，然已足夠讓他射進一球。他不動則已，一動便如脫韁野馬，極速甚至可達每小時30.71公里。在靜與動之間，Messi看似逛街，但其實是在細緻的解讀球場空間，尋求得利的片瓦之地。他在前場接球之時，身體離接球位置通常不超過10-15米，而且往往四下無人，這看似稀鬆平凡，實則是才子真正才情之所在，也是普世間所有弱者生存之道：快一點、聰明一點、迷離一點。

美妙的例外

Messi在Guardiola掌舵巴塞隆納期間（2008-12），被譽為是「欺九」（False 9）戰術最成功的詮釋者。早期足球年代，球員的背號代表著該球員於場中的站位，「9」號代表中前鋒，他理應處於對手禁區前緣，隨時接應進攻中場（10號）的傳球，以其矯健身手於短距離內擺脫對手來進攻；而

相對的，守方的兩名中衛便得嚴加看管，橫豎都要把他的進路封死。Messi雖然名義站9號位置，但他卻常常向後散步到進攻中場之後，參與中場的導傳，此時對手中衛便遇見兩難：到底是要跟上前去，還是就地屯營？往往，就在兩衛懸念未消、瞻前顧後之際，Messi快速帶球，或傳或導兩翼欺上的隊友，立刻便撕裂了對手的防線。2010年11月29日西甲聯賽，皇馬以0：5慘敗於巴薩之手，其中Messi主導了三個進球，他神乎其技的穿梭走位，接球導球，讓銀河艦隊多人賽後飲淚。

2014年的世界盃，總教頭Alejandro Sabella領軍的阿根廷隊在南美資格賽一路過關斬將，倚重的仍是隊長Messi遊走四方的智慧。昔日由「10」號中場發動機組織攻勢的傳統打法，被Messi與前鋒Gonzalo Higuain、Sergio Aguero和中場Angel Di Maria的「美妙四重奏」（Fantastic Quartet）所取代，他們掌控在腳、自由自在的前場進攻組織，既賞心悅目也具備贏球效率，每個觀眾都期待Messi的一箭穿心，宛如是自己缺憾生命的一個補償。

照理，太空中是聽不到聲音的，但也許，今年世界盃中Messi射中門網的那一刻，會是個例外。

ARGENTINA

阿根廷 | FIFA 世界排名：6

國土面積：278萬 平方公里
人口：4261萬人

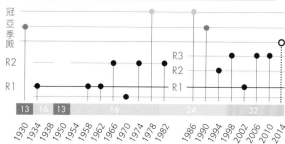

阿根廷在本屆世界盃賭盤僅次於巴西的奪冠熱門，晉級淘汰賽不成問題，關鍵的是只要拿下 F 組冠軍，就能避開德國、巴西，突破八強之壁。

前鋒 FW　　超華麗宇宙組合 —— *Forward*

阿根廷的鋒線傲視全球，每位前鋒都是一流狠角色——當今球王 Lionel Messi 去年因傷缺陣不少比賽，但也儲備了更多精力來備戰世界盃。披上隊長袖標的 Messi 變得更有威脅性，如果他能在這第三次的世界盃征程中發揮真正實力，阿根廷的奪冠機會將大幅提升。此外，在上屆世界盃對陣南韓上演帽子戲法的 Gonzalo Higuain、「Maradona 女婿」Sergio Aguero 以及低調卻屢屢貢獻適時一擊的 Rodrigo Palacio 皆為一時之選，他們都擁有改變戰局的能力。

中場 MF　　加強防守戰力提升 —— *Midfield*

阿根廷以往無法在大賽走得更遠，重攻輕守的中場便是問題所在。總教練 Sabella 進行改造，以世界級後腰 Javier Mascherano 為不動核心，搭配名氣不響卻相當實用的 Ever Banega 與 Lucas Biglia，有效地掌握了中場的節奏，也讓阿根廷繳出在南美區會外賽 16 場比賽失 15 球、僅次於哥倫比亞的亮眼成績。Sabella 不像前任教練們追求一味的進攻，「因材施用」的佈陣收到了效果。中場唯一的強勢進攻球員 Angel di Maria 則與前鋒群組成「探戈四重奏」來攻城拔寨。

後衛 DF　　換血期青黃不接 —— *Defensive*

在前隊長 Javier Adelmar Zanetti 年華老去後，現在的阿根廷後防線上沒有一個穩定的領袖壓陣，中衛搭檔 Ezequiel Garay 與 Federico Fernandez 並不能讓人完全放心，而效力於葡超里斯本競技的 Marcos Rojo 雖然年輕且速度飛快，但防守能力仍需進步，讓左後衛這個位置成為阿根廷的漏洞。整體經驗的不足更是阿根廷想奪得大力神盃的潛在危機，所以幾位壓陣的老將 Hugo Campagnaro、Jose Maria Basanta 勢必會獲得一定的上場時間穩定軍心。

門將 GK　　民族性決定的缺憾 —— *Goalkeeper*

現年 27 歲的一號門將 Sergio Romero，經驗豐富卻不算是世界一流門將，在上屆世界盃 0：4 慘敗給德國的賽事中暴露出缺點。而二號門將 Mariano Andujar 這季在義甲的狀況也不盡理想。重攻輕守的民族性決定了這個位置的缺憾。

▶ 戰力數值 | *Analyzing*

盤帶	門將
傳球	解圍
跑位	攔截
射門	鏟球

▶ 先發陣容 | *Starting XI*

4-3-3

Aguero　Higuain　Messi
di Maria　Mascherano　Banega
Rojo　Garay　Fernandez　Zabaleta
Romero

花絮趣聞 —— *Tidbit*

早在 1891 年就成立國內足球聯賽的阿根廷是南美洲國土第二大的國家，以人口平均比來看，也是全球心理學家最多的國家。足球歷史深遠的他們也發生過不少球場趣聞：1939 年的一場比賽，邊裁向主裁判舉旗示意進攻球隊越位，但主裁判視而不見。面對不斷搖旗「抗議」的邊裁，主裁判忍無可忍，並暫停比賽，他掏出了紅牌命令邊裁出場。另外在 1966 年一場聯賽中，比賽時看台上發生混亂，一名警察向該處施放催淚瓦斯平息騷動。但之後主裁判也向這名警察出示紅牌將他「罰出場外」，結果這場比賽也平靜結束，阿根廷足協賽後發表聲明讚揚了這位主裁判。

Lionel Messi  FW

西甲巴塞隆納
169cm / 67kg
1987.06.24 / 左 / 26歲

當世足壇第一人

Lionel Messi 的生涯榮譽多不勝數，他唯一欠缺的，就是一座國際大賽冠軍。阿根廷以 Messi 為核心設計戰術，並任命他為隊長，今年將是 Messi 讓人們評價他國家隊表現的關鍵機會。
Messi 的射門技術高超無倫，巧射、勁射皆能。他的球感和腳底功夫一流，搭配驚人的速度與爆發力，總能在包夾中突圍而出。Messi 善於解讀比賽，突破與傳導之間的拿捏精準，助攻能力不俗。更可怕的是，Messi 仍持續在進化，如他一直進步中的自由球。

總教練 | Manager

Alejandro Sabella

1954.11.05 / 59歲 / 阿根廷

沉穩的謀士

球員生涯成績平平，也僅有執教阿根廷國內球隊經驗，對比前幾任過於激情的教練們，他的沉穩、智慧反而為球隊增添不少過去缺乏的勝利因子。他成功幫助阿根廷走出 2011 年美洲國家盃的慘敗低潮，並以南美資格賽冠軍之姿叩關世界盃。

FW **Sergio Aguero**

英超曼城
173cm / 70kg
1988.06.02
雙 / 26歲

兼具想像力和殺手本能的巨星級前鋒，爆發力和尋找機會的能力很強，擅長打前場的所有位置，速度快，擅於盤帶。

FW **Gonzalo Higuain**

義甲拿坡里
184cm / 82kg
1987.12.10
雙 / 26歲

門前把握度出色，擅長打第二前鋒和突前前鋒，他總用速度撕破對方防線，憑著異常敏銳的門前嗅覺踢進關鍵球。

FW **Ezequiel Lavezzi**

法甲巴黎聖日耳曼
173cm / 75kg
1985.05.03
右 / 29歲

控球技術突出，速度和突破驚人，更擅長在邊路活動，這些特長都可以為球隊在打不開局面的情況下提供後援。

FW **Rodrigo Palacio**

義甲國際米蘭
175cm / 70kg
1982.02.05
右 / 32歲

頭球功夫不錯，身材不高但彈跳力驚人，控球技術紮實，擅於把握得分機會，是名相當可靠的替補射手。

MF **Angel di Maria**

西甲皇家馬德里
180cm / 70kg
1988.02.14
左 / 26歲

位置靈活、能力全面，強大的帶球技術和向前意識可替鋒線提供極大幫助。拼搶態度堅決，防守能力不弱。

MF **Javier Mascherano**

西甲巴塞隆納
174cm / 84kg
1984.06.08
右 / 30歲

墊後扮演純工兵角色，攔截搶斷能力和跑動覆蓋範圍無人能及，斷球後也能把球平穩地傳遞給隊友，是最可靠的中場屏障。

MF **Fernando Gago**
阿甲博卡青年
176cm / 73kg
1986.04.10
右 / 28歲

負責中場進攻組織，以及控制分配球權。擅長傳身後球，撕開對手防線。防守端任務吃重，位置靠前，鮮少帶球壓上。

MF **Lucas Biglia**

義甲拉齊歐
178cm / 74kg
1986.01.30
右 / 28歲

本賽季傳球成功率高達87.4%，平均每場比賽能夠完成 3.9 次搶斷，是一名低調實用、值得倚賴的中場防守大將。

MF **Maxi Rodriguez**

阿甲紐維爾舊生
180cm / 74kg
1981.01.02
右 / 33歲

雖然淪為替補，但他豐富的大賽經驗、出色的腳下技術與不俗的得分能力，對阿根廷進攻端有很棒的助力，絕對不容小覷。

MF **Augusto Fernandez**

西甲塞爾塔維戈
177cm / 71kg
1986.04.10
右 / 28歲

身材勻稱強壯的他，具備天生的柔韌性和創造力，攻防能力均衡，進攻時擅長突破製造機會，在國家隊中一直備受重用。

MF **Jose Ernesto Sosa**

西甲馬德里競技
179cm / 71kg
1985.06.19
右 / 28歲

司職前腰，組織能力堪比任何一位國際巨星，在比賽中十分積極，跑動範圍很大，求勝慾望強烈，腳法細膩，球風靈動飄逸。

MF **Ever Banega**

阿甲紐維爾舊生
174cm / 69kg
1988.06.29
右 / 25歲

在中場肩負著組織與進攻的重任，同時擁有多種破門能力，能傳球以及帶球突然射門，且兼備防守能力。

DF **Pablo Zabaleta**

英超曼城
176cm / 70kg
1985.01.16
右 / 29歲

主力右後衛，擁有強大的爆發力、旺盛的鬥志與無價的領袖氣質，進攻意識強烈，自由球射術也相當不錯。

DF **Ezequiel Garay**

葡超本菲卡
188cm / 85kg
1986.10.10
右 / 27歲

高大而防空能力強，有別於傳統阿根廷後衛，曾有歐洲豪門效力履歷，經驗和能力更勝一籌，近年表現非常搶眼。

DF **Federico Fernandez**

義甲拿坡里
189cm / 81kg
1989.02.21
右 / 25歲

近年來因為穩健的表現，始終擔任主力。防守時頭球解圍功夫一流，身體強壯，在與對方前鋒搶球時可佔上風。

DF **Hugo Campagnaro**

義甲國際米蘭
181cm / 85kg
1980.06.27
右 / 33歲

在義甲打滾多年，成績也不錯，大力發邊線球是他的拿手絕活。入選國家隊主要是倚重他的經驗。

DF **Nicolas Otamendi**

巴甲明尼路
178cm / 75kg
1988.02.12
右 / 26歲

體能在中衛中比較出色，頭球能力也不錯，而且還能客串右後衛，方便於人員調度，是相當稱職的替補選手。

DF **Marcos Rojo**

葡超里斯本競技
184cm / 85kg
1990.03.20
左 / 24歲

除了擔任左後衛，也可勝任中後衛，從阿根廷本土出道後，進步神速，防守能力較凶狠，進攻時更具侵略性。

DF **Jose Maria Basanta**

墨甲蒙特雷
188cm / 80kg
1984.04.03
左 / 30歲

已經有超過 200 場的上陣紀錄，是防線經驗豐富的老將，有身高上的優勢，頭球也不錯，中、左後衛都能扮演。

GK **Sergio Romero**

法甲摩納哥
192cm / 88kg
1987.02.22
右 / 27歲

歷經二屆大賽和三任主帥的考驗，能力已得到認可，門前動作敏捷，處亂不驚，是 2008 年北京奧運的金牌門神。

GK **Mariano Andujar**

義甲卡塔尼亞
194cm / 88kg
1983.07.30
右 / 30歲

把關技術、門前的站位和判斷能力都還算理想，擔任多年國家隊替補角色，是理想的二號門將。

Agustin Orion

阿甲博卡青年
190cm / 86kg
1981.07.26
右 / 32歲

守門員名單中年紀最長，但比賽經驗最少的球員，在世界盃上場的機會恐怕很低。

BOSNIA & HERZEGOVINA

波士尼亞與赫塞哥維納 FIFA 世界排名：25

國土面積：5萬 平方公里
人口：388萬人

▶ 戰力數值 | Analyzing

盤帶		門將
傳球		解圍
跑位		攔截
射門		鏟球

▶ 先發陣容 | Starting XI

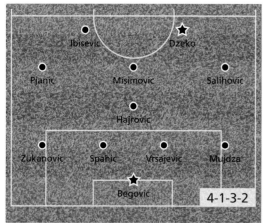

Ibisevic　Dzeko

Pjanic　Misimovic　Salihovic

Hajrovic

Zukanovic　Spahic　Vrsajevic　Mujdza

Begovic　4-1-3-2

1992 年才獨立建國，人口僅 388 萬的東歐小國波赫（波士尼亞與赫塞哥維納聯邦）在會外賽扮演大黑馬，成為前南斯拉夫地區第四支入圍世界盃的球隊。

前鋒 FW　雙劍合璧其利斷金 —— Forward

波赫主打快速進攻，在世界盃會外賽上 10 場比賽取得 8 勝，狂進 30 球，進球數在全歐洲僅次於德國、荷蘭、英格蘭，甚至贏過西班牙。波赫先發不動雙箭頭——效力於英超曼城的 Edin Dzeko、德甲斯圖加特的 Vedad Ibisevic 是世界級的前鋒，28、9 歲的年紀也正值當打之年，在會外賽 Dzeko 有 10 個進球，而 Ibisevic 也攻進了 8 球並列射手榜的第二、三名。雖然這兩位「鋒霸」破壞力強大，但隱患便是替補席上無人可用，如果出現傷病或體力問題，波赫晉級之路堪憂。

中場 MF　富有創造力的快攻 —— Midfield

波赫的快攻球風來自中場的傳導有方，出身德甲霸主拜仁慕尼黑青年軍、在沃夫斯堡揚名天下的進攻中場 Zvjezdan Misimovic，即便年過 30，卻還是國家隊裡不可取代的王牌。德甲賽史的助攻王紀錄完全證明了他的傳球功力，自由球功夫也無可挑剔。而另一個年輕中場 Miralem Pjanic 也是 19 歲時便年少成名，獲得歐洲強隊的青睞爭奪。Misimovic、Pjanic 與兩大前鋒完成了波赫的大部分進球，兼具組織、創造力、最後一擊的「火槍手」是這支巴爾幹新勢力的最強武器。

後衛 DF　有實力尚缺大賽經驗 —— Defensive

相較於星光閃閃的中前場，波赫的後場放眼歐洲確實比較遜色，但仍有一定的實力。效力於德甲勒沃庫森的波赫隊長 Emir Spahic 領陣，搭配同樣 30 歲的 Mensur Mujdza，其實後防線上經驗不缺，但由於效力俱樂部層級所限，缺乏大賽考驗，如果在世界盃小組賽上出現心理因素的失常也不叫人意外。波赫曾在去年底的熱身賽上正面對決 F 組的最強敵人阿根廷，當時以 0：2 完敗，畢竟波赫會外賽的強勢得益於分組的對手實力較差，面對世界強隊的競爭力仍略顯不足。

門將 GK　為祖國效力的可靠門神 —— Goalkeeper

現年 26 歲的 Asmir Begovic 歷經英超的歷練後表現越來越傑出，在斯托克城隊不時有精彩的撲救，被俱樂部球迷選為上賽季英超隊內的最佳球員。他在 2009 年時，從代表加拿大青年隊轉而為祖國效力，自 2012 年起成為波赫國家隊的不動門將。

花絮趣聞 —— Tidbit

「歐洲火藥庫」巴爾幹半島上的南斯拉夫聯邦是東歐的足球王國，即便在分裂後獨立出來的國家也紛紛在足壇大放異采。克羅埃西亞、斯洛維尼亞、塞爾維亞都曾經在世界盃小組賽中貢獻精彩賽事。而波赫境內民族、宗教問題複雜，戰亂不斷，而讓許多國人出走，有些球員也因此成為庇護國的國家隊成員，當中最有名的球星非本屆世界盃的大遺珠「瑞典神塔」Zlatan Ibrahimovic 莫屬。波赫足球國家隊中只有一人來自國內聯賽，其餘 22 人分別在英國、德國、西班牙、義大利、瑞士、土耳其、烏克蘭、比利時、俄羅斯、波蘭、克羅埃西亞與中國踢球，卻展現出值得世界尊敬的凝聚力。

 看板球星 | SUPER STAR

Edin Dzeko FW

英超曼城
192cm / 84kg
1986.03.17 / 雙 / 28歲

攻城掠地的超級武器

波士尼亞與赫塞哥維納是本屆世足賽唯一一支新軍，儘管經驗生嫩，但他們可是擁有世界頂級的中鋒在陣——而這正是他們足以依憑、攻城掠地的超級武器。

Edin Dzeko 身材高大，腳下卻不失靈活細膩，雖然速度非非常快，盤帶也不多，但他具備出色的背身拿球能力，能精準判斷球的落點，並力壓對方後衛搶點。如此再搭配他的頭球優勢，這讓 Dzeko 總能在禁區盡情破壞，並展現水準之上的進球效率。

 **總教練 | Manager**

Safet Susic

1955.04.13 / 59歲 / 波士尼亞與赫塞哥維納

積極勇敢的教頭

過去曾是著名球星，自 2009 年底離開土耳其聯賽並接手波赫國家隊後，非常積極地勵精圖治，他明確地建立起「控球」與「勇敢進攻」的打法，終於成功率隊首次進入世界盃決賽圈。而且 Susic 還不滿足，他甚至喊出了「殺進四強」的目標。

 FW
Vedad Ibisevic
德甲斯圖加特
188cm / 80kg
1984.08.06
右 / 29歲

身材高大、跑動積極，觸球與活動範圍寬廣。他的進球方式相當多元，禁區搶點、外圍遠射、接長傳球破門都是拿手絕招。

 FW
Edin Visca
土甲伊斯坦堡
172cm / 67kg
1990.02.17
左 / 24歲

在職業隊較常擔任中場球員，但於國家隊卻一直被當作前鋒使用。中場發揮極具侵略性，態度積極主動。

 MF
Miralem Pjanic
義甲羅馬
180cm / 68kg
1990.04.02
右 / 24歲

波赫的新生代中場核心，擅於發起進攻，傳球也頗為到位。他的遠射能力強，細膩的腳法經常有令人意想不到的精妙傳球，更有著一腳令人叫絕的自由球和遠射。

 MF
Zvjezdan Misimovic
中超貴州人和
180cm / 79kg
1982.06.05
雙 / 32歲

球隊中場核心，進攻意識出眾，細膩的腳下功夫為球隊人稱道。

 MF
Sejad Salihovic
德甲霍芬海姆
182cm / 79kg
1984.10.08
右 / 29歲

生涯正邁入巔峰的他防守範圍廣大，可涵蓋整個中場。擅長在罰球弧前採用盯人與區域防守，並完成各種防守任務。

 MF
Senad Lulic
義甲拉齊歐
183cm / 75kg
1986.01.18
左 / 28歲

活躍於左路的球員，可以擔當左後衛與左中場。體能勁爆和高速衝擊力是他的特長，爭搶方面非常積極，在場上作風硬朗。

 MF
Izet Hajrovic
土超加拉塔薩雷
177cm / 71kg
1991.08.04
右 / 22歲

他的優勢在於可以勝任中場、前鋒等多個位置，是一枚可因應陣型調整的活棋。此外，他出眾的遠射功力也很有看頭。

 MF
Haris Medunjanin
土超加辛塔士邦
187cm / 83kg
1985.03.08
左 / 29歲

後腰悍將，除了防守功力不俗外，組織進攻的能力更是優異，能在短時間內向前鋒傳出好球，自己也擁有不錯的射門準度。

 MF
Tino-Sven Susic
克羅埃西亞哈伊杜克
186cm / 77kg
1992.02.13
左 / 22歲

出身比利時豪門青訓，各級青年隊資歷完整。有著不錯的身型，作為一名進攻型的中場，可望為球隊注入新的活力。

 MF
Senijad Ibricic
土超艾斯耶斯
181cm / 81kg
1985.09.26
雙 / 28歲

攻守平衡，腳下技術不俗。得球後能夠迅速發起反擊，並順利把球交到攻擊威脅性高的區域，助使隊友破門。

 MF
Anel Hadzic
澳足聯格拉茲風暴
184cm / 73kg
1989.08.16
右 / 24歲

年輕有為的他在波赫足球界聲譽頗高。他在攻、防兩端的評價都不錯，尤其積極的防守受到相當多期待。

 DF
Sead Kolasinac
德甲沙爾克 04
183cm / 80kg
1993.06.20
左 / 20歲

有多年代表德國青年隊的經驗，去年底才決定代表波赫出賽。這名後場全能球員擅長邊路突擊後傳中，實力不容小覷。

 DF
Emir Spahic
德甲勒沃庫森
186cm / 77kg
1980.08.18
右 / 33歲

擔任球隊的防線核心，比賽經驗豐富，防守能力穩健。具有攻擊性十足的滑鏟，樂於扮演對手前鋒的夢魘。

 DF
Ermin Bicakcic
德甲布朗斯威克
185cm / 81kg
1990.01.24
雙 / 24歲

典型東歐中衛風格，爭搶積極，頭球解圍頗具優勢，心理素質不錯，球風具有侵略性，而且也具備領袖氣質。

 DF
Mensur Mujdza
德甲弗萊堡
185cm / 73kg
1984.03.28
右 / 30歲

除了防守態度盡忠職守外，進攻端的侵略性更是強烈，有時甚至能一路帶球殺入對方禁區，創造得分機會。

 DF
Ervin Zukanovic
比甲真特
188cm / 85kg
1987.02.11
雙 / 27歲

東歐典型的力量派中後衛，在自身的防守區域穩妥無疑，也擁有歐洲的大賽經驗，是值得倚賴的後防戰將。

 DF
Muhamed Besic
匈甲費倫茨瓦羅斯
175cm / 75kg
1992.09.10
右 / 21歲

在友誼賽的傑出表現使他成為波赫隊史上最年輕的國腳，前途頗為看好，其創造力讓他有望以後腰身分登場。

 DF
Ognjen Vranjes
土超埃拉澤
182cm / 76kg
1989.10.24
右 / 28歲

儘管最近兩年才開始受到國家代表隊青睞，但他憑著壯碩的體魄與強悍的防守，迅速坐穩了波赫主力位置。

 DF
Avdija Vrsajevic
克羅埃西亞哈伊杜克
179cm / 75kg
1986.03.06
右 / 28歲

除了出任右後衛，也能擔任右中場，通吃右路防守，進攻意識超過一般後衛，能夠在球隊陷入僵局時爭取突破。

 GK
Asmir Begovic
英超托克城
196cm / 83kg
1987.06.20
右 / 26歲

守門風格簡練強硬，是鋼鐵防線穩固的最後一環，反應敏捷，撲救判斷準確。青年時期曾代表加拿大征戰過 U20 世界盃。

 GK
Asmir Avdukic
波赫超巴尼亞盧卡戰士
190cm / 86kg
1981.05.13
左 / 33歲

他是波赫國內聯賽頭號門將。身高優勢利於守門，表現穩定且臨危不亂是他的特點。

Jasmin Fejzic
德乙阿倫
198cm / 95kg
1986.05.15
右 / 27歲

身材高大具有不錯優勢，不過在頂級聯賽的經歷太少，能否擔當門前大任令人懷疑。

IRAN

伊朗 | FIFA 世界排名：37

國土面積：174萬 平方公里
人口：7985萬人

冠																			
亞																			
季																			
殿																			
R2									R3										
									R2										
R1						●		R1		●	●	●	●	○					

13　16　13　　　16　　　24　　　32

1930 1934 1938 1950 1954 1958 1962 1966 1970 1974 1978 1982 1986 1990 1994 1998 2002 2006 2010 2014

▶ 戰力數值 | Analyzing

盤帶　　　　　　　　　門將
傳球　　　　　　　　　解圍
跑位　　　　　　　　　攔截
射門　　　　　　　　　鏟球

▶ 先發陣容 | Starting XI

Ghoochannejhad

Dejagah　　Khalatbari　　Shojaei

★
Nekounam　　　　Teymourian

Hajsafi　Hosseini　Montazeri　Heydari

Davari

4-2-3-1

伊朗在會外賽的表現可謂倒吃甘蔗，曾遭遇三連敗，晉級前景渺茫。但他們卻在最後三場比賽達成奇蹟，以小組頭名的資格昂首踏進巴西的決戰之地。

前鋒 FW　　一枝獨秀的新救世主　　—— Forward

身為西亞傳統勁旅的伊朗，以往鋒線上出產過多位亞洲足球先生，包含曾效力過德甲霸主拜仁慕尼黑的 Ali Karimi、Ali Daei 兩位傳奇名將。但現今卻只剩下 Reza Ghoochannejhad 擔任鋒線上的支柱，在荷蘭長大的他也曾入選荷蘭 U19 國家隊，但擁有伊朗血統的 Ghoochannejhad 被總教練 Queiroz 的誠意打動，選擇自 2012 年起為伊朗效力，在 11 場出賽中攻進 9 球效率驚人，更在會外賽最後三連勝中立下汗馬功勞，成為新的「救世主」。

中場 MF　　不乏悍將與祕密武器　　—— Midfield

Queiroz 自 2012 年執起教鞭後積極尋找海外成長但擁有伊朗血統的球員加入國家隊。2008-2009 賽季為沃夫斯堡勇奪德甲冠軍貢獻良多的邊路利刃 Ashkan Dejagah 速度飛快、傳中準確，傷癒復出後他將成為伊朗在本屆世界盃會內賽的祕密武器。而隊長 Javad Nekounam 在 2006 年世界盃上驚艷世人後，登上西甲聯賽在奧薩蘇納活躍 6 個賽季，總是為前場輸送砲彈、組織進攻、指揮全場的 Nekounam 能否調整至最佳狀態，關係著伊朗能否首度晉級世界盃 16 強淘汰賽。

後衛 DF　　1：0 哲學的堅盾　　—— Defensive

後防絕對是波斯大軍最厲害的一環，雖然沒有旅歐強手助陣，但在世界盃 16 場會外賽上 10 度完封對手，也在隨後的亞洲盃會外賽上維持穩定的表現。他們憑靠堅強的意志，扎實的技巧，穩固力保不失，在僵持戰中取得平局或最後勝利，體現了 Queiroz 的「1：0」戰術哲學。後防線上的 Seyed Jalal Hosseini 與 Khosro Heydari 沙場經驗豐富，防守實力過人。不過伊朗後衛群並不擅進攻，非常可惜，畢竟若想靠自由球打破僵局，搶點意識好的後衛絕對非常需要。

門將 GK　　波斯國門之爭　　—— Goalkeeper

擁有波蘭血統的 Daniel Davari 則是現役唯一伊朗在德國聯賽效力的球員，發揮備受期待。Rahman Ahmadi 與 Alireza Haghighi 兩人實力也不差，將全力競爭守護波斯國門的機會。

花絮趣聞　　—— Tidbit

伊朗在 1935 年以前的國名叫做波斯，是歷史上第一個建立橫跨歐亞非三洲的大帝國。雖然伊朗早在 1920 年就成立足協，並成為西亞最早參加大型國際賽的國家，但卻因兩伊戰爭後政府下令禁止踢足球而陷入低谷。伊朗目前在世界盃會內賽的唯一勝場來自政治上的死敵：美國。美伊兩國多年來關係緊張，但 1998 年那場比賽開賽前，伊朗隊員主動向對手送上鮮花，雙方友好合影的畫面成為世界盃賽史的經典一幕。

 看板球星 | SUPER STAR

Javad Nekounam

科威特阿爾科威特
186cm / 78kg
1980.09.07 / 右 / 33歲

突破重圍的伊朗隊長

伊朗隊長 Javad Nekounam 在該隊隊史的出賽紀錄僅次於傳奇巨星 Ali Daei，而且未來非常有可能會超越前輩。本屆世界盃，Nekounam 仍舊要擔負起帶領伊朗突破重圍的重要角色。Nekounam 擁有豐厚的頂級聯賽踢球經驗，他曾長期效力於西甲奧薩蘇納，出賽超過 150 場。他的球風非常接近英格蘭中場 Frank Lampard，雖然是中場中路的防守球員，但 Nekounam 有一腳評價不錯的遠射進球能力，這也是伊朗隊相當仰賴的火力來源之一。

 **總教練 | Manager**

Carlos Queiroz

1953.03.01 / 61歲 / 葡萄牙

防反大帥

曾擔任西甲皇家馬德里、葡萄牙國家隊主帥與英超曼聯助教的 Queiroz 來頭不小，儘管成績並不亮眼，但他曾兩度帶領 U20 葡萄牙國家隊奪下世界冠軍，證明自己帶年輕球員是有一套的，主打「穩守反擊」的球風也很適合陣容大換血過的伊朗隊。

FW

R. Ghoochannejhad

英冠查爾頓競技
180cm / 81kg
1987.09.20
右 / 26歲

反應敏捷，速度也很犀利，可以在左路及禁區活動，在國家隊的進球數字及效率優秀，是伊朗隊攻城拔寨的致命武器。

FW

M. R. Khalatbari

伊朗聯波斯波利斯
169cm / 61kg
1983.09.14
雙 / 30歲

矮小但充滿速度與活力的選手，雖然年紀漸長，但是突破能力依舊不在話下，也能從兩個邊路移到中場來進攻。

FW

Sardar Azmoun

俄超喀山紅寶石
178cm / 72kg
1995.01.01
雙 / 19歲

非常年輕的小將，擅長反擊突破，至今還沒有機會在大比賽中表現。本屆巴西盛會，他會以吸收經驗為主要目標。

MF

Ashkan Dejagah

英超富勒姆
181cm / 74kg
1986.06.05
右 / 28歲

當今伊朗最有名氣的球員之一，在前場左中右區都可以製造威脅，進球率有一定的水準，而且總能在關鍵時刻發揮。

MF

Masoud Shojaei

西乙拉斯帕爾馬斯
184cm / 73kg
1984.06.09
右 / 30歲

身材高、控球能力不錯，可以踢中鋒也可以踢邊鋒，還能在中場組織攻勢，現階段是伊朗重要的進攻武器之一。

MF

Alireza Jahanbakhsh

荷甲 NEC 奈梅亨
180cm / 84kg
1993.10.08
右 / 20歲

在右邊路有極快的速度，而且擅於利用技巧來突破對手，也是陣容之中少數技術型的球員，將會是邊路的進攻主力。

MF

Ghasem Hadadifar

伊朗聯佐布阿漢
180cm / 66kg
1983.07.12
右 / 30歲

全面型的中場球員，攻守能力均衡，控球穩健，不管是進攻或是防守中場，他都可扮演重要的替換球員。

MF

Andranik Teymourian

伊朗聯德黑蘭獨立
180cm / 73kg
1983.03.06
右 / 31歲

擁有鋼鐵般的意志力，跟 Nekounam 組成最穩定的中場屏障，必要時可以自己帶球上前對敵方產生威脅、製造得分機會。

MF

Reza Haghighi

伊朗聯波斯波利斯
197cm / — kg
1989.02.01
— / 25歲

將近兩米的身高讓他在中場看起來就像一名巨人，而他的防守也確實讓人放心，身高優勢讓他就算退到中衛線也沒有問題。

MF

Bakhtiar Rahmani

伊朗聯胡齊斯坦鋼鐵
178cm / 84kg
1991.09.23
雙 / 22歲

這名年輕小將有不錯的腳法，能突破也能傳球，可踢中場的多個位置都很有威脅性，是靈活多變的創造型球員。

DF

Pejman Montazeri

卡達烏姆沙拉爾
186cm / 78kg
1983.09.06
右 / 30歲

防守穩健，喜歡在定位球時上前進攻，優異的頭球功夫讓他有不錯的進球數字，維持目前的水準，會是球隊倚重的選手。

DF

Hossein Mahini

伊朗聯波斯波利斯
170cm / 64kg
1986.09.16
右 / 27歲

伊朗國內聯賽中名氣甚佳的球員，憑著突出的防守能力逐漸受到教練團重用，具有挑戰主力右後衛的實力。

DF

Ehsan Hajsafi

伊朗聯塞帕漢
176cm / 74kg
1990.02.25
左 / 24歲

被選為伊朗最受注目的新星，也是亞洲進步最多的球員，他在左後衛位置進攻及防守都有一套，只要有機會可望迅速上位。

DF

Mehrdad Beitashour

美足聯溫哥華白浪
178cm / 74kg
1987.02.01
右 / 27歲

擁有飛快的速度及優秀助攻意識，在美國足球大聯盟效力多年，球隊需要加強進攻能力時，總是會想到他。

DF

Mehrdad Pooladi

伊朗聯波斯波利斯
181cm / 70kg
1987.02.26
右 / 27歲

左路的多功能防守球員，可以出任左後衛、中場，傳中球技術有一定的水準，是左路主要輪換的人選之一。

DF

Hashem Beikzadeh

伊朗聯黑蘭獨立
189cm / 80kg
1984.01.22
右 / 30歲

身體素質出色的左邊後衛，高大身材的優勢讓他也可以移師中路協防，不論是防守中場還是中後衛，都難不倒他。

DF

Seyed Jalal Hosseini

伊朗聯波斯波利斯
178cm / 84kg
1982.02.03
右 / 32歲

是後防線最資深的老將，領導整條後衛線，轉身靈活是他的特色，此外，關鍵時刻還能神來一筆為球隊進球立功。

DF

Khosro Heydari

伊朗聯德黑蘭獨立
174cm / 61kg
1983.09.14
右 / 26歲

具備進攻能力，速度在水準之上，能踢右中場，在防守時能維持一定對抗力，並不會居於下風，是一名身經百戰的球員。

DF

Amir Hossein Sadeghi

伊朗聯德黑蘭獨立
188cm / 83kg
1981.09.06
右 / 26歲

身材高大但強壯，腳法在水準之上，能掌控高空球的防守，在球隊面臨強大的對抗性時，他在場上可以發揮不錯的效果。

GK

Daniel Davari

德甲布朗斯威克
192cm / 85kg
1988.01.06
右 / 26歲

擁有高大的標準身材，也有寶貴的歐陸聯賽效力經驗，將把守波斯堅盾的最後防線，是伊朗備受期待的門將。

GK

Rahman Ahmadi

伊朗聯塞帕漢
184cm / 77kg
1980.07.30
雙 / 33歲

儘管年紀不小，但他迄今只有九場國際賽的出場經驗能否頂住大賽壓力讓人擔心。

Alireza Haghighi

葡甲科維拉
193cm / 85kg
1988.05.02
右 / 26歲

身高、體型都不差，自 U15 國家隊開始，各級青年軍資歷完整，有競爭上場機會的實力。

NIG6RIA

奈及利亞 | FIFA 世界排名：45

國土面積：92萬 平方公里
人口：1 億 7283萬人

▶ **歷屆世界盃戰績與本屆預測** | *History*

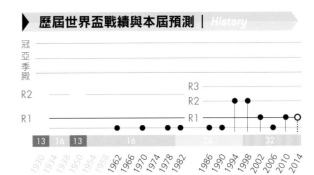

奈及利亞上屆世界盃小組墊底讓人失望，但在換帥後重奪睽違多年的非洲國家盃冠軍，更在今年會外賽中保持不敗戰績，氣勢如虹，本屆抱持進軍四強的決心。

▶ **戰力數值** | *Analyzing*

盤帶　傳球　跑位　射門 ┃ 門將　解圍　攔截　鏟球

▶ **先發陣容** | *Starting XI*

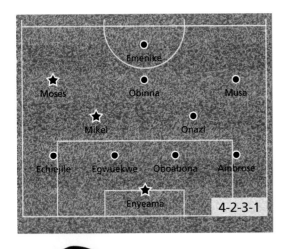

Emenike
Moses　Obinna　Musa
Mikel　Onazi
Echiejile　Egwuekwe　Oboabona　Ambrose
Enyeama
4-2-3-1

| 前鋒 FW | **衝擊力強卻不夠穩定** | —— *Forward* |

奈及利亞的前鋒在歐陸均有一定的知名度，衝擊力雖強，但門前把握機會的能力尚有不少進步空間，有時常流於前鋒與中場間各自單打獨鬥，組織性不強。在主打單箭頭的陣型中，效力於土超費內巴切的 Emmanuel Emenike 與義甲切沃的 Victor Nsofor Obinna 是隊伍主力，誰的狀態較好，誰來先發。來自英超紐卡索的老將 Shola Ameobi 則待命替補。前鋒能否把握機會多進幾球，關係著這頭非洲雄鷹能在本屆世界盃走多遠。

| 中場 MF | **稱霸非洲的中場火力** | —— *Midfield* |

奈及利亞多年來皆為缺乏中場指揮官所苦，直到 John Obi Mikel 出世。總教練 Stephen Keshi 將 Mikel 的位置安排更靠前，交付他掌握整支球隊攻守節奏的重任，並鼓勵他多參與進攻，並搭配其他幾名速度飛快、球感也好的球員，包括來自利物浦的 Victor Moses 與效力莫斯科中央陸軍的 Ahmed Musa 這一左一右兩把利刃。此外，板凳席中，還有實力不容小覷的 Sunday Mba，他可是 2013 年奈及利亞足球先生第三名。強大的中場火力，是奈及利亞橫行球場的最大優勢。

| 後衛 DF | **換血後的大考驗** | —— *Defensive* |

奈及利亞擁有穩健後防線的優良傳統，很少出現崩盤慘敗的現象。在 Keshi 主導進行大幅換血後，目前的主力後衛群平均年齡不到 25 歲，在預選賽裡，也繳出 8 場比賽僅失 4 球的好成績。但是年輕也代表著大賽經驗不足，為了克服這個隱患，Keshi 也在今年的友誼賽裡召回效力英超而名聲響亮的前隊長 Joseph Yobo 助陣，目前陣中代表國家隊出賽次數最多的 Yobo 勢必在精神層面能帶給後防小將們更多正面效應。

| 門將 GK | **令人安心的王牌門神** | —— *Goalkeeper* |

目前效力於法甲里爾隊的 Vincent Enyeama 在四年前南非世界盃上大放異彩，在小組賽中左撲右擋的神勇表現就連阿根廷王牌 Lionel Messi 都在賽後表示佩服。本屆賽會他仍舊會是隊上不動主力門將，也是後防線上最令球迷安心的一員。

▶ **花絮趣聞** | —— *Tidbit*

奈及利亞在 1994 年世界盃會內賽首度亮相就踢出隊史最佳成績（16 強），FIFA 世界排名也曾高居第五，但此後表現每下愈況。由於在 2010 年南非世界盃中表現不佳，一勝未得小組墊底出局，總統 Goodluck Jonathan 竟然下令國家隊「兩年內退出所有國際賽事，進行重整」。此一「自我禁賽」的政治干預也觸怒了 FIFA，以勒令將對奈國的男足、女足、青年隊全面禁賽的嚴厲方式，才讓這次荒謬的政策喊卡，但也因此造成奈國足協的人事大地震，主席與副主席雙雙下台以示負責。

Vincent Enyeama GK

以色列特拉維夫
189cm / 79kg
1982.08.29 / 右 / 31歲

後防線的定海神針

2010 年南非世界盃是 Vincent Enyeama 發光發熱的大舞台，他在奈及利亞球門之前高接低擋的出色表現，一舉打破了人們對於非洲球隊沒有出色門將的刻板印象。

應對高球是 Enyeama 的弱點，他也因此難以受到豪門球隊的青睞。不過 Enyeama 的身手十分敏捷，加上拼勁及天生反射能力，使他成為奈及利亞後防線的定海神針，在面對對手強大的進攻火力時，Enyeama 所鎮守的大門會是對方難以突破的一道堅實之牆。

總教練 | Manager

Stephen Keshi

1962.01.23 / 52歲 / 奈及利亞

重振雄鷹的前國家英雄

Keshi 球員時期曾率領奈及利亞於 1994 年世界盃打進 16 強，2011 年起接掌成績跌入谷底的國家隊兵符，將態度不佳的球員排除在外，以強調球員紀律、凝聚團結與拚戰意識的風格獲得子弟兵認同。在場上，他主打觀賞性十足的進攻足球。

FW

Peter Odemwingie

英超斯托克城
182cm / 75kg
1981.07.15
雙 / 32歲

經驗豐富的老將，可以擔任突前前鋒，也可以在右邊路活動，有不容忽視的強大射門力量，是進攻效率很高的射手。

FW

Victor Nsofor Obinna

義甲切沃
182cm / 80kg
1987.03.25
右 / 27歲

速度型前鋒，個子矮小但身體強壯且具有侵略性。可以擔綱邊鋒以及二前鋒，進球數量與效率都相當驚人。

FW

Shola Ameobi

英超紐卡索聯
188cm / 76kg
1981.10.12
雙 / 32歲

儘管身材高大，但其實擁有非常棒的控球、盤帶功夫。不過雖然他年紀不輕，可是國際大賽經驗很少，能否發揮實力令人質疑。

FW

Uche Nwofor

荷甲海倫芬
184cm / 78kg
1989.02.28
右 / 25歲

雖然射門技術一般，也沒有太好的傳球，不過擁有驚人彈性及頭球功夫，進攻非常積極，是喜歡埋伏在禁區伺機而動的前鋒。

FW

Emmanuel Emenike

土超費倫巴治
182cm / 75kg
1987.05.10
右 / 27歲

身體壯碩且爆發力十足，雖然在國家隊資歷不深，但是進球效率非常突出。本屆能否展現他的旺盛火力值得期待。

MF

Victor Moses

英超利物浦
177cm / 75kg
1990.12.12
雙 / 23歲

他是一位天賦極佳的邊路突破好手，能夠傳出致命的傳中球，也經常殺入禁區自己完成破門。此外他的遠射功力也不壞。

MF

John Obi Mikel

英超切爾西
186cm / 86kg
1987.04.22
雙 / 27歲

原本是一名攻守兼備的選手，後來被塑造成中場的防守型工兵，防守覆蓋範圍廣大，可以控制整個中場中路。

MF

Ogenyi Onazi

義甲拉齊歐
173cm / 73kg
1992.12.25
雙 / 21歲

充足的體能、不停歇的跑動是這名球員的特點，有遠射能力。他在防守端的貢獻相當大，必要時還可以客串右後衛。

MF

Joel Obi

義甲帕爾馬
177cm / 72kg
1991.05.22
左 / 22歲

擁有非常棒的速度，喜歡藉著高速跑動撕裂防線，並伺機傳球為隊友創造機會，不過自己的進球數並不多。除了體能和彈跳不錯之外，他的遠射功夫也非常優異。

MF

Nosa Igiebor

西甲皇家貝提斯
182cm / 79kg
1990.12.12
右 / 23歲

這名全面的中場球員在非洲國家盃表現出色，開始受到關注。除了體能和彈跳不錯之外，他的遠射功夫也非常優異。

MF

Ramon Azeez

西甲阿爾梅里亞
169cm / 67kg
1992.12.12
右 / 21歲

有漂亮腳下技術的中場球員，個子矮小但是防守兇悍，喜歡控球盤帶，也有充足的體能可以全場飛奔，但是進球能力有限。

MF

Ahmed Musa

俄超莫斯科中央陸軍
170cm / 62kg
1992.10.14
雙 / 21歲

進球能力相當不錯的左邊鋒，有出色的盤球能力，也可以稍微退到左中場組織進攻，在左邊路有多元進攻的能力。

MF

Sunday Mba

法乙 CA 巴斯蒂亞
181cm / 79kg
1988.11.28
右 / 25歲

「星期天先生」屬於組織型的進攻中場，處理球相當冷靜，能夠適時將球轉移，本身也有不錯的進攻能力。

MF

Nnamdi Oduamadi

義乙布雷西亞
175cm / 65kg
1990.10.17
右 / 23歲

有著讓後衛難以企及的可怕速度，能夠在邊路突破過人，甚至可直闖禁區進攻，這名年輕球員是奈及利亞的重點栽培人物。

DF

Joseph Yobo

英超諾里奇
188cm / 76kg
1980.09.06
右 / 33歲

經驗豐富的後防老大哥，雖然年紀漸長，但是體能維持很好，一點不輸年輕人，是相當可靠的替補戰力。

DF

Godfrey Oboabona

土超里澤斯堡
186cm / 82kg
1990.08.16
雙 / 23歲

年紀輕輕就已經累積超過 30 場的國家隊出賽經驗，是名能力深受倚重的球員。高大的身材讓他在防守高空球時輕而易舉。

DF

Kenneth Omeruo

英超米德斯堡
169cm / 67kg
1993.10.17
右 / 20歲

年紀輕輕就在非洲國家盃及聯合會盃挑起大樑，並且也有精彩演出，潛力很受看好。此外，他相當擅長擲邊線球。

DF

Elderson Uwa Echiejile

法甲摩納哥
184cm / 76kg
1988.01.20
右 / 26歲

喜歡上前助攻的一名邊後衛，身體強壯、體能充沛，總是孜孜不倦地滿場飛奔。是非洲雄鷹重要的左翼悍將。

DF

A. Egwuekwe

奈尼利亞瓦里狼
195cm / 89kg
1989.07.16
右 / 24歲

後防的高塔，儘管身高優勢明顯，防空能力佳，可是衝撞力與身體強度還要再多磨練，否則可能無法適應高強度的比賽。

DF

Efe Ambrose

蘇超塞爾提克
190cm / 70kg
1988.10.18
右 / 25歲

身體壯碩有力，防守能力突出，不懼怕激烈的身體對抗。無論中、右後衛及防守中場的任務都可以兼任。

GK

Chigozie Agbim

奈尼利亞貢貝聯
187cm / 83kg
1984.11.28
右 / 29歲

在這兩年才逐漸開始受到重用的守門員，不過目前的經驗及技術仍難以威脅一號門將。

Austin Ejide

以色列比爾舒華夏普爾
190cm / 88kg
1984.04.08
右 / 30歲

身材高大、反應也相當靈敏，但由於 Enyeama 的出色表現，讓他只能屈居替補。

CRISTIANO RONALDO

#7

" I AM LIVING A DREAM I NEVER WANT TO WAKE UP FROM."

我正活存在一個我不願醒來的夢裡。

BEING AND TIME

──── 時間，所不能侵奪 ────

他正活存在一個不願醒來的美夢裡，而他知道：
時間不能侵奪的，是他將要親身前赴的未來。

Writer / 童偉格

Cristiano Ronaldo很不喜歡輸的感覺，輸球令他心碎，時常就在場上痛哭了起來。這樣的他，將在兩次痛苦的挫敗後，第三度，挑戰世界盃。

他當然知道，運動員總在和自己競速，在一些短暫年頭裡，他們探究自己才具，並盡快學會更純熟地掌握、更有智慧地運用它。而後，在一般人指稱為「中年」的關卡前，他們必須接受體能下滑、再多技藝都無以使其復原、再多思索也無法再上巔峰的簡單事實，最後，親自宣告個人運動生涯的終結。

英雄的證成

這麼看來，運動對運動員的殘酷，在於它一方面鄙夷必然的衰老，一方面孜矻緊隨地，將運動員青春的成就，立即證成所有人共享的歷史實質。於是一部運動史愈古老而悠長，我們對青春現場的超載與超能，也就愈想望。就這點而言，相較於棒球或籃球，足球對球員的徵斂更劇烈：一般說來，30歲是運動生涯中技藝與體能正融洽無間的中點──然而明確地，它也同時是生涯下坡的起始。

我們就是這樣想望C. Ronaldo的：過往十年的殘酷歷史，將他證成了當今世上最優秀的足球員之一。它將C. Ronaldo

的超能超載，揚長收編並尋常指名。連續七年世界最佳11人、國際足總金球獎、英格蘭足球先生、世界足球先生、西甲最佳球員。凡此種種，年復一年，連串既定頭銜覆核他，使他的特出對我們而言，顯得相對已知與可考。

我們同時也見證了，處於歐洲足球列強板塊邊緣的葡萄牙，在像世界盃這樣一場定期歸返，一再總體動員國族情感認同的擬戰爭中，C. Ronaldo的國民們對他不變的殷殷期望：像寄望任何國族英雄，他們期盼他以一人卓絕，抬升國族集體到可比肩其他國族、甚至是超越的地位。他們熱望可能的奇蹟，於是無法將挫敗，平心看待成是更可能發生的合理結果。而即使挫敗，也永遠無法抑止相對不合理的熱望，只會更加重它。這大概是任何被指名為國族英雄的人，必須向指名他的國族，去學習的百折不撓。

C. Ronaldo當然是絕對百折不撓的，此所以他此番再次前來。就像許多國族英雄，他不必然理解他的國民，卻一定比他的國民，更不能忍受他們所難忍的、更熱望他們所熱望的。這就是肩扛葡萄牙國家隊長、今年「已經」29歲了的熟成「老將」Cristiano Ronaldo。

超載的年歲

故去的時間，會贈與一名「老將」什麼？可能僅是一點回顧的寬度，使他對這一定期歸返的戰爭，所一再席捲而來的年輕人，生出即時的相惜與互解。一如我們可能都記得的：在2006年世界盃準決賽，當葡萄牙敗給法國，C. Ronaldo哭慘了之時，正是彼時也「已經29歲了」的Thierry Henry，前來擁抱C. Ronaldo，溫暖地勸勉他。

時間不能侵奪一名「老將」什麼？也許，仍只是那不容冒犯的尊嚴。正如我們更可能會永誌不忘的：在那同一屆世界盃裡，當滿載「老將」的法國殺進冠軍賽，遭遇義大利時，一代大師Zinedine Zidane，已34歲了的Zidane，正在引退賽中奔馳的Zidane，對33歲的Marco Materazzi所施予的當胸頭錘。

這彷彿讓全世界的鐘錶碎裂了的一擊。Zidane就以這最後的絕技，被判獨自離開延長賽，提前走進歷史中。這場景震撼全球，所以除了英國人外，已少有人記得在此一週前，另一場戰事裡，21歲的C. Ronaldo，對同齡的曼聯隊友Wayne Rooney被判罰出場，所施予的小動作了。

年長者間的對戰，與年幼者間的對戰，在壁壘必爭的勝負面前，我們不能預期誰會表現得比誰更高明，或更成熟些。我們不能預期，在那邊幅遼遠的戰場上，時間將會如何再次相掩或互證。我們看到的，只是這些代替我們，去快轉年歲的征戰者，在場上來回追逐，一意逼迫自我，維持不懈的警覺，以極致動能，將自己催發如焚，變得輕捷又有力，直接且狡黠。我們看見十年後，C. Ronaldo如此生還出自我的時空維度：21歲時，他已經很世故了，臨場，學會戲劇化的扮演與爭論；然多年以後，他卻反而變醇粹了，知道如何不受噪音所擾，享受個人此刻所能，與因之而生的競賽歡樂。22歲即出版自傳的C. Ronaldo如今說：「我不知道，未來會如何。」

也許，這個自我維度，如今教會他這件事：時間不能侵奪的，只是他將親身前赴的未來。那就像是以如焚自我，作為無聲迢遙裡的唯一光照，一場又一場，當他再向未來前涉一點點，他所熱望的不可能，也才會變得可能一些些。

幸福的在場

也許這個維度，亦將使我們在殘酷的運動史中，學會珍重一切

寶貴的生還。我們看見C. Ronaldo，這位因身材過於高瘦，一度被認為並不適合足球運動的球員，在經年苦練後，將自己依眾人常識被定義成的缺陷，全面進化為個人獨具的優勢了：那無人能擋的腳程、壯健的軀體、媲美籃球員的彈跳力——當然，還有絕佳的視野與球感。所有一切，使他成為百呎絕殺的王者。

我們明白，一個人也是在和無盡過往競速。我們只是努力著，從常識與慣例中出逃，將自己鎔鑄成恆星，讓那些我們深願護擁的往日碎片，以一種相對溫暖的方式，重新護擁著我們。於是，我們終能明瞭，如此不喜歡輸的C. Ronaldo，仍銘記著2006年世界盃，因為那是他最後一次有機會，與偶像Luis Figo一同出賽了。某種意義上，作為來自葡萄牙離島，邊緣的邊緣的足球員，他只能一路跟隨Figo的步伐：必然的離鄉背井，投入歐洲其他更強的球會；青少年伊時，加入與Figo同一起點的里斯本競技俱樂部；甚至更遠溯，在他初識足球的兒時，在那飄著料理與花香的馬德拉島上，他就已一面看著電視上Figo的比賽，一面模擬他的身姿了。

一切均為成就一種遠颺：一切人為的，與自我鍛鍊成的技藝，也許總是如此，拖曳著環墟般的過往香息。也許因此，我們亦終於學會將一部徵斂劇烈的歷史，望得溫緩而悠長。像C. Ronaldo一樣，我們如今亦知道了，某種意義上，再一次，再親身站上過往未竟的戰區，才是賦我所深願護擁的以尊嚴的唯一方法。那就像是將歷史再次爆破，使其像新生星河那樣，能再由我近遠重新夢想起。

這就是我們所珍重的運動員，那代替我們啟動無盡過往，親身前向未來的唯一在場。面向這絕不可能的在場，一切可能的自然時限，與人造責難其實已都不重要了，C. Ronaldo說：「我正活存在一個我不願醒來的夢裡。」召喚起一切，奔馳中的C. Ronaldo就是這麼想望自己的。無論勝敗，他都將比我們更如實知曉：時間所能贈與的，終究只是時間所不能侵奪的罷了。

這就是將與我們重逢的C. Ronaldo。第三次前赴世界盃，一樣執著如斯，卻前所未見，空前幸福的C. Ronaldo。

G**E**RMANY

德國 | FIFA 世界排名：2

國土面積：35萬 平方公里
人口：8115萬人

冠亞季殿

R3
R2
R3
R2
R1
R1

13 16 13 16 24 32

1930 1934 1938 1950 1954 1958 1962 1966 1970 1974 1978 1982 1986 1990 1994 1998 2002 2006 2010 2014

▶ 戰力數值 | *Analyzing*

盤帶　　　　　　　　　門將
傳球　　　　　　　　　解圍
跑位　　　　　　　　　攔截
射門　　　　　　　　　鏟球

▶ 先發陣容 | *Starting XI*

Muller
Podolski　　Ozil　　Reus
Schweinsteiger　　Kroos
Schmelzer　Hummels　Mertesacker　Lahm
Neuer

4-2-3-1

德國是世界盃史上最成功的球隊之一，目前也連續三屆晉級四強。儘管小組賽處於「死亡之組」，但仍無礙他們今年的唯一目標──冠軍。

前鋒 FW　值得關注的應變策略 ── *Forward*

自從去年 9 月受傷之後，效力義甲佛倫提那的前鋒 Mario Gomez 一直沒能調整到最佳狀態，因此被主帥 Joachim Low 捨棄。本屆的前鋒線，要依靠國際賽表現出色的 Lukas Podolski 與「頭槌老王子」Miroslav Klose 支撐。不過英超切爾西的 Andre Schurrle 以及德甲拜仁慕尼黑的 Mario Gotze 和 Thomas Muller 都曾在聯賽中以前鋒身分出賽，同時德國的中場也處於人才爆炸的景況，因此 Low 是否會參考、並作為前鋒的應變選項，非常值得關注。

中場 MF　群雄並起，人才爆炸 ── *Midfield*

德國隊的中場大概是主帥 Low 最甜蜜的煩惱，德國 4-2-3-1 的陣型中，三個進攻型中場名額由一票大名鼎鼎的球星爭搶── Mesut Ozil、Mario Gotze、Toni Kroos、Marco Reus、Lukas Podolski、Andre Schurrle 和 Thomas Muller，他們全都擁有先發的實力與條件。至於防守中場部分，Bastian Schweinsteiger 和 Sami Khedira 是原本的主力，但後者傷後復出的狀態難以預料，因此把 Kroos 拉去打後腰也是一個選擇。

後衛 DF　德製鐵衛依舊可靠 ── *Defensive*

德國的後衛群競爭也不遑多讓：Per Mertesacker 狀況正值巔峰，Mats Hummels 和他類型十分相合，而拜仁慕尼黑的 Jerome Boateng 及沙爾克 04 的 Benedikt Howedes 也都是一時之選。右邊後衛隊長 Philipp Lahm 是不動先發，左後衛可能交給近年在多特蒙德表現穩定的 Marcel Schmelzer，而位置多元的 Kevin Grosskreutz 是非常理想的替補人選。在 10 場會外賽裡，德國隊除了兩場對瑞典的比賽後防大爆炸（共失 7 球）外，其他 8 場僅失 3 球，防守鐵壁非常可靠。

門將 GK　優良傳統之後的隱憂 ── *Goalkeeper*

德國隊歷史上從來不缺好門將，上一屆的主戰門將 Manuel Neuer 仍將守護本屆德國國門，這四年來他也成長了許多。不過 Neuer 今年在職業隊的狀態並不十分理想，一向為人稱道的出擊時機拿捏也不若以往，這或許會是德國的隱憂。

花絮趣聞 ── *Tidbit*

雖然德國的三屆世界盃冠軍還比巴西（五屆）及義大利（四屆）遜色，但德國可是世界足球賽史上表現最穩定的球隊── 17 度晉級會內賽僅次於巴西；12 次打進四強則是史上最多。此外，德國隊史已於世界盃征戰 99 場比賽，本屆小組賽首戰葡萄牙的賽事，將邁向百場出賽標竿，這也比任何一個國家都多。21 世紀的三屆世界盃裡，德國拿下一亞二季的好成績──不過現在，他們一心只想舉起那座夢想金盃。

Philipp Lahm DF

德甲拜仁慕尼黑
170cm / 66kg
1983.11.11 / 右 / 30歲

青年領袖

在 2010 年之後，暫代隊長的 Philipp Lahm 如今已正式坐上隊長神標。他的個性沉穩，又能適時的激勵士氣，這名攻守穩健的雙能衛，將會是德國青年軍最好的領袖。

儘管身高劣勢明顯，但 Lahm 擁有充沛體能，是一名助攻能力很強的左邊後衛。他常於左路突擊後創造攻擊機會，而傳球功夫也著實了得。此外，他的盤帶技術高超，靈巧而且具速度。防守端上。他能憑速度與對方前鋒周旋、對抗，並有評價非常棒的滑鏟。

Joachim Low

1960.02.03 / 54歲 / 德國

青出於藍而勝於藍

「型男教練」Low 從前任教頭 Klinsmann 手中接下兵符時，正逢德國新秀並起的時代，他也「青出於藍而勝於藍」，成功帶隊度過青黃不接的時期，並讓這支年輕的球隊擦出耀眼的火花。當前德國隊好手如雲，如何取捨，將是 Low 的甜蜜負擔。

FW **Miroslav Klose**

義甲拉齊歐
184cm / 84kg
1978.06.09
右 / 36歲

以出色的頭球功力成名，在邊路也有一定的傳球功力。大賽經驗豐富，是一名擅於在關鍵時刻建功的老球員。

FW **Lukas Podolski**

英超兵工廠
182cm / 83kg
1985.06.04
左 / 29歲

在左路非常活躍的前鋒，也可視情況移往中鋒位置。跑位靈活、進球效率佳，而且在國際賽場的表現相當出色。

MF **B. Schweinsteiger**

德甲拜仁慕尼黑
183cm / 79kg
1989.08.01
右 / 29歲

擔負中場的主要核心，全攻全守，還能勝任兩個邊路中場，傳球精準有大局觀，防守兇悍，是球隊的靈魂人物。

MF **Mesut Ozil**

英超兵工廠
180cm / 70kg
1988.10.15
左 / 25歲

創造型的中前場組織者，可以在兩個邊路活動，不過最佳位置是進攻型中場，傳球極具穿透力，可以為隊友穿針引線。

MF **Toni Kroos**

德甲拜仁慕尼黑
182cm / 78kg
1990.01.04
右 / 24歲

天才型的全能中場，有一定的防守能力，組織進攻跟長傳調度是他的拿手好戲，有他在場時，總能輕易控制比賽節奏。

MF **Thomas Muller**

德甲拜仁慕尼黑
186cm / 75kg
1989.09.13
右 / 24歲

全方位的攻擊手，可以擔任中鋒或者是進攻型的中場，經常視狀況變換自己的位置，在右邊路的傳中球也頗有威脅。

MF **Sami Khedira**

西甲皇家馬德里
189cm / 83kg
1987.04.04
右 / 27歲

擅於防守的中場球員，選位出色而且備預知危機。不能輕忽的是，他偶爾上前參與進攻時，也常給對手帶來麻煩。

MF **Marco Reus**

德甲多特蒙德
182cm / 74kg
1989.05.31
右 / 25歲

在進攻端非常活躍的球員，跑動能力強，可以遠射也能鈎傳球，攻擊的威脅範圍廣，總讓對手防不勝防。

MF **Andre Schurrle**

英超切爾西
183cm / 74kg
1990.11.06
雙 / 23歲

高效型的邊鋒，穿上國家隊球衣時的進球效率特別不錯。在左右兩個邊路都有很棒的進中能力，另外還有一腳遠射功夫。

MF **Mario Gotze**

德甲拜仁慕尼黑
176cm / 64kg
1992.06.03
右 / 22歲

才華洋溢的攻擊手，身材矮小但平衡佳，盤球技巧出色，突破過人後的傳球也非常到位，也喜歡插上到禁區給對手致命一擊。

MF **Julian Draxler**

德甲沙爾克 04
187cm / 78kg
1993.09.20
雙 / 20歲

德國近年不停湧現年輕中場進攻天才，他便是其中佼佼者。腳法細膩並富有創造力，而且也可以勝任第二前鋒。

MF **Lars Bender**

德甲勒沃庫森
184cm / 77kg
1989.04.27
右 / 25歲

攻守能力相當均衡的選手，在比賽中總是戰戰兢兢、全力以赴。各方面能力都沒有太大缺點，是很不錯的替補人選。

DF **Per Mertesacker**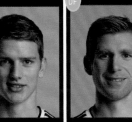

英超兵工廠
196cm / 85kg
1984.09.29
右 / 29歲

頭球功力了得，是標準的「禁區巨人」。身體對抗能力常佔上風，但是轉身追防較慢，面對防守反擊型前鋒較為吃力。

DF **Jerome Boateng**

德甲拜仁慕尼黑
192cm / 90kg
1988.09.03
右 / 25歲

身材高大但移位迅速的中後衛，可是對高空球的判斷有時會失準。此外，他也能兼任邊後衛，而且效果還不差。

DF **Mats Hummels**

德甲多特蒙德
192cm / 92kg
1988.11.16
右 / 25歲

天才型的中後衛，腳下盤帶功夫佳，喜歡上前助攻，擅於大範圍的防守，而且在斷球後可以迅速用精準的傳球發動反擊。

DF **Marcel Schmelzer**

德甲多特蒙德
181cm / 74kg
1988.01.22
右 / 26歲

在職業隊是相當被倚重的左後衛，速度快而且活動力強，從左路上前助攻能力出色，防守時也能達成交付的任務。

DF **Benedikt Howedes**

德甲沙爾克 04
187cm / 80kg
1988.02.29
右 / 21歲

靈活型的後衛球員，可以踢中、右後衛。此外，他的攻擊能力不差，後插上或是自由球戰術時，時常有進球表現。

DF **Erik Durm**

德甲多特蒙德
180cm / 73kg
1992.05.12
右 / 25歲

速度快，勇於上前圍追對手，在左路常有精彩的演出。儘管非常年輕，但絕對值得委以重任、臨危受命。

DF **Kevin Grosskreutz**

德甲多特蒙德
186cm / 77kg
1988.07.19
右 / 25歲

拚命三郎型球員，是中後場的工具人，可以踢左右邊衛、中場。此外，他的進攻素質也不差，偶爾能貢獻進球。

GK **Manuel Neuer**

德甲拜仁慕尼黑
193cm / 92kg
1986.03.27
右 / 28歲

德國頭號門將，門前反應迅速，撲救能力強，腳下功夫也不錯，大賽表現出色。缺點是偶爾會有出擊的失誤。

GK **Roman Weidenfeller**

德甲多特蒙德
190cm / 90kg
1980.08.06
左 / 33歲

近年來在職業隊踢出身價，終於老來俏入選國家隊。表現穩定，沒有大缺點，是合格的替補人選。

Ron-Robert Zieler

德甲漢諾威 96
188cm / 83kg
1989.02.12
右 / 25歲

身手靈活，而且具備水準之上的門前技術，是德國重點培訓的未來國門。本屆以吸收大賽經驗為主。

PORTUGAL

葡萄牙 | FIFA 世界排名：3

國土面積：9萬 平方公里
人口：1080萬人

▶ 戰力數值 | *Analyzing*

盤帶　　　　　　　門將
傳球　　　　　　　解圍
跑位　　　　　　　攔截
射門　　　　　　　鏟球

▶ 先發陣容 | *Starting XI*

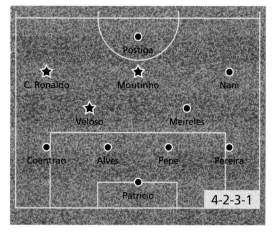

Postiga
C. Ronaldo　Moutinho　Nani
Veloso　Meireles
Coentrao　Alves　Pepe　Pereira
Patricio

4-2-3-1

▶ 歷屆世界盃戰績與本屆預測 | *History*

葡萄牙雖然有「天下第二人」Cristiano Ronaldo 在陣，但其他隊友的實力跟他並不在同一等級，身在死亡之組的他們能走多遠，令人質疑。

前鋒 FW　歲月的考驗　——— *Forward*

在總教練 Paulo Bento 的戰術體系之下，葡萄牙的單箭頭人選會是 Helder Postiga，他在會外賽只缺陣兩場，也攻進全隊第二多的 6 個進球。替補人選則將由 Hugo Almeida 出任。不過兩人年齡都已經超過 30 歲，在高張力的世界盃賽事中，體力能否負荷、會不會影響進球效率，都是葡萄牙前鋒線上的隱憂，而且 Postiga 冬季轉會到義甲拉齊歐之後，上場機會大幅下降，如何維持進球感覺，也頗令人質疑。

中場 MF　C 羅一支獨秀　——— *Midfield*

只要有 C. Ronaldo 在的球隊，都令人充滿期待。這位史上轉會費最高的超級球星，體態保養非常驚人，29 歲仍然速度一流，在場上任何位置都可看到他飛竄的身影，是完全不受陣型限制的自由人。C. Ronaldo 會外賽獨進 8 球高居全隊第一。但令人擔憂的是，除了他之外，其他的中場隊友在會外賽合計只進 1 球。Joao Moutinho 堪可勝任中場發電機，而 Nani 狀態下滑非常多，對球隊的貢獻有限。至於防守中場仍然仰賴經驗豐富的 Miguel Veloso 和 Raul Meireles。

後衛 DF　不穩定因子眾多　——— *Defensive*

葡萄牙的後防著實令人擔心，會外賽 12 場總共竟失掉 11 球——他們的對手，除了俄羅斯之外，其他都只是二、三流球隊，這張防守成績單實在不及格。Bruno Alves 雖然已經 32 歲，但他和 Pepe 的中後衛地位仍然難以撼動，左後衛是上一屆南非世足賽後廣受看好的 Fabio Coentrao，但 Coentrao 自從加盟西甲皇家馬德里之後，上場頻率並不穩定，狀態不若以往。右後衛則是第一次參加世界盃的 Joao Pereira，經驗會是他最大的敵人。

門將 GK　孤臣無力　——— *Goalkeeper*

Rui Patricio 效力於里斯本競技，帶領球隊在今年又重新回到葡萄牙超級聯賽前段班，實力可見一斑。但好門將也得有好後衛相輔相成才行，Patricio 坐鎮的球門之前，最頭痛的問題恐怕是與後防隊友們的配合。

花絮趣聞　——— *Tidbit*

葡萄牙的國名源自拉丁語的 Portus Cale，字面意義為「溫暖的港口」。國土西部和南部瀕臨大西洋，各式海產鮮美十足。葡萄牙人因鍾情鱈魚而聞名，據說，他們有 365 種烹飪鱈魚的方法，一年中每天都可以換一種口味。大西洋對於葡萄牙人而言，出產兩項珍貴寶藏，一個當然是大西洋的鱈魚，而另一個，則是出身大西洋馬德拉群島的 Cristiano Ronaldo。

看板球星 | SUPER STAR

Cristiano Ronaldo
FW

西甲皇家馬德里

184cm / 86kg
1985.02.05 / 右 / 29歲

當代最強進球機器

Cristiano Ronaldo 個人成就無數，在職業隊的表現也非常耀眼，可是於國際賽場上，他還缺乏一座令人信服的獎盃。

這名少年時喜歡展現華而不實花俏動作的邊鋒，如今已經蛻變成可怕的進球機器，他的爆發力強、速度飛快、盤帶成熟，此外，還有很不錯的跑位觀念，在無帶球狀態下都可以展現破壞力。C. Ronaldo 的射門技巧高超，在門前要看見他「放槍」非常不容易。他若能保持巔峰狀態，葡萄牙踢出好成績是可以期待的。

總教練 | Manager

Paulo Bento

1969.06.20 / 44歲 / 葡萄牙

古板少帥

執教經驗並不豐富，僅僅五年執教葡超里斯本競技經歷（含一年青年隊）的他，在2010年9月接下國家隊兵符。一般對他的評價是「較為古板、不喜歡臨時變陣」，而這樣的 Bento 帶領近況並不十分理想的葡萄牙球員們，恐怕還得多多琢磨。

Helder Postiga
FW

義甲拉齊歐

182cm / 79kg
1982.08.02
右 / 31歲

儘管臨門一腳的處理瑕疵已經多年，除此這名老將也有不錯頭球能力的老將，依然是葡萄牙鋒線上不得不的選擇。

Hugo Almeida
FW

土超貝西克塔斯

191cm / 79kg
1984.05.23
左 / 30歲

葡萄牙難得一見的高大型中鋒球員，在禁區內有一定的破壞力，背對球門持球能力不差，關鍵時刻有機會發揮作用。

Eder
FW

葡超布拉加

188cm / 81kg
1987.12.22
右 / 26歲

來自幾內亞內索的歸化球員，有葡萄牙前鋒少有的極大的身高及爆發力，在鋒線缺人的葡萄牙，他的存在可以帶來一些戰術變化。

Silvestre Varela
FW

葡超波圖

180cm / 76kg
1985.02.02
右 / 29歲

因為驚人的帶球速度而受到矚目，在兩個邊路都有極大的破壞力，但是在最後一傳的處理上不盡理想，讓他沒辦法站穩主力。

Nani
MF

英超曼聯

176cm / 76kg
1986.11.17
雙 / 27歲

以各種花俏盤帶技術聞名的邊路好手，有很好的速度及爆發力，擅於突破對手的一對一防守，但缺點是射門把握能力不佳。

Joao Moutinho
MF

法甲摩納哥

170cm / 61kg
1986.09.08
右 / 27歲

近年來葡萄牙主要的組織核心，視野遼闊而且傳球能力出色，極具創造力，擅於控球並掌握比賽節奏，是場上的進攻發起者。

Raul Meireles
MF

土超費倫巴治

179cm / 70kg
1983.03.17
左 / 31歲

攻守全面而且能夠大範圍的跑動，隨時支援中場的任何位置，也能與隊友進行長短傳的配合，是非常好用的中場球員。

Miguel Veloso
MF

烏超基輔發電機

180cm / 79kg
1986.05.11
左 / 28歲

主力防守悍將，除此之外他的長傳球也非常精準，在攻守兩端都能起到極大作用，偶爾神來一筆的一腳遠射也很有魄力。

William Carvalho
MF

葡超里斯本競技

187cm / 87kg
1992.04.07
右 / 22歲

這兩名強勢崛起的中場防守新秀，防守範圍大，選位能力強，就算沒能站上主力，也絕對是需要加強防守時的第一選擇。

Vieirinha
MF

德甲沃夫斯堡

173cm / 70kg
1986.01.24
雙 / 28歲

邊路盤帶跟速度都非常可怕，出色的腳法讓他可以輕易突破對手，唯一缺點是傳中能力還要加強，如此才有可能站穩先發。

Rafa Silva
MF

葡超布拉加

170cm / 66kg
1993.05.17
右 / 21歲

在葡萄牙各級青年隊展現過人的進攻才華，能從不同位置製造威脅，備受期許。但他的大賽經驗稚嫩，尚待磨練。

Ruben Amorim
MF

葡超本菲卡

180cm / 78kg
1985.01.27
右 / 29歲

全能型的中場球員，技術全面，可以擔任防守中場，需要進攻時也能展現頗高效率，被喻為「Tiago 接班人」。

Pepe
DF

西甲皇家馬德里

187cm / 81kg
1983.02.26
右 / 31歲

風格非常剽悍的一名中後衛，以防守兇狠著稱，有許多歐洲大賽經驗，近年來表現也非常穩定，是絕對的主力人選。

Bruno Alves
DF

土超費倫巴治

189cm / 83kg
1981.11.27
右 / 32歲

身材高大但其實更喜歡展現腳下功夫的球員，以往一直是中後衛的主力中衛，比賽經驗老到，而且還有自由球的破門能力。

Fabio Coentrao
DF

西甲皇家馬德里

178cm / 66kg
1988.03.11
左 / 26歲

具有速度及突破能力的後防球員，上屆世界盃表現出色，是左後衛的主力先發，能在左路下底傳中製造殺機。

Joao Pereira
DF

西甲瓦倫西亞

172cm / 64kg
1984.02.25
右 / 30歲

在右路防守穩健的老將，參與進攻的能力不高，但是站位出色且兢兢業業，速度優秀，右後衛的穩定先發。

Luis Neto
DF

俄超澤尼特

187cm / 71kg
1988.05.26
右 / 26歲

最近才入選國家隊，在頭球造詣極高，能夠及時化解對方的傳中球威脅。防守中規中矩，是中後衛的備位人選。

Andre Almeida
DF

葡超本菲卡

186cm / 85kg
1990.09.10
右 / 23歲

左右腳都非常均衡，身材不錯，而且防守能力出色的小將，也能夠推上中場幫忙加強防守，是後防線上多功能的選手。

Ricardo Costa
DF

葡超本菲卡

183cm / 80kg
1981.05.16
右 / 33歲

身高不高但彈跳驚人，因此頭球不是問題，防守很有侵略性，必要的時候也能兼任右後衛，是防線上很好的調度選擇。

Rui Patricio
GK

葡超里斯本競技

190cm / 85kg
1988.02.15
左 / 26歲

在世界盃資格賽中取得多名經驗豐富的老將，成為主力先發的選手，年輕而且門前反應迅速，是未來重點培養的門神。

Eduardo
GK

葡超布拉加

187cm / 84kg
1982.09.19
右 / 31歲

雖然失去了一號國門的地位，但憑著豐富的比賽經驗，仍足以扮演稱職的替補球員。

Beto

西甲塞維亞

180cm / 80kg
1982.05.01
右 / 32歲

在西甲賽場表現出色，助隊贏得歐霸冠軍，經驗豐富、身手靈活，仍是一號國門的候選人。

GHANA

迦納 | FIFA 世界排名：38

國土面積：23 萬 平方公里
人口：2520 萬人

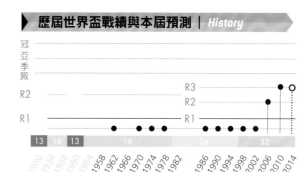

冠	
亞	
季	
殿	
R2	R3
	R2
R1	R1

13　16　13　　16　　24　　32

1930 1934 1938 1950 1954 1958 1962 1966 1970 1974 1978 1982 1986 1990 1994 1998 2002 2006 2010 2014

▶ **戰力數值** | *Analyzing*

盤帶　　　　　　　　　門將
傳球　　　　　　　　　解圍
跑位　　　　　　　　　攔截
射門　　　　　　　　　鏟球

▶ **先發陣容** | *Starting XI*

A. Ayew　　　Gyan

Muntari　K. Boateng　Badu　Asamoah

Afful　Akaminko　Boye　Inkoom

Kwarasey

4-4-2

四年前迦納幾乎開展非洲球隊新頁地闖進四強，現在他們更加強大了，不過身在死亡之組，晉級之路艱辛萬分，若能通過小組賽考驗的話，前景大為看好。

前鋒 FW　　**可怕的火網**　　　　　　　　　　　—— *Forward*

四年前世界盃八強戰對上烏拉圭，在延長賽最後一分鐘罰丟 12 碼點球的 Asamoah Gyan 今年磨刀霍霍、捲土重來。Gyan 在 6 場會外賽猛灌 6 球，這齣驚人火力展示似乎在證明他的決心。若再搭配上 Andre Ayew 與 Jordan Ayew 這對兄弟檔，以及近況不差的法甲瓦朗西納 Majeed Waris，迦納前場將形成非常可怕的火網。只要諸將都能保持健康出賽，「黑色之星」火力四射的比賽會非常具可看性。

中場 MF　　**關鍵人物狀態成疑**　　　　　　　　—— *Midfield*

Kevin-Prince Boateng 離開了國家隊一段時間後，近期他終於再度回歸。這位上屆世界盃迦納的關鍵人物，今年在德甲沙爾克 04 的表現似乎沒有完全進入狀況，令人擔憂。義甲 AC 米蘭的 Sulley Muntari 仍然會是隊上得分主力之一，會外賽他出賽 7 場，有 3 球進帳。至於防守中場的部分，上一屆賽前因傷退賽的 Michael Essien，這一屆絕不容許再錯過，只可惜他的狀態已經不在巔峰，因此 Emmanuel Agyemang-Badu 和 Kwadwo Asamoah 排序都有可能超越這位老將。

後衛 DF　　**強悍後防的傳統**　　　　　　　　　—— *Defensive*

上一屆南非世足賽，迦納比賽每場最多只失 1 球，後衛的強悍表現一直是他們的傳統。目前效力希超普拉坦亞斯的右後衛 Samuel Inkoom 越來越成熟，而在突尼西亞踢球的 Harrison Afful 仍然會是左邊路的最佳答案。Jerry Akaminko 和 John Boye 雖然不在歐洲一級球隊踢球，但仍然是可靠的中後衛屏障。再加上 23 歲的未來之星 Jonathan Mensah 隨時待命，對手想輕易攻破迦納的大門並不是件容易的事。

門將 GK　　**競爭頭號位置**　　　　　　　　　　—— *Goalkeeper*

頭號門將位置將由在挪威聯賽踢球的 Adam Kwarasey 與近年常擔任一號國門的 Fatau Dauda 角逐，前者天份較好，後者則勝在經驗，不過兩位都不算是頂級水準的門將。

▶ **花絮趣聞**　　　　　　　　　　　　　　　　—— *Tidbit*

「迦納」是西元 750 年至 1068 年盤踞西非的「迦納帝國」統治者的稱號，其原意為「勇士之王」。15 世紀葡萄牙人入侵殖民此地，由於沿岸富產黃金，因此被稱為「黃金海岸」。直至今日，迦納仍然是世界主要產金國之一。其實，他們在上一屆世界盃離金盃也不算太遠——若不是四強戰時烏拉圭前鋒 Luis Suarez 的蓄意手球，以及其後 Asamoah Gyan 的點球失手，他們早已衝擊四強，之後的發展更是難以預測了。

Andre Ayew  FW

法甲馬賽

176cm / 72kg
1989.12.17 / 左 / 24歲

新世代攻擊發起線

迦納在「非洲水牛」Michael Essien 受傷退化的情況下，急需新的領袖人物。而 Andre Ayew 近年不論在歐洲賽場或是國家隊的經驗都已相當足夠，表現也十分優秀。他可以擔任中場，也可以扮演突前前鋒，有望成為本屆賽會迦納的主要攻擊發起點。

Ayew 的控球技術純熟，傳球（尤其是長傳）能力也很優異，無論內切突破、邊線傳中都有不錯的評價。此外，他的頭球功夫了得，是各隊必須小心看防的危險人物。

✕▲■ 總教練 | Manager

James Kwesi Appiah

1960.06.30 / 53歲 / 迦納

戰功彪炳的前代巨星

前一代的迦納足球巨星。褪下戰袍後，他曾領軍迦納 U23 青年隊拿下非洲冠軍，並於 2012 年正式接任成人國家隊兵符。儘管去年非洲國家盃令人失望地止步四強，不過憑著過去的戰功和聲譽，他是整合這支「非洲之星」的最佳人選。

FW

Asamoah Gyan

阿聯職足艾din

186cm / 80kg
1985.11.22
右 / 28歲

儘管近年曾一度找不到狀態，好在離開頂級聯賽後，又能即時恢復身手。無論進球效率或策應能力，都屬迦納鋒線的佼佼者。

FW

Jordan Ayew

法甲索察

182cm / 80kg
1991.09.11
右 / 22歲

除了擔任中鋒外，也能夠在兩個邊路活動。他的天份極佳，也擅長盤帶，不過攻擊時機的拿捏還不夠成熟。

FW

Majeed Waris

法甲瓦朗西納

172cm / 71kg
1991.09.19
右 / 22歲

年紀輕輕，但近年把握住不算太多的露面機會，在國家隊攻進了一些令人印象深刻的關鍵入球，逐漸獲得教練信任。

MF

Kevin-Prince Boateng

德甲沙爾克 04

185cm / 86kg
1987.03.06
雙 / 27歲

迦納前場主要的攻擊手，既可以擔任進攻型中場協助策應，也能夠自己殺到禁區擔綱中鋒，是黑色之星的絕對核心球員。

MF

Michael Essien

義甲 AC 米蘭

177cm / 85kg
1982.12.03
右 / 31歲

綽號「非洲水牛」，人如其名，以全場孜孜不倦的跑動與防守聞名，這幾年狀態下滑，但可以踢多個位置的他仍是領袖人物。

MF

E. Agyemang-Badu

義甲烏迪內斯

182cm / 77kg
1990.12.02
右 / 23歲

目前迦納的主力防守型中場球員，在國家隊的表現不錯，逐漸扛起重任，而且在國際賽場上的進球效率比在職業隊效力時更好。

MF

Kwadwo Asamoah

義甲尤文圖斯

178cm / 78kg
1988.12.09
左 / 25歲

攻守兼備的邊路好手，有速度而且身體強壯，可以擔任左路中場或左後衛，甚至可以移動到中路來協防，出色的全能球員。

MF

Sulley Muntari

義甲 AC 米蘭

179cm / 76kg
1984.08.27
左 / 29歲

在歐洲效力的非洲球員中，他是最有組織天份的中場球員，進攻威脅性強，防守能力也很傑出，是迦納進攻的主要發起者。

MF

Albert Adomah

英冠米德斯堡

185cm / 73kg
1987.12.13
右 / 26歲

擅長在右路活動的球員，進攻能力頗佳，有爆發力而且體能勁爆，在迦納的眾多強力中場裡，是非常獨特的類型，可以為球隊帶來活力。

MF

Christian Atsu

荷甲維迪斯

172cm / 68kg
1992.01.10
左 / 22歲

具有飛快突破速度的小個子球員，能夠勝任兩個邊路，在迦納的左右兩路都非常積極，是相當值得信賴的一名球員。

MF

Mohammed Rabiu

俄甲克拉斯諾達爾

187cm / 70kg
1989.12.31
右 / 24歲

出色的防守中場，身材高大壯碩是他最大的優勢，在中場之上的眾多強力中場的掃蕩能力，水準之上的頭球工夫也足以跟歐洲豪強對抗。

MF

Afriyie Acquah

義甲帕爾馬

179cm / 70kg
1992.01.05
右 / 22歲

體能優異，雖然傳球、進攻的能力較為欠缺，但卻是一位攔截卡位意識突出的小將，防守時可以發揮不小作用。

MF

Mubarak Wakaso

俄超喀山紅寶石

171cm / 69kg
1990.07.25
左 / 23歲

速度、爆發力、彈跳力都非常優異的一名球員，踢球頗具侵略性，而且可左可右，進球效率也相當驚人。

DF

Jerry Akaminko

土超艾斯基沙希

183cm / 75kg
1988.05.02
右 / 26歲

具有速度與靈活度的中後衛，身材不算高大，但擅於盯人、活動範圍廣，在迦納陣容中是個不錯的中後衛人選。

DF

Samuel Inkoom

希超普拉坦亞斯

179cm / 75kg
1989.06.01
右 / 25歲

年少成名、經驗豐富的邊後衛。不過這幾年的狀態下滑，陸續被租借到不同球隊。不過在右後衛位置上，依然是不錯的選擇。

DF

Daniel Opare

比甲標準列日

173cm / 70kg
1990.10.18
右 / 23歲

身手相當敏捷，年紀雖輕但是防守功夫穩健。兩腳技術均衡，可以利用迅速的跑位及反應阻截對手的傳接球。

DF

John Boye

法甲雷恩

185cm / 72kg
1987.04.23
右 / 27歲

彈跳能力驚人，而且有著不錯的身體協調性，在中路的防守相當迅速靈活，頭球解圍功夫也有水準，偶爾可以移到右路協防。

DF

Jonathan Mensah

法甲伊維恩

188cm / 83kg
1990.07.13
右 / 23歲

身體高大壯實，在中路有如一堵巍峨高牆。他可以踢中後衛，也可以拉到右路，是一名值得期待的年輕球員。

DF

Harrison Afful

突尼西亞艾斯柏蘭斯

168cm / 58kg
1986.06.24
右 / 27歲

速度不錯的雙邊衛，可以同時兼任兩個邊路的防守，左右腳均衡而且防守意識佳，是非常值得倚仗的先發大將。

GK

Adam Kwarasey

挪超史卓加斯

188cm / 85kg
1987.12.12
右 / 26歲

身高頗具優勢，是天生的門將材料，不過表現不甚穩定，這兩年都在替補陣上度過，還需要更多琢磨方能成為大器。

GK

Fatau Dauda

南非奧蘭多海盜

180cm / 77kg
1985.04.06
右 / 29歲

去年的非洲國家盃表現出色。儘管身高不高，但是不錯的敏捷度和出擊意識足夠彌補。

Stephen Adams

迦納阿杜納星

186cm / 81kg
1989.09.28
右 / 24歲

年紀雖輕但已有挑戰先發的實力，在迦納守門員選擇並不固定的情況下，有機會竄出。

GROUP G

USA

美國 | FIFA 世界排名：13

國土面積：983萬 平方公里
人口：3億 1644萬人

戰力數值 | *Analyzing*

盤帶		門將
傳球		解圍
跑位		攔截
射門		鏟球

先發陣容 | *Starting XI*

Altidore

Donovan ★　　Dempsey ★　　Zusi

Edu　　Bradley

F. Johnson　Goodson　Cameron　Parkhurst

★ Howard

4-2-3-1

歷屆世界盃戰績與本屆預測 | *History*

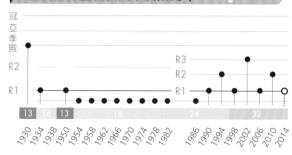

中北美洲區會外賽第一的美國隊，進攻火力不凡，但球員的年齡偏長，防守也存在一定程度的問題，想要在小組賽過關，恐怕不太容易。

前鋒 FW　　熟齡轟炸機群 ————— *Forward*

美國在會外賽球隊的進球王是 Clint Dempsey，這位 31 歲名將仍然能透過租借在歐洲闖蕩，實力完全不是問題，今年將是他第三度前進世足會內賽，也將挑戰連續三屆都進球。另外，壯碩的 Jozy Altidore 以及去年在黃金盃預賽就攻進 5 球的 Chris Wondolowski 也是都很棒的箭頭。不過 Wondolowski 在會外賽完全沒有上場，而且這三人之中，除了 Altidore 之外全都年滿 30 歲，年齡偏大會成為美國隊進攻線上的隱憂。

中場 MF　　傳奇領袖與平凡夥伴們 ————— *Midfield*

Landon Donovan 已經成為當代美國足球傳奇，他是美國隊史進球王，本屆比賽 Donovan 要與隊史進球排名第二的 Dempsey 聯手共進攻搭檔。除此之外，Michael Bradley、Maurice Edu、Graham Zusi 儘管素質不及上述二位，但都還算可用之兵。而防守中場仍然以 Fabian Johnson、Jermaine Jones 為主力。中場多數球員都在水準並不夠高的美足聯踢球，能否習慣世界盃的高度競爭環境，令人非常質疑。

後衛 DF　　孱弱的後防 ————— *Defensive*

美國隊最大的問題便在於後防實力並不出色——總教練 Klinsmann 在後衛線上的人選算是固定，右後衛由美足聯哥倫布機員的 Michael Parkhurst 擔任，英超斯托克城的 Geoff Cameron 和美足聯聖荷西地震的 Clarence Goodson 搭檔中後衛，而左邊衛則交給德甲霍芬海姆的 Fabian Johnson。儘管會外賽最後一輪的 10 場比賽美國一共攻進了 15 球，卻也丟掉了 8 球，對一支身處「死亡之組」的球隊來說，後防的水準如此實在不是好消息。

門將 GK　　老經驗門神 ————— *Goalkeeper*

35 歲的 Tim Howard 雖然已是老將，但其他人選的實力和他仍然有一段落差，而且 Howard 的鬥志也非常高昂，因此本屆賽會美國國門仍將交給即將完成國家隊百場出賽紀錄的老門神繼續把守。

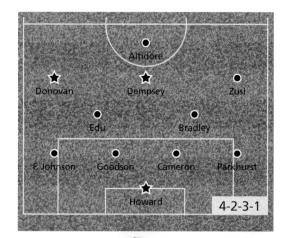

花絮趣聞 ————— *Tidbit*

同為 G 組的美國與德國，本次小組賽的交手有一大看點：美國隊總教練 Jurgen Klinsmann 與其接班人——現任德國總教練 Joachim Low，將上演一場「師徒大戰」。最了解德國隊的 Klinsmann 能否阻擋前助教所率領的德意志坦克，這將是備受矚目的一戰。

Clint Dempsey FW

美足聯西雅圖海灣者
185cm / 84kg
1983.03.09 / 雙 / 31歲

積極的美國隊長

Jurgen Klinsmann 執教的美國隊，風格令人耳目一新，高舉高打的快速進攻讓人目不暇給，在這套打法之中，當然少不了在前場積極作戰的「美國隊長」Clint Dempsey。

Dempsey 奔跑積極、跑位尋找攻擊機會的能力更是一流，搭配他頗有水準的頭球，更是極富侵略性。你很難定義 Dempsey 是進攻型的中場或是傳統前鋒，在中場與鋒線之間遊走就是他最大的特色。他雖然身為攻擊手，但在防守端也非常努力，有時候甚至不惜付出犯規。

Jurgen Klinsmann

1964.07.30 / 49歲 / 德國

火力旺盛的金色轟炸機

球員時代就是進攻好手，2006 年帶領年輕不被看好的德國隊打出全新球風，讓 Klinsmann 的執教備受肯定。來到美國之後，他也成功地讓球隊的進攻火力大幅提昇，綽號「金色轟炸機」的 Klinsmann 有機會在本屆帶領美國轟出好成績。

FW

Jozy Altidore
英超桑德蘭
18283kg
1989.11.06
右 / 24歲

非常壯碩的中鋒型球員，轉身拿球具有很強的爆發力，在禁區裡也能運用自己的頭球工夫為球隊建功，是鋒線上的主力。

FW

Chris Wondolowski
美足聯聖荷西地震
185cm / 74kg
1983.01.28
右 / 31歲

接近 30 歲終於入選國家隊的保持人，也是攻擊線上的核心。擔任老來俏的前鋒是一名高效射手，能為球隊帶來豐足進球。

MF

Landon Donovan
美足聯洛杉磯銀河
173cm / 72kg
1982.03.04
雙 / 32歲

美國史上最多出賽紀錄的全方位大將，不僅勝任所有中場的進攻位置，進球效率也是全隊最高的。

MF

Michael Bradley
美足聯多倫多 FC
186cm / 75kg
1987.07.31
右 / 26歲

上屆大賽表現出色的中場核心。擅於傳球，且力量與方位都很精準。也有不錯的進球能力，前插到禁區內的時候頗有威脅。

MF

Alejandro Bedoya
法甲南特
178cm / 73kg
1987.04.29
右 / 27歲

腳法細膩出色的攻擊手，可以出任任進攻線上多個位置，不過主要擔任在左右兩個中場的替補。進球偶有佳作。

MF

Jermaine Jones
土超貝西克塔斯
184cm / 81kg
1981.11.03
右 / 32歲

主力防守中場，坐鎮整條後防線的前線，必要時也能適時回撤彌補後衛線的不足，是美國隊不可或缺的主力球員之一。

MF

Fabian Johnson
德甲霍芬海姆
183cm / 74kg
1987.12.11
雙 / 26歲

防守型的左路球員，兩腳的能力都很迅速，且身體的對抗能力不差，補位意識強，必要時也可以移到右路甚至左中場來防守。

MF

Kyle Beckerman
美足聯皇家鹽湖城
177cm / 75kg
1982.04.23
右 / 32歲

老成持重的防守老將，在中場有不錯的攔截抄球能力，經驗豐富，在防守中場的位置上，可以提供不錯的保險。

MF

Maurice Edu
美足聯費城聯
183cm / 77kg
1986.04.18
右 / 28歲

參與過多屆大賽，而且正值當打之年，身體素質優異而且鬥志高昂，跑動範圍廣大，在防守時可以提供球隊相當大的保護。

MF

Graham Zusi
美足聯堪薩斯城運動
178cm / 73kg
1986.08.18
左 / 27歲

近年來火速竄紅的全能型進攻球員，可以勝任多個不同位置。傳中質量跟射門能力都不錯，可以給隊友提供有效支援。

MF

Joe Corona
墨甲堤華納
172cm / 73kg
1990.07.09
右 / 23歲

邊路突破型的小將，在整條右路都能夠兼顧，偶爾也可以來到中場中路，喜歡投入進攻並為隊友輸送砲彈的一名球員。

MF

Mix Diskerud
挪超洛辛堡
184cm / 71kg
1990.10.02
右 / 23歲

在歐洲效力的中場小將，在組織進攻方面有其一套，體力充沛同時擁有不錯的進球效率，會是前場進攻時的選擇。

MF

Brad Evans
美足聯西雅圖海灣者
185cm / 77kg
1985.04.20
右 / 29歲

防守位置上面的全能選手，可以擔任中場任何一個位置的防守工作，也常被安排成右後衛，在中場時還有不錯的進攻能力。

DF

Omar Gonzalez
美足聯洛杉磯銀河
196cm / 95kg
1988.10.11
右 / 25歲

身高顏值優勢，讓他在禁區內無往不利。身體強壯而且彈跳能力佳，處理高空球方面得心應手，是中後衛的先發人選。

DF

Matt Besler
美足聯堪薩斯城運動
183cm / 77kg
1987.02.11
右 / 27歲

腳下技術細膩，轉身及跑位都很迅速，可以彌補中路防線機動性不足的問題，也可以做為調節體能時的輪換。

DF

Geoff Cameron
英超斯托克城
191cm / 84kg
1985.07.11
右 / 28歲

在右、中後衛防區都有不錯的表現，防守時也擅於補位，對於整條防線來說，是一個非常重要的調度人選。

DF

DaMarcus Beasley
墨甲普埃布拉
173cm / 66kg
1982.05.24
左 / 32歲

跑動能力強的老經驗選手，能夠在整條左路全線攻防，而且進攻慾望強烈，以後衛而言有非常突出的進球效率。

DF

Clarence Goodson
美足聯聖荷西地震
193cm / 77kg
1982.05.17
右 / 32歲

在國內聯賽有優異演出的後防老將，身高及體型上的優勢明顯，轉身速度也不差，在防守方面有穩定後防線的作用。

DF

Michael Parkhurst
美足聯哥倫布機員
183cm / 72kg
1984.01.24
右 / 30歲

全能型的後衛選手，任何跟防守有關的問題都難不倒他，雖然個子不高但比賽態度積極，做為輪替時非常好用。

GK

Tim Howard
英超艾佛頓
191cm / 88kg
1979.03.06
右 / 35歲

雖然有著出擊時機掌握不佳的問題，但是他在門前的反射神經相當驚人，常能撲救看似不可能的險球，仍是一號門將首選。

GK

Brad Guzan
英超阿斯頓維拉
193cm / 95kg
1984.09.09
右 / 29歲

效力英超表現出色，成長迅速，各項能力均衡是其特點，不過在國家隊只能屈居替補。

Koen Casteels
德甲霍芬海姆
197cm / 86kg
1998.06.25
右 / 21歲

在兩大門神夾衛之下，仍舊可以憑藉天生優勢被選進名單，但想要上場，除了努力，還需要球運。

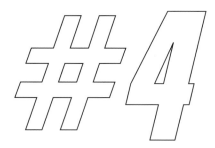

#4

VINCENT KOMPANY

" THE MORE RESPONSIBILITY I AM GIVEN THE MORE I CAN LIFT PERFORMANCES OUT OF MYSELF."

每當我被賦予更多責任，我便更能超越自我地表現。

A BORN LEADER

天生領袖

「歐洲紅魔」的黃金世代天才輩出，他們雄姿英發、各擅勝場，
但若談到「領袖」二字，他們會一起向身後望——那道強而有力的堅實屏障。

Writer / 喬齊安

伊蒂哈德球場氣氛緊緊繃著，2012年4月30日，那是英格蘭超級聯賽最令人血脈賁張的德比（Derby）大戰——曼城與同城死敵曼聯的對決。這是一場被喻為曼城隊史118年以來最重要的決戰——曼城若能戰勝對手，就能追平聯賽積分，並憑藉淨勝球的優勢登頂。「紅魔」曼聯的傳奇名帥Alex　Ferguson在這場比賽排出了三後腰陣型，意圖明確，就是要保住平局，並穩穩拿下最後兩場聯賽的弱旅對手奪冠。

除了勝利以外沒有第二條路的曼城，開場連續發動猛攻。而就在上半場傷停補時的最後一刻，曼城開出了角球，他們的隊長Vincent Kompany緊緊盯住皮球，並捏準時機飛身一躍，他略呈方形的頭往球門方向一錘，終於攻破了對方門神David de Gea的十指關！

一向冷靜、穩重的曼城隊長再也無法壓抑心頭的激情，以滑翔的方式奔向場邊的球迷一同慶祝。球迷完全能夠理解，因為這是一顆歷史性的重要進球，也是帶領「藍月亮」曼城升空、飛向時隔近半世紀首座聯賽冠軍的里程碑。約莫兩週後，曼城正式登上冠軍寶座，帶頭捧起獎盃的，正是他們的隊長、來自比利時的鐵漢——Vincent Kompany。

一帆風順的天才之旅

Kompany出生於比利時的首都、歐盟總部所在地布魯塞爾。這裡是歐洲政治中心，同時更是一座美麗的城市。這裡是巧克力與薯條的發源地，搭配著比利時享譽星球的甜點與啤酒，並享受一場足球比賽，那是比利時人最棒的享受。

Kompany從小就展現高人一等的運動天分，再加上那副不懈鍛鍊的強壯軀體，他一帆風順地與國內豪門球隊安德萊赫特簽約、並迅速成為主力球員。17歲時拿下比甲新人王，更代表球隊征戰歐冠聯賽；18歲再進一步獲得聯賽最佳球員，並入選進入國家隊。他在球場上與生俱來的領袖氣質與冷靜態度，迅速引起世界足壇的注意。Kompany其實可以更早投入頂尖聯賽，但他為了在國內完成大學學業而拒絕各家豪門的邀請，一直到2006年，才正式離鄉，轉會至德甲漢堡，兩年以後，Kompany便成功於世界上最受注目的英超聯賽登場。

藍月亮的年輕隊長

擁有上百年歷史的曼城俱樂部，前一度的輝煌已經遠在1970年代。之後，浮浮沉沉的他們在2002年後開始站穩腳跟，但卻始終與前四名沾不上邊。大部分的人提到曼徹斯特，想起的只會是身著紅色戰袍的魔鬼們，而不是藍色的這

一隊——而Kompany便在這個時刻來到。

起初他的到來並不受到球迷重視，由於在漢堡隊時期傷病纏身，位置也總在不特別醒目的後腰、後衛之間徘徊——但誰也沒有想到，Kompany竟成為曼城最物超所值的成功引援。

Kompany於曼城的首個賽季，出賽次數馬上超越在漢堡兩季的總和，即使仍舊身處後腰位置，他卻在季後的曼城球迷評選最佳球員中排上第二名，隔年，戴上曼城隊長袖標的他更一舉奪冠。這年，Kompany還接下了比利時國家隊的隊長重任。「成熟冷靜」不僅能形容Kompany的外貌，更能反映他的場上表現，他讓很多球迷都快忘記，他其實只有25歲。

儘管曼城此後陸續買進諸多聲名更加響亮的球星，但這位年輕的新隊長，永遠是先發後防線上的不動選擇。2011-12賽季，Kompany率領鋼鐵般的後防線，在聯賽第9輪於死敵曼聯的老特拉福球場豪奪一場6：1的大勝；聯賽第36輪，除了那記石破天驚的頭錘外，Kompany更將該年英超第二射手Wayne Rooney守得毫無辦法。他不僅成為該場比賽MVP，更在曼城勇奪44年來首座頂級聯賽冠軍後，獲選為英超年度最佳球員——這是曼城史上第一位獲獎球員，也是極少數能獲此殊榮的後衛球員，Kompany的足球生涯，於此站上巔峰。

威嚴與溫柔並存的天生領袖

從小學業成績良好、擁有商業頭腦、甚至精通五國語言的Kompany，領袖魅力與為人調解紛爭的溝通能力一直受到教練、隊友的崇敬。無論在國家隊或俱樂部，都將「隊長」這份並不輕鬆的差事幹得很好。比利時國家隊主帥Marc Wilmots就曾說，有Kompany在，工作總是輕鬆很多。

比利時曾經叱吒世界足壇，在Kompany剛出生的那一年，這支「歐洲紅魔」曾連克蘇聯、西班牙，勇奪世界盃第四名，這也是比利時隊史上最輝煌的時刻。隨後，他們成績持續下跌，從少年Kompany加入國家隊以來，連續兩屆世界盃、三屆的歐洲盃，比利時都在會外賽就打包出局，跌入淵幽低谷。好在，比國足協多年勵精圖治後，終於在近兩年培養出活躍於歐洲頂尖賽場的「黃金世代」——Romelu Lukaku、Eden Hazard、Thibaut Courtois這些充滿著年輕養分的天才，重現了歐洲最性感的足球。他們雄姿英發、各擅勝場，但你若談到「領袖」二字，他們會一起向身後望——那道強而有力的堅實屏障。

鐵衛Kompany不僅能在場上以身作則，以血性喚醒隊友們的鬥志；更能在場下善盡學長、前輩的職能，幫這群才華洋溢、血氣方剛的青年解決各種問題。他的中衛搭檔Jan Vertonghen說，Kompany就是一個威嚴與溫柔並存的「大哥」。

時隔12年，比利時重返世界盃。站在才華洋溢的學弟們身後，默默樹起可靠的屏障、讓他們能夠放心進攻——這正是屬於鐵衛隊長的浪漫——比利時在會外賽合計只丟4球，這是全歐洲僅次於西班牙的堅強後防線。

Kompany深愛足球，也有一顆培養、回饋的善心。他在荷蘭建立了一所非洲足球學校，培養有天賦的非洲孩童；他也在國家隊永不吝嗇地對後輩傾囊相授。今年是Kompany國腳生涯的第十年，他陪伴國家隊度過青黃不接的時代，也一同韜光養晦，迎接青年才俊的到來。這位比利時足球先生在英超寫過歷史，如今，他要率領小老弟們再創奇蹟。在「新紅魔」重生的路上，這位比利時隊長，將一如往場地，立在他熟悉的後防線，緊緊守護著榮耀的來到。

B∃LGIUM

比利時 | FIFA 世界排名：12

國土面積：3 萬 平方公里
人口：1044 萬人

▶ 歷屆世界盃戰績與本屆預測 | *History*

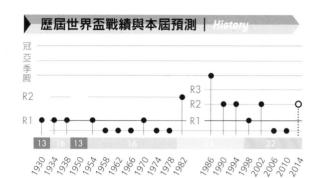

▶ 戰力數值 | *Analyzing*

盤帶　　　　　　　　　　門將
傳球　　　　　　　　　　解圍
跑位　　　　　　　　　　攔截
射門　　　　　　　　　　鏟球

▶ 先發陣容 | *Starting XI*

Lukaku
De Bruyne　Hazard　Chadli
Witsel　Dembele
Vertonghen　Vermaelen　Kompany　Alderweireld
Courtois

4-2-3-1

雖然全隊都沒有世界盃參賽經驗，但比利時的年輕世代在攻防兩端都有非常棒的球員，儘管經驗不足令人擔憂，不過今年的「歐洲紅魔」絕對值得期待。

前鋒 FW　　後生可畏　　—— *Forward*

雖然只有 21 歲，但 Romelu Lukaku 絕對會是本屆世界盃足球賽比利時最主要的攻擊武器。這位小將備受英超豪門切爾西期待，為了讓他有更多的上場時間和實戰經驗，特地安排他租借到艾佛頓，他果然表現出色，經常在英超每周最佳 11 人的榜上出現。Lukaku 會外賽僅出賽 4 場就攻進 2 球，效率沒話說。而效力於法甲里爾的 19 歲年輕人 Divock Origi 也是首度參加世界盃，被寄予厚望的後生小子們能否在大場面盡情發揮，也成了關注焦點。

中場 MF　　能攻善守的完全體　　—— *Midfield*

比利時的進攻型中場活力十足，其中以效力英超切爾西的 Eden Hazard 為首領，充滿創造力的他將是各隊後衛的夢魘，Marouane Fellaini 也是相當不錯的替補人選。而左路將是首度代表比利時出戰的英超曼聯新星 Adnan Januzaj，他的表現備受矚目。右邊鋒則可派上兼踢前鋒的 Dries Mertens。整體而言，中場的供輸、防守實力都讓人非常放心。如果能頂住大賽的壓力，這批年輕人將會有非常搶眼的演出。

後衛 DF　　歐洲紅魔超優出品　　—— *Defensive*

雖然比利時經過一段青黃不接的時代，但好後衛從來都沒缺少過，也都能在歐洲各大聯賽的豪門球隊中看到他們的身影。中線由英超曼城的 Vincent Kompany 和兵工廠的 Thomas Vermaelen 聯手守護，而 Jan Vertonghen 和 Toby Alderweireld 則分居兩個邊路，再搭配俄超澤尼特的 Nicolas Lombaerts，比利時的後衛線上星光熠熠，全都是世界一級球星。就算攻擊失去水準，以如此牢不可破的後防為基底，球隊戰力仍能維持不墜。

門將 GK　　才華洋溢二勢力　　—— *Goalkeeper*

25 歲的英超利物浦門將 Simon Mignolet 和 22 歲的西甲馬德里競技門將 Thibaut Courtois 同樣才華洋溢，其中 Courtois 近兩年狀態非常火熱，會外賽也場場先發。兩位年輕的國門將成為今年 H 組各隊進攻手的最大夢魘。

花絮趣聞　　—— *Tidbit*

歐洲紅魔在 U19 青年軍時期的隊長，就是目前已經成為中華隊一員的陳昌源（夏維耶 Xavier Chen），由於前一任教練不肯選他，才讓這位「足球貴公子」意外地和中華隊搭上線。據傳目前擔任比利時總教練的 Marc Wilmots 非常欣賞陳昌源，只可惜當年 Wilmots 只是助理教練，直到 2012 年才掌兵符，否則今年歐洲紅魔的世界盃鐵衛陣中，搞不好會有陳昌源的名字在列。

 看板球星 | **SUPER STAR**

Eden Hazard

英超切爾西
170cm / 69kg
1991.01.07 / 雙 / 23歲

紅魔鬼的靈魂

比利時在歐洲掀起了紅魔鬼的「青春風暴」，在這批青年才俊之中，Eden Hazard 被認為是最具天份的一位。

Hazard 的速度犀利，尤其瞬間加速能力出色，在左路的控球盤帶及過人突破都很有威脅性，常常給對方的後防線製造大麻煩。他的傳球成功率高，近來傳球創造性更是大幅提升。不過頭球是 Hazard 的弱項，此外他在門前的把握能力也還有加強空間。本屆世界盃他將扮演比利時在進攻端的靈魂人物。

 總教練 | **Manager**

Marc Wilmots

1969.02.22 / 45歲 / 比利時

少帥扶正

擔任助理教練三年後，Wilmots 在 2012 年正式接下比利時兵符，熟悉年輕一代球員的他，很快就讓這些球員都發揮所長，也讓比利時重新找回昔時「歐洲紅魔」的威力。雖然球員都是第一次參加世界盃，但可怕的活力將讓各隊備感壓力。

FW
Romelu Lukaku
英超艾佛頓
191cm / 94kg
1993.05.13
右 / 21歲

又高且壯的身材讓他贏得「小魔獸」的稱號，在禁區有強大的破壞，反擊時的速度也相當驚人，是威脅性十足的進攻箭頭。

FW
Divock Origi
法甲里爾
185cm / 75kg
1995.04.18
右 / 19歲

速度飛快的一名小將，兩腳技術都不錯，在左邊路有突破傳中和內切的能力，在禁區取得進球也頗有把握。

MF
Marouane Fellaini
英超曼聯
194cm / 85kg
1987.11.22
右 / 26歲

中場的防守大師，出球簡潔迅速，但是節奏比較緩慢，身材高大讓他頭球破壞力強大，必要時還可以當做中鋒使用。

MF
Adnan Januzaj
英超曼聯
182cm / 75kg
1995.02.05
左 / 19歲

令人驚豔的天才小將，擁有眩目的盤帶及出色的傳球技巧，進攻時充滿威脅，本屆比賽是這位明日之星首度為比利時出賽。

MF
Kevin Mirallas
英超艾佛頓
178cm / 72kg
1987.10.05
右 / 26歲

左右腳能力均衡的中場邊路球員，擅長下底突破，並利用傳中為隊友製造機會，自己也經常滲透到禁區內進球破門。

MF
Mousa Dembele
英超托特納姆熱刺
177cm / 70kg
1987.07.16
左 / 26歲

進攻節奏迅速、持球不拖泥帶水的進攻型球員，在中場跑動範圍大，可以從不同方向進攻，也能用遠射威脅對方大門。

MF
Nacer Chadli
英超托特納姆熱刺
187cm / 80kg
1989.10.02
右 / 24歲

雖然沒有太強的進球才賦，但是各項能力都算均衡，可以擔任左中場或是中場中路，必要時右路也可以勝任。

MF
Axel Witsel
俄超澤尼特
183cm / 73kg
1989.01.12
右 / 25歲

比利時中場最倚重的防守悍將，極強的跑動能力讓他能夠掃蕩全場，出色的位置感及遠射讓他在進攻時能有所發揮。

MF
Steven Defour
葡超波圖
174cm / 65kg
1988.04.15
右 / 26歲

防守非常強悍的中場球員，雖然個子不高，但是防守補位迅速，一對一的防守能力出色，需要防守時，他絕對以令人安心。

MF
Dries Mertens
義甲拿坡里
169cm / 61kg
1987.05.06
右 / 27歲

個子矮小但有極強的速度及突破能力，是非常出色的傳統邊鋒球員，他在右路的進攻可以給對手的後衛帶來威脅。

MF
Kevin De Bruyne
德甲沃夫斯堡
180cm / 68kg
1991.06.28
右 / 22歲

這名小將是天才型的進攻中場，兩個邊路及中路都有進攻能力，在國家隊為數不多的比賽中表現出色，有不錯的進球效率。

DF
Vincent Kompany
英超曼城
191cm / 85kg
1986.04.10
右 / 28歲

比利時的定海神針，出色的防守及控球能力，讓他可以領導整條防線，有頑強的鬥志追求勝路望，是重要的領袖人物。

DF
Nicolas Lombaerts
俄超澤尼特
188cm / 83kg
1985.03.20
左 / 30歲

身體強壯，在禁區內有不錯對抗能力的中後衛，進攻時偶有佳作，在後防線上是一個不錯的輪換型中後衛。

DF
Toby Alderweireld
西甲馬德里競技
185cm / 75kg
1989.03.02
右 / 25歲

有體格也有速度的邊後衛，在右路的防守能力不錯，性格強悍、鬥志高昂，助攻能力普通但把守右路值得放心。

DF
Thomas Vermaelen
英超兵工廠
180cm / 75kg
1985.11.14
左 / 28歲

作風強悍、防守嚴密，有出色的頭球功夫，在自由球戰術時，可以給對手帶來威脅，必要時可以兼任左邊後衛。

DF
Jan Vertonghen
英超托特納姆熱刺
189cm / 79kg
1987.04.24
左 / 28歲

年輕時就以天才後衛聞名歐洲，有精湛的盤帶功夫，擅於上前助攻，高大的身材可以擔任中後衛，但也可以在左邊路活動。

DF
Daniel Van Buyten
德甲拜仁慕尼黑
197cm / 95kg
1978.02.07
右 / 36歲

身材高大的老將，在中後衛位置上面有絕佳的制空能力，而且大賽經驗豐富，缺點是速度比起年輕時有所下滑。

DF
Laurent Ciman
比甲標準列日
180cm / 65kg
1985.08.05
右 / 28歲

身高不高但防守極具侵略性的中後衛，移位速度快，能夠激烈的拼搶，是中後衛位置上不錯的替補人選。

DF
Anthony Vanden Borre
比甲安德萊赫特
190cm / 78kg
1987.10.24
右 / 22歲

在右路有均衡的攻守能力，雖然進球能力有限，但是一腳傳中球的工夫還是相當不錯，在右後衛或右中場都可替補上場。

GK
Thibaut Courtois
西甲馬德里競技
194cm / 80kg
1992.05.11
右 / 22歲

人高手長、反應迅速，天生的門將，雖然年輕但是已有大將之風，出色的發揮讓他成為門將的頭號人選。

GK
Simon Mignolet
英超利物浦
193cm / 87kg
1988.08.06
右 / 25歲

於英超成名的他穩健而擅長撲救，雖然屈居替補，但絕對可靠，能讓球隊無後顧之憂。

Nick Rimando
美足聯皇家鹽湖城
178cm / 91kg
1979.06.17
右 / 34歲

其實守門功力不差，但是身高非常吃虧，總是沒有辦法搶佔主力位置，本屆應仍以替補為主。

ALGERIA

阿爾及利亞 | FIFA 世界排名：25

國土面積：238萬 平方公里
人口：3809萬人

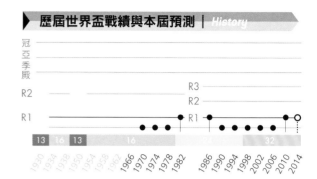

冠
亞
季
殿

R2   R3
       R2
R1   R1

13   16   13   16   24   32

1930 1934 1938 1950 1954 1958 1962 1966 1970 1974 1978 1982 1986 1990 1994 1998 2002 2006 2010 2014

阿爾及利亞上屆世足小組賽僅 1 和 2 敗，事實上，前一回他們在世界盃會內賽取得勝場，已經是 1982 年的事。今年 H 組實力平均，他們有機會突破窘境。

前鋒 FW   **會外賽火力驚人**   —— *Forward*

阿爾及利亞的前鋒群在世界盃會外賽的效率不錯，葡超里斯本競技的射手 Islam Slimani 火力全開，在 7 場比賽攻進 5 球，而 El Arbi Hillel Soudani 也有 3 球收穫，反倒是最被期待的英冠諾丁漢森林前鋒 Rafik Djebbour 出賽 4 場，卻並無任何進球，狀況疑有下滑，令人非常擔憂。主打 4-2-3-1 陣型的阿爾及利亞，可能還是會輪流將 Djebbour 和 Slimani 擺在單箭頭，讓 Soudani 改踢左邊路，增加邊路攻擊活力。

中場 MF   **來自西甲的發電機**   —— *Midfield*

效力於西甲瓦倫西亞的 24 歲好手 Sofiane Feghouli，在會外賽一肩扛起中場指揮官的職責，而且自己也在 7 場比賽取得 3 記進球，表現令人激賞。而且可中可右的特性，讓教練在陣型安排上更加靈活。至於防守中場部分，Adlene Guedioura 和 Carl Medjani 深得教練團信任，而 Medhi Lacen 和 Hassan Yebda 也可以勝任這個位置。不過阿爾及利亞的防守和其他非洲球隊一樣，並不十分穩固，後腰能不能成功阻斷對手的進攻，會成為阿爾利亞防守表現的關鍵。

後衛 DF   **令人擔心的後防**   —— *Defensive*

在非洲區資格賽的附加賽中，阿爾及利亞對上布吉納法索兩場比賽一共失了 3 球，狀況令人擔心。中後衛 Madjid Bougherra 仍舊是後防線上的中流砥柱，他的搭檔預計會由 Essaid Belkalem 出任，而 Rafik Halliche 隨時待命。兩個邊後衛將交給 Mehdi Mostefa 主司右邊，左邊則是 Djamel Mesbah，而兩人都是明顯攻優於守的球員，長時間都處於插上參與進攻的情況下，阿爾及利亞的防守端確實令人擔憂。

門將 GK   **亮眼的不動國門**   —— *Goalkeeper*

雖然後衛的穩定性不佳，但阿爾及利亞門將倒是常令人眼睛為之一亮。Rais M'Bolhi 目前在保加利亞踢球，28 歲的他已經是阿爾及利亞的不動國門。上一屆比賽他出賽兩場，只被美國 Landon Donovan 攻入一球，對英格蘭則完全沒失球。

盤帶   門將
傳球   解圍
跑位   攔截
射門   鏟球

▶ 先發陣容 | *Starting XI*

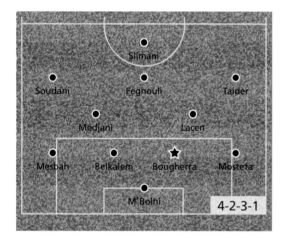

Slimani
Soudani   Feghouli   Taider
Medjani   Lacen
Mesbah   Belkalem   Bougherra   Mostefa
M'Bolhi

4-2-3-1

花絮趣聞   —— *Tidbit*

史上擁有阿爾及利亞公民資格的足球員之中，名氣最大的絕對是法國傳奇中場傳奇 Zinedine Zidane。父母皆有阿爾及利亞血統，Zidane 也曾有機會代表阿爾及利亞國家隊，不過最終未能成真。有謠傳指出，1989 至 1992 年擔任阿爾及利亞總教頭的 Abdelhamid Kermali，嫌當時 Zidane 奔跑速度太差而沒有拔擢他入隊，竟因此永遠地錯過了一位足球大師。不過這個說法被 Zidane 本人於 2005 年的一次專訪中否認。

★ 看板球星 | SUPER STAR

Madjid Bougherra `DF`

卡達歷基韋亞
190cm / 93kg
1982.10.07 / 右 / 31歲

北非防守大將

阿爾及利亞能夠在非洲區世足資格賽中脫穎而出，必須歸功於他們出色的防守，而領導這一條優秀後防線的，正是阿爾及利亞隊長 Madjid Bougherra。

Bougherra 是一名身材高大壯碩的中後衛，曾經效力過多間英格蘭聯賽球會，也在蘇格蘭超聯賽擔任過幾年主力，還曾經在對疊英超豪門曼聯的歐冠賽事中，被選為單場最佳球員。他突出的身材及能力，在本屆世界盃之中，將扮演阿爾及利亞最有力的一道屏障。

✕◀▲ 總教練 | Manager

Vahid Halilhodzic

1952.05.15 / 62歲 / 波士尼亞與赫塞哥維納

力拼最佳成績單

2010 年南非世足賽的四個月之前，時任象牙海岸教頭的 Halilhodzic 因為在非洲國家盃八強輸球而丟了兵符。當時敗給阿爾及利亞的 Halilhodzic 如今成了該國教練，表現也相當有水準。本屆有機會力拼阿爾及利亞隊史最佳成績。

`FW`

Islam Slimani

葡超里斯本競技
187cm / 80kg
1988.06.18
右 / 25歲

去年才真正挑起大樑的中鋒型球員，有不錯的門前嗅覺，身材不錯也有速度，是目前阿爾及利亞極為仰賴的火力。

`FW`

Rafik Djebbour

英冠諾丁漢森林
185cm / 77kg
1984.03.08
雙 / 30歲

陣中傳統的老牌前鋒，不過他的進球效率並不高，大部分的時候擔任在前場策應的工作，幫助其他進攻型球員進球。

`FW`

Nabil Ghilas

葡超波圖
183cm / 85kg
1990.04.20
右 / 24歲

剛剛入選國家隊的新秀，這兩年開始受到關注，有不錯的速度和不知疲勞為何物的跑動能力，在鋒線上的發展前景廣被看好。

`FW`

El Arbi Hillel Soudani

克羅埃西亞薩格勒布迪納摩
174cm / 68kg
1987.11.25
右 / 26歲

門前嗅覺強，有非常好的進球效率，替補上場往往有驚人演出，帶他到巴西賽場便是看中其改變場面的立功能力。

`MF`

Saphir Taider

義甲國際米蘭
180cm / 73kg
1992.02.29
右 / 22歲

雖然職司防守中場，但是卻有相當好的傳球能力及視野，在球隊中能發揮穿針引線之效。頂級聯賽的經驗也將有助其影響力。

`MF`

Sofiane Feghouli

西甲瓦倫西亞
178cm / 71kg
1989.12.26
雙 / 24歲

阿爾及利亞目前最好的進攻球員、絕對的主力。主要在右邊路活動，但是中場缺少組織者的時候，他也能移到中路來策應。

`MF`

Adlene Guedioura

英超水晶宮
186cm / 81kg
1985.11.12
雙 / 28歲

有出色對抗能力，身體非常強壯的球員，防守到位，旅歐多年的他，比賽經驗豐富，可以勝任防守中場的位置。

`MF`

Yacine Brahimi

西甲格拉納達 CF
175cm / 65kg
1990.02.08
右 / 24歲

在歐青賽上表現出色，近期才被選入國家隊的進攻好手，左中右全方位都可以發起進攻，有很好的盤帶技巧。

`MF`

Medhi Lacen

西甲赫塔菲
176cm / 74kg
1984.05.15
左 / 30歲

經驗老道的中場球員，主要負責中場的防守，有準確的判斷能力，能迅速發覺、補防缺口，相當值得信賴。

`MF`

Hassan Yebda

義甲烏迪內斯
187cm / 77kg
1984.05.14
右 / 30歲

力量及體型出眾的中路球員，能夠在中場建立一道屏障，是防守端的大將。不過他欠缺組織能力，功能比較單純。

`MF`

Ryad Boudebouz

法甲巴斯蒂亞
177cm / 72kg
1990.02.19
雙 / 24歲

在前場非常活躍，善於控球在腳並組織進攻的球員，可以勝任中路或是右路的中場位置，經常用盤帶及傳球活絡進攻。

`MF`

Mehdi Mostefa

法甲阿雅丘
181cm / 82kg
1983.08.30
左 / 30歲

出色的防守球員，體格不錯，有一定技術，主要擔任中場防守，有時教練也會讓他擔任右後衛，相當受到倚賴。

`MF`

Foued Kadir

法甲雷恩
179cm / 73kg
1983.12.05
右 / 30歲

技術全面的中前場好手，有不錯的控球能力，也擅於為隊友傳球策應，還有不錯的遠射能力，可以在禁區外發起威脅。

`MF`

A. Djabou

突尼西亞非洲人
164cm / 58kg
1987.01.31
右 / 27歲

中場右邊路的攻擊好手，個子非常矮小，但速度奇快，在邊路有不錯的突破功夫。不過在國家隊的出賽次數並不多。

`DF`

Essaid Belkalem

英冠沃特福德
192cm / 88kg
1989.01.01
雙 / 25歲

北非球員中少見的高壯型選手，在中路有很好的防守能力，面對高空球時也很冷靜，可以在後場中路形成堅固的屏障。

`DF`

Carl Medjani

法甲瓦朗西納
183cm / 77kg
1985.05.15
右 / 29歲

身材並不出色的中後衛，對抗中略顯吃虧，但有不錯的彈跳能力，移位迅速靈活，也經常出任防守型中場。

`DF`

Djamel Mesbah

義甲利沃諾
179cm / 74kg
1984.10.09
左 / 29歲

曾經效力義甲豪門的攻擊型邊後衛，在左路喜歡拿球頻繁的上前助攻，進球數不多但傳中球具有一定程度的威脅。

`DF`

Faouzi Ghoulam

義甲拿坡里
186cm / 80kg
1991.02.01
左 / 23歲

在義大利聯賽討生活的年輕球員，主要擔任左後衛，但是有著邊後衛少見的強壯體型，是在左路的主要替補。

`DF`

Rafik Halliche

葡超科英布拉大學
187cm / 77kg
1986.09.02
右 / 27歲

雖然是國家隊的常客，但是一直未能踢上主力，長期擔任替補也有不錯的大賽經驗，本次依然是中後衛位置上的備用人選。

`GK`

Rais M'Bolhi

保加利亞索菲亞中央陸軍
189cm / 82kg
1985.03.19
右 / 29歲

唯一的旅歐門將，雖然國際大賽的比賽經驗還算太少，不過是目前檯面上最值得相信的先發，在巴西的賽場將被委以重任。

`GK`

M. Zemmamouche

阿爾及利亞 USM 阿爾及爾
186cm / 82kg
1985.03.19
右 / 29歲

沒有出色的大賽履歷，身高也不特別出色，除非意外發生，否則機會出場機率極微。

Azzedine Doukha

阿爾及利亞哈拉徹
188cm / 80kg
1986.08.05
右 / 27歲

雖然是預定的三號國門，但其實本領並不差，將是頭號替補門將的強力競爭者。

RUSSIA

俄羅斯 | FIFA 世界排名：18

國土面積：1709萬 平方公里
人口：1 億 4250萬人

▶ **歷屆世界盃戰績與本屆預測** | *History*

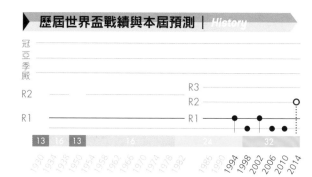

	冠				
	亞			
	季			
	殿			

俄羅斯不算傳統強隊，但是世界盃會外賽倒是輕鬆過關，拿到決賽圈門票。H 組各支球隊實力接近，俄羅斯也有機會晉級 16 強、突破隊史最佳紀錄。

前鋒 FW　　AK 老少配 ——— *Forward*

雖然俄羅斯於本屆會外賽進球數量不少，但都集中在對以色列、盧森堡的四場比賽中，因此較不能反應實際攻擊狀況。原則上，Aleksandr Kerzhakov 是不動中鋒，他在本屆會外賽 10 場比賽攻進 5 球，效率還算不錯。而效力於俄超莫斯科發電機的 Aleksandr Kokorin 也在 8 場比賽攻進了 4 球，這一老一少的「AK」搭檔應該是前鋒線上的最佳人選。不過俄羅斯一向是「守優於攻」的球隊，前鋒的火力輸出能否維持會外賽的高效率，攸關球隊能走多遠。

中場 MF　　能攻能傳又能守 ——— *Midfield*

主打 4-3-3 陣型的俄羅斯，兩位中場供輸大將 Roman Shirokov 和 Viktor Fayzulin 都習慣在邊路活動，「能攻能傳」是他們共同的特色— 10 場會外賽各攻進了 3 球，對前場的助攻也相當出色。而俄羅斯引以為傲的中場的防守，則由 Igor Denisov 挑大樑，他總是非常積極地阻斷對手的傳導，搭配團隊合作，讓對方組織、進攻端收到充分的挑戰。此外，替補席上還有 Denis Glushakov 隨時待命，兵源充足。

後衛 DF　　老資格的後防線 ——— *Defensive*

雖然後防線的年紀偏長，但斯拉夫民族的體力一向遠近馳名。會外賽裡，總教練 Fabio Capello 的陣容非常固定：Dmitri Kombarov 鎮守左路、中後衛則以 Vasili Berezutski 和 Sergei Ignashevich 搭檔、右後衛則常常是 Aleksandr Anyukov 拚戰全場，雖然除了 Kombarov 之外，其他三人都超過 30 歲。儘管他們的能力無庸置疑，但世界盃畢竟是世界級大賽，再加上巴西炎熱潮溼的天氣，長期於北半球高緯度踢球老將們，在體能上會不會出現問題，是教練必須煩惱的。

門將 GK　　經驗豐富的年輕勢力 ——— *Goalkeeper*

效力於俄超莫斯科中央陸軍的 Igor Akinfeev 雖然才 28 歲，但已經代表國家隊出賽 66 場，10 場會外賽全勤，一共失 5 球，表現算是中規中矩。在他的把關下，俄羅斯的大門的確不好突破。

▶ **戰力數值** | *Analyzing*

盤帶		門將
傳球		解圍
跑位		攔截
射門		鏟球

▶ **先發陣容** | *Starting XI*

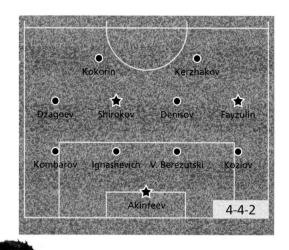

Kokorin　　Kerzhakov

Dzagoev　Shirokov　Denisov　Fayzulin

Kombarov　Ignashevich　V. Berezutski　Kozlov

Akinfeev

4-4-2

花絮趣聞 ——— *Tidbit*

自從前蘇聯解體後，俄羅斯還不曾通過世足小組賽考驗。2018 年，要輪到他們當世界盃東道主，本屆的成績絕對會加倍重視。俄羅斯是史上第一個橫越兩大洲的世界盃主辦國，但基於其歐洲足球協會身分，主辦會場都會在俄羅斯位於歐洲地區的城市。

Alan Dzagoev

 MF

俄超莫斯科中央陸軍
179cm / 70kg
1990.06.17 / 雙 / 23歲

橫空出世的小沙皇

兩年前的歐洲國家盃上，年輕的 Alan Dzagoev 橫空出世，表現讓人非常驚艷，在俄羅斯頭號前鋒 Aleksandr Kerzhakov 表現不佳的情況下，可以踢前鋒也可以擔任進攻中場的 Dzagoev 有效地承擔起進攻的責任，甚至讓他贏得「小沙皇」的稱號。

能帶、能傳、能射，技術十分全面。他的球風非常狡猾，跑位靈活，具有很強的前插意識和射門慾望，可以擔任影子前鋒。不過他的缺點在於身材略嫌單薄，而且相當容易犯規。

總教練 | Manager

Fabio Capello

1946.06.18 / 67歲 / 義大利

成功激發球員特質

戰功彪炳的名帥 Capello 上屆世足賽帶領英格蘭，卻只在 16 強止步，旋即下台。接手俄羅斯之後，他首先獲得球員們的信任，並逐步將子弟兵的特質──激發出來。目前的俄羅斯防守依舊非常強悍，而且進攻端也有了顯著的進步。

FW Aleksandr Kerzhakov

俄超澤尼特
175cm / 67kg
1982.11.27
右 / 31歲

過去幾年俄羅斯最倚重的前鋒，速度快，擅於反擊，門前的把握能力絕佳，是對手們必須提高警覺的超危險人物。

FW Aleksandr Kokorin

俄超莫斯科發電機
183cm / 77kg
1991.03.19
右 / 23歲

近年來迅速崛起的小將，左邊鋒出身，可以兼任左路多重角色，也可以殺進中路取得進球，在中場或鋒線都是不錯的選擇。

FW Maksim Kanunnikov

俄超安卡
183cm / 74kg
1991.07.14
右 / 22歲

彈跳力出眾，非常擅長頭球，總能依此輕鬆料理對方後衛，並對球門造成莫大威脅。非常年輕，前景看好。

MF Roman Shirokov

俄超克拉斯諾達爾
187cm / 83kg
1981.07.06
右 / 32歲

中場的全能選手，擔任隊長的他是球隊的領導核心。跑動範圍廣，長、短傳的搭配也很穩健，也有不錯的進球能力。

MF Vladimir Bystrov

俄超安茲馬哈奇卡拉
179cm / 79kg
1984.01.31
右 / 30歲

相當具有突破速度的一名球員，適合扮演反擊型前鋒。他在邊路有不錯的過人及傳球水準，進球能力亦不俗。

MF Aleksandr Samedov

俄超莫斯科火車頭
178cm / 74kg
1984.07.19
右 / 29歲

個子矮小速度奇快，擅長盤球突破，並有不錯的傳中技術。屬於傳統型的邊路球員，會是相當稱職的右路替補。

MF Denis Glushakov

俄超莫斯科斯巴達
178cm / 72kg
1987.01.27
雙 / 27歲

防守能力中等，但補位意識不錯，擅於控球、掌握節奏，並與隊友配合，是一名團隊型的球員，可以擔任中場替換。

MF Igor Denisov

俄超莫斯科發電機
176cm / 70kg
1984.03.17
右 / 30歲

有非常優異的體能，跑動範圍涵蓋全場，擅長補位防守。他跟隊友的短傳配合非常出色，是不可缺少的中場防守大將。

MF Yuri Zhirkov

俄超莫斯科發電機
185cm / 75kg
1983.08.20
左 / 30歲

擁有華麗的盤球技術，擅於邊路過人突破。他可以從左中後衛打到左前鋒，經驗也很好。憑著好表現，近年終於受到國家隊的重視。

MF Viktor Fayzulin

俄超澤尼特
176cm / 72kg
1986.04.22
右 / 28歲

中前場的進攻好手，可以在左中右各路活動，跑位觀念也很好。憑著豐富的經驗是一名全能型球員，也是陣容中相當好用的活棋。

DF Aleksandr Anyukov

俄超澤尼特
178cm / 67kg
1982.09.28
右 / 31歲

右後衛的不動先發，在邊後衛中速度算是一般，不過防守非常勤奮，經驗老到而且有一腳非常精準的邊路傳中可以製造殺機。

DF Dmitri Kombarov

俄超莫斯科斯巴達
181cm / 69kg
1987.01.22
左 / 27歲

在左路的防守非常紮實，而且有突出的體能供應他在邊路盡情奔跑。擅長擲遠程界外球，且有不錯的左腳自由球破門能力。

DF Vasili Berezutski

俄超莫斯科中央陸軍
189cm / 83kg
1982.06.20
右 / 31歲

俄羅斯後防線上穩定軍心的老將，有出色的頭球功夫，對方的中球很難越雷池一步。缺點是速度不快，也有一點年紀了。

DF Aleksei Kozlov

俄超莫斯科發電機
187cm / 76kg
1986.11.16
右 / 28歲

攻守能力均衡的選手，除了擁有身材優勢之外，也具備良好的卡位意識與態度，是相當不錯的一名替補球員。

DF Vladimir Granat

俄超莫斯科發電機
184cm / 80kg
1987.03.22
左 / 27歲

以中後衛而言，他的身材並不夠高大，在邊後衛位置速度又不夠快，不過他可以勝任多個位置，才得以入選國家隊。

DF Aleksei Berezutski

俄超莫斯科中央陸軍
190cm / 82kg
1982.06.20
雙 / 31歲

有著高大的身材，並可以兼任兩個邊後衛，增加戰術運用的靈活度。儘管年紀不算輕了，但出賽場次並不多。

DF Andrey Yeshchenko

俄超安茲馬哈奇卡拉
170cm / 64kg
1984.02.09
右 / 30歲

防守能力不錯，但進攻能力普通，表現中規中矩。曾經入圍2011年「歐洲金童獎」，防守功力備受肯定。

DF Georgi Schennikov

俄超莫斯科中央陸軍
178cm / 69kg
1991.04.27
左 / 23歲

這名年輕小將在左邊路防守出色，不過進攻相對保守。曾經入團2011年「歐洲金童獎」，算是左後衛位置上的保險。

DF Sergei Ignashevich

俄超莫斯科中央陸軍
186cm / 82kg
1979.07.14
右 / 34歲

年事已高的中後衛，現在速度不如以往，但是防守時非常剽悍，尤其是他的頭球功夫與彈跳能力極佳，能有效掌握制空權。

GK Igor Akinfeev

俄超莫斯科中央陸軍
185cm / 78kg
1986.04.08
右 / 28歲

俄羅斯最出色而且表現最穩定的守門員，19歲就站穩一號國門至今，若能保持狀態，甚至有望成為俄羅斯史上最傑出門將。

GK Yuri Lodygin

俄超澤尼特
185cm / 82kg
1990.03.26
右 / 24歲

去年在職業隊表現不錯，大場面時能夠保持冷靜，力保門前不失，是相當棒的備位門將。

Sergei Ryzhikov
俄超喀山紅寶石
194cm / 83kg
1980.09.19
右 / 33歲

身高不錯、判斷也很準確的老門將，坐鎮最後防線的他，可以起到安定軍心的作用。

GROUP **H**

KOR&A REPUBLIC

韓國 | FIFA 世界排名：56

國土面積：9萬 平方公里
人口：2472萬人

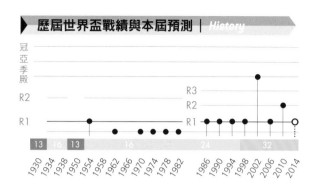

▶ **歷屆世界盃戰績與本屆預測** | *History*

▶ **戰力數值** | *Analyzing*

盤帶　　　　　　　　　　　　　門將
傳球　　　　　　　　　　　　　解圍
跑位　　　　　　　　　　　　　攔截
射門　　　　　　　　　　　　　鏟球

▶ **先發陣容** | *Starting XI*

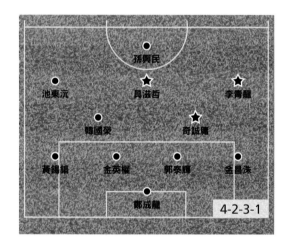

這兩年韓國雖然出產不少好手，但並未有能擔當國家隊核心人物的球員。因此「誰能成為亞洲紅魔的領袖？」，將會是洪明甫的首要課題。

| 前鋒 FW | **新秀出頭，經驗不足** | —— *Forward* |

7 場會外賽踢進 6 球的 28 歲前鋒朴主永目前處於生涯巔峰，也將是韓國本屆世界盃進攻線上最穩定的火力。而近期相當受到總教頭洪明甫重用的蔚山現代前鋒金信煜，以及效力於水原三星的李根鎬，進攻能力也非常驚人。至於近期在德國甲級聯賽表現不俗的勒沃庫森好手孫興民，以及奧格斯堡的池東沅，均擁有非常棒的天賦，同樣備受矚目，不過兩人都非常年輕，國際賽經驗不足會是他們最大的隱憂。

| 中場 MF | **缺乏首席指揮官** | —— *Midfield* |

自從朴智星宣布從國家隊退役之後，韓國的中場指揮官都一直缺乏具有份量的代表性人物。效力德甲梅因斯的具滋哲是目前韓國的中場領袖，但是表現不穩定一直是他很大的問題。此外，英冠博爾頓的李青龍，以及前鋒線上的朴主永、孫興民，在 4-2-3-1 陣型中都能夠扮演進攻型中場。英超桑德蘭的奇誠庸日漸成熟，同樣是不動先發人選，而目前效力於日本 J 聯盟柏雷素爾的韓國榮，雖然代表國家隊的次數較少，但實力也不容小覷。

| 後衛 DF | **鐵衛教頭親自調教** | —— *Defensive* |

郭泰輝是韓國後衛群的中流砥柱，在會外賽的出賽次數也最多，儘管已經 32 歲了，仍然非常可靠。效力於德國奧格斯堡的洪正好有機會競爭一席先發位置。來自中超廣州恆大的金英權有望在左路先發，右路則有日本 J 聯盟柏雷素爾的金昌洙坐鎮。而在日本 J 聯廣島三箭表現不錯的黃錫鎬則屬於全能型好手，會是後衛線上的一枚活棋。韓國後場兵源相當充足，而由「前亞洲第一後衛」洪明甫總教練調教的強悍防守，也令人非常期待。

| 門將 GK | **一夫當關** | —— *Goalkeeper* |

雖然韓國可用的門將不少，但鄭成龍應該仍是不動國門。這位水原三星的頭號門將，帶領球隊在亞洲冠軍聯賽成績不俗，國內聯賽也名列前矛，讓他國門地位十分穩固。

▶ **花絮趣聞** —— *Tidbit*

韓國綽號「太極虎」，其足協隊徽也是一頭剽悍的老虎，這是由於東北虎曾經活躍於朝鮮半島（韓國稱為「朝鮮虎」），韓國足協希望能將虎的「威猛」、「輝煌」形象賦予在該國的足球精神中。而「太極」則來自韓國國旗的基本圖案。

奇誠庸

英超桑德蘭
187cm / 79kg
1989.01.24 / 右 / 25歲

韓版 Steven Gerrard

在蘇格蘭名門賽塞爾提克隊踢出身價的奇誠庸，目前效力於英超桑德蘭。綽號「南韓的 Steven Gerrard」的他，被視為韓國足球未來十年的希望。
身材壯碩、富對抗性的奇誠庸球風簡潔，而且總是勤於跑動。他的傳球準確率高，長、短傳都很有水準。此外，奇誠庸擁有很不錯的自由球能力，也有一腳遠射威脅性。不過奇誠庸在防守端的評價並不算高，雖然體能極佳，但他的逼搶意識還有待加強。

 總教練 | Manager

洪明甫

1969.02.12 / 45歲 / 南韓

韓國隊長：紅魔戰士

2002 年世界盃率領南韓拿下第四名的隊長洪明甫，現在已經是國家隊總教練。由他主導的這支「亞洲紅魔」於世足資格賽時徵召過相當多的球員，試煉意味濃厚。若洪明甫能成功尋得心目中理想的紅魔戰士們，本屆比賽依舊會看頭十足。

FW

朴主永
英冠沃特福德
182cm / 75kg
1985.07.10
右 / 28歲

韓國過去幾年的主力前鋒，但現在位置受到挑戰，有多年旅歐經驗，他的經驗在關鍵時刻會給球隊帶來幫助。

FW

孫興民
德甲勒沃庫森
183cm / 76kg
1992.07.08
右 / 21歲

韓國最受注目的新星，在邊路有出眾的突破與內切射門能力，門前把握度也不差，絕對會讓防守方非常頭疼。

FW

池東沅
德甲奧格斯堡
187cm / 78kg
1991.03.28
右 / 23歲

年紀輕輕但是大賽經驗豐富，效力過歐洲多支球會都有不錯的表現，進球也不多但偶有精彩演出，可以出任中場及鋒線位置。

FW

李根鎬
韓K聯尚州尚武
176cm / 71kg
1985.04.11
右 / 29歲

雖然沒有旅歐經驗，但他是近年韓國相當仰賴的進球武器。雖然身材矮小，但反擊速度快，門前處理也非常冷靜。

FW

金信煜
韓K聯蔚山現代
196cm / 93kg
1988.04.14
右 / 26歲

有著亞洲前鋒難得一見的高大身材，這讓他在禁區內極有破壞力，頭球是他最引以為傲的武器，將擔任鋒線主要替補。

MF

具滋哲
德甲梅因斯
183cm / 73kg
1989.02.27
雙 / 25歲

他跟奇誠庸在中場一攻一守，組成韓國最重要的搭檔，他在進攻組織的表現很出色，而且後插上的進球也很具威脅。

MF

李青龍
英冠博爾頓
180cm / 69kg
1988.07.02
右 / 25歲

已在頂級聯賽證明能耐的邊路好手，具有不錯的盤帶技巧，過人及傳中的評價都很高，也有不錯進球能力。

MF

金甫炅
英超卡地夫城
178cm / 73kg
1989.10.06
左 / 24歲

中場的全能攻擊手，速度很棒，各種技術能力也相當均衡，可以在中路及左右兩個邊路活動，跑位靈活而且傳球有創造力。

MF

朴鍾佑
中超廣州富力
180cm / 74kg
1989.03.10
右 / 25歲

防守能力相當出色的中場球員，在傳球與遠射方面也有不錯的造詣。近年才入選國家隊，是不錯的中場人選。

MF

河大成
中超北京國安
182cm / 75kg
1985.03.02
右 / 29歲

司職中場的他將擔任具、奇兩人的主要替補。不過他過去代表國家隊出戰的比賽不多，經驗會是他的罩門。

MF

韓國榮
日J聯柏雷素爾
183cm / 73kg
1990.04.19
右 / 24歲

身材壯碩且非常兇悍的防守型中場，一對一的能力強，鏟球具有破壞力，在球隊需要加強防守時，他的存在不可或缺。

DF

洪正好
德甲奧格斯堡
186cm / 74kg
1989.08.12
右 / 24歲

後衛線上極具潛力的新秀，防守能力為普通，曾代表各年齡層南韓代表，本次入選也要借重他的防守。

DF

尹錫榮
英冠女王公園巡游者
182cm / 74kg
1990.02.13
左 / 28歲

防守兇悍的年輕左後衛，進攻能力較為普通，曾代表各年齡層南韓代表隊，這次入選也要借重他的防守。

DF

金昌洙
日J聯柏雷素爾
178cm / 71kg
1985.09.12
右 / 28歲

他是一名大器晚成的選手，代表國家隊次數不多，近年終於憑靠防守端的出色表現獲得青睞，目前已是韓國主力右後衛。

DF

金英權
中超廣州恆大
186cm / 74kg
1990.02.27
左 / 24歲

能夠勝任左、中後衛，防守功力還不錯，是一名有強大跑動能力的球員，可以扮演後防線上的一著活棋。

DF

黃錫鎬
日J聯廣島三箭
182cm / 80kg
1989.06.27
右 / 24歲

後防線上的全能好手，可以踢兩個邊後衛，必要時甚至可以踢中後衛。雖然身材不算高大，但是在防守端極為出色。

DF

李鎔
韓K聯蔚山現代
180cm / 74kg
1986.12.24
右 / 27歲

可以踢左右兩個邊路的雙能衛，儘管在國家隊的出賽場次並不多，但也算是為韓國邊路防線買一個保險。

DF

郭泰輝
沙足聯阿爾希拉爾
186cm / 85kg
1981.07.08
右 / 32歲

身材壯碩但跑位不失靈活的中後衛，是後防線上經驗豐富的老將。值得一提的是，他擁有水準以上的進球能力。

DF

金珍洙
日J聯新潟天鵝
176cm / 67kg
1992.06.13
左 / 22歲

年紀輕輕的他，有著出色的速度和不錯的助攻能力，防守水準也不差，在左邊衛位置上是未來韓國隊的新希望。

GK

鄭成龍
韓K聯水原三星
189cm / 85kg
1985.01.04
右 / 29歲

韓國繼李雲在之後，表現最出色的門將，有出色的判斷能力跟出擊的勇氣，對心南韓的後防線有穩定軍心的效果。

GK

金承奎
韓K聯蔚山現代
187cm / 76kg
1990.09.30
右 / 23歲

出賽機會不多，守門功夫也還要多加磨練。本次世界盃以累積大賽經驗為主要目的。

李範永
韓K聯釜山IPark
194cm / 90kg
1989.04.02
右 / 25歲

擁有亞洲人少有的出色身材及反應，但可惜一直不受重用，在門將位置是韓國的最後選擇。

GOAL
OF THE
WORLD

KABUL, AFGHANISTAN

懷抱夢想的宮殿

　　達魯阿曼宮（Darul Aman Palace）自從二〇年代初期於阿富汗首都喀布爾西郊的一座小丘建起後，曾數度焚燬——擁共政黨、聖戰者、蘇聯的坦克各自懷抱野心，嗯……或者一剛開始總是這麼說的——夢想，路逢此地，便一把火將靜靜轟立的宮闕焚燒。

　　這片頹圮殘垣，是今日孩子們的足球場。它一如既往，靜靜地觀看一場場「戰爭」的發生——爭奪彼此腳下、頂上的那粒球，呲牙裂嘴難免，但日暮返家時，總能帶著滿足笑臉的一場戰爭。孩子們晚生這幢宮闕近一個世紀，可是，他們與宮闕各自懷抱的夢想，其實並無二致——達魯阿曼宮，在波斯語裡，意謂「和平之殿」。

WORLD CUP : TOP 10 CLASSIC MOMENTS
世界盃十大經典鏡頭

84 年的世界盃歷史，是由無數偉大的時刻匯聚而成。

細數涓滴，咀嚼經典，逝去的每一刻，都是寶藏。

Writer / 陳致嘉

冠軍賽 瑞典 vs. 巴西　　**冠軍賽 英格蘭 vs. 西德**

1958
瑞典世界盃

1966
英格蘭世界盃

球王的17歲

　　對許多人而言，17歲還是個對於未來懵懂無知的年紀，對於「斯德哥爾摩」這個北歐城市的認識，可能也僅止於地理課本上的皮毛。不過1958年的世界盃決賽，巴西在這座城市對上地主對瑞典時，年僅17歲的巴西前鋒Edson Arantes do Nascimento表現得完全不像個孩子——他先是將球挑過對方中衛，在球未落地前隨即舉起右腳勁射入網，幫助球隊以3：1領先。之後，他再以一記突如其來的頭槌破網，來不及反應的門將只能抱柱浩歎。最終，巴西如願拿下首座世界盃冠軍，而Edson Arantes do Nascimento、或者另個後來我們更熟悉的名字「Pele」，他的球王之路，也從斯德哥爾摩，奔向全世界。

帽子戲法的絕殺

　　英格蘭總教練Alf Ramsey獨創的4-4-2陣型，幫助當年的英格蘭殺入冠軍決賽。地主隊在主場面對來勢洶洶的西德，並首次在該屆比賽單場被攻進2球，雙方2：2進入延長賽。101分鐘時，英格蘭前鋒Geoff Hurst在禁區接獲隊友傳球、起腳勁射，一氣呵成。球正中門楣下緣後，彈向球門線，就在西德球員大呼抗議球未過球門線之際，邊審已認定進球有效。不過Hurst似乎並不願以頗富爭議的「第三球」結束比賽，在哨音即將吹響前，他再度破門。BBC播報員Kenneth Wolstenholme的經典播報為此下了最佳註解：「一些人衝入了球場……他們覺得這場比賽已經結束了……是的！現在真的結束！」Hurst以「帽子戲法」絕殺了西德的一線生機，寫下英格蘭足球史上最光榮的一頁。

八強賽 阿根廷 vs. 英格蘭　　**冠軍賽 巴西 vs. 義大利**　　**小組賽 美國 vs. 伊朗**　　**冠軍賽 德國 vs. 巴西**

1986
墨西哥世界盃

1994
美國世界盃

1998
法國世界盃

2002
日韓世界盃

上帝之手，魔鬼之足

　　1986年6月22日，Diego Maradona領軍的阿根廷在八強賽對上死敵英格蘭，第51分鐘時，Maradona抓住英格蘭後衛清球失誤的機會，在禁區一躍將誤闖禁區的小皮球「槌」進球門，英格蘭人雖然隨即向裁判抗議Maradona是用手將球撞進的，但裁判仍舊判定進球有效。「上帝之手」的震撼還未平息，3分鐘後Maradona在中場悄悄響起「世紀進球」的前奏：他彷彿魔鬼一般邁開雙足，以不可思議的速度與盤帶技巧，接連過了包括門將在內的六位英格蘭球員，最後再將球輕鬆送入無人看管的球門。一場比賽，造就兩段經典。

Baggio……No!

　　「那是我生涯之中最糟的時刻，我到現在還會夢見。如果我能消除過去的時間，我想除去那一刻。」回憶起當年的那道疤痕，曾經奔馳在綠茵場上的義大利憂鬱王子Roberto Baggio，依舊無法忘懷。義大利在該屆進入16強淘汰賽後，三場比賽共進6球，而Baggio包辦了其中5球，他幾乎以一己之力將球隊帶到冠軍賽，全義大利都把希望放在他身上。但在準決賽時所受的傷似乎對他有所影響，Baggio未能幫助義大利破網，雙方最後也以0：0進入PK賽。義大利的Franco Baresi與Daniele Massaro先後射失，球隊的命運將交由第五位上場的Baggio決定。他緩緩地走上球場，凝視著眼前的皮

綠茵之上最美的一束花

　　自從1979年美國駐伊朗大使館人質事件之後，雙方關係益加緊張。在世界盃的賽場上，雙方也於1998年被分配到同個小組——但誰都想不到，這彷彿足球之神的旨意，竟帶來一個意外的和平畫面。雙方開賽前，伊朗球員突如其來地集體捧上一束束鮮花，而他們的對手也驚訝地收下這份意義深重的禮物。雙方肩搭肩，拍下這張前所未見的歷史性賽前合影。政治解讀無孔不入，「運動歸運動，政治歸政治」在足球賽場上顯得尤其困難。但在這場美伊雙方純以球技交流、互相尊重的賽事上，我們似能看見人性的光輝與和平的曙光。那一束束鮮花，也成為世界盃史上最美的鏡頭。

捲土重來的外星人

　　1998年法國世界盃決賽前，囊括該年世界足球先生、歐洲足球先生、歐洲金靴獎三大頭銜的Ronaldo，只差一座世界盃冠軍，便能完美一切。但由於身體狀況不佳，他的表現彷如遊魂般，巴西也敗下陣來。世界盃結束後，Ronaldo一面承受外界強烈批判，一面受困於惱人的膝傷夢魘。經過了長時間的復健休養，2001-02球季的強勢復出讓Ronaldo重拾信心、並宣告將再次衝擊大力神盃。雖然外界並不看好身材已略微發胖、有著舊傷隱憂的Ronaldo，但他憑著對進球的敏銳嗅覺，如同一頭嗜血獅子般在禁區不斷肆虐，包括在決賽突破德國門神Oliver Kahn的防守、獨中兩元，粉碎外界的流

小組賽 阿根廷 vs. 英格蘭

八強賽 西班牙 vs. 韓國

冠軍賽 義大利 vs. 法國

八強賽 烏拉圭 vs. 迦納

2002
日韓世界盃

2002
日韓世界盃

2006
德國世界盃

2010
南非世界盃

足球金童的復仇

1998年世界盃是英格蘭的「足球金童」David Beckham首次參加世界盃賽事。英格蘭當年以小組第二之姿晉級，在16強賽對上阿根廷，在下半場阿根廷的中場Diego Simeone有意無意地撞了David Beckham一下，血氣方剛的Beckham倒地後也毫不腿軟地順勢勾倒對方，主裁判隨即賞了他一張紅牌，Beckham黯然退場，而英格蘭最終在PK大戰輸給了阿根廷。金童賽後遭受了鋪天蓋地的批評，甚至被消遣為「Beckscum」（scum有無能、渣、垢之意）。四年後，英格蘭和阿根廷在小組賽再度狹路相逢，上半場快結束時，英格蘭獲得了12碼點球機會，而他們將球交給了當時的隊長——金童Beckham。他在裁判吹哨後，冷靜的起腳，挾著四年前的羞辱，將球大力轟入門網，最終英格蘭靠著這顆罰球贏得比賽，Beckham快意復仇。

紅魔隊長的致勝一擊

先撇開當年16強、八強賽的裁判公正與否，韓國隊在2002年日韓世界盃確實跌破眾人眼鏡，而當時的隊長，正是今日的韓國國家隊總教練，更是唯一入選「FIFA 100」的韓國人——洪明甫。擔任中後衛、自由人的洪明甫在大學時代就已入選1990年義大利世界盃，並在1994年美國世界盃以1進球、1助攻的絕佳表現逼平西班牙，但也於1998年法國世界盃遭到荷蘭隊恥辱性的5：0血洗。第四度參加世界盃的亞洲第一後衛，率領後衛群在小組賽裡只失1球，複賽首場擊敗義大利後，在對上西班牙的賽事裡，兩隊一路糾纏到PK賽。韓國由李雲在撲下了Joaquin Sanchez的點球之後，出現了獲勝的契機。責任交在隊長手裡，而洪明甫也挺住了壓力，將球送入和守門員Iker Casillas撲向的相反位置，韓國震撼全球地殺入隊史最佳的四強。

大師的告別之槌

奪下冠軍結束球員生涯或許是最美好的句點，可是現實卻不一定總是如此完美——Zinedine Zidane的大師生涯，就是在驚嘆號與問號交錯之間結束的。2006年德國世界盃冠軍賽，開賽7分鐘後法國隊就獲得12碼罰球的機會，在Zidane操刀之下，皮球順利入網取得領先。但在19分鐘時，義大利把握角球機會，由Marco Materazzi頭槌破網，之後雙方維持平盤局面，並進入延長賽。延長賽時，Materazzi不斷阻擾Zidane的跑動與接傳球，就在第110分鐘，Materazzi拉住Zidane，雙方緊接著發生口角，Zidane突然迎上前去給予Materazzi一記頭槌重擊，Materazzi倒地不起。當裁判從口袋掏出紅牌的那一刻，不僅預告了法國隊的世界盃終結，也讓一代大師的生涯結局，留下滿滿的不解與歎息。

續命的攔網

烏拉圭和迦納在當年八強正規賽戰成1：1平手，進入延長賽仍無法分出高下，眼看就要進入PK生死鬥時，迦納獲得了禁區外圍的自由球。此時烏拉圭門將Fernando Muslera發生嚴重的出擊判斷失誤，門前陷入一片空蕩。混亂之中，烏拉圭前鋒Luis Suarez先是用腳幫球隊擋住了門前一擊，迦納前鋒Dominic Adiyiah隨即補上頭槌，情急之下，Suarez冒險伸手攔住了球。這個如同排球員攔網的舉動，毫無疑問獲得了紅牌下場的命運。可是，操刀點球的迦納前鋒Asamoah Gyan一腳射在門框上，浪費了絕殺12碼的機會，比賽也因此進入PK戰。起死回生的烏拉圭最終在12碼線上以4：2擊敗迦納，Suarez的「犧牲手球」竟顯得價值連城。

THE JERSEYS' STORY

戰袍研究室——科技與潮流的美妙相逢

足球球衣是選手們馳騁綠茵的夥伴,也是球迷們驕傲的象徵。它不僅是運動廠商搭載最新科技的
火力展示,更富含潮流、設計的深層學問——而你若細細探究,每一處,都是經典。

Writer / 黃米奇

科技火力展示

足球球衣的種類,可分為球員版(Player issue shirt)、球迷版(Replica)、加油版(Stadium shirt)。這三種版本在外觀上並沒有太大不同,主要差別在於用料,以及運動廠商投入的科技。

球員版,指的是球員們上場比賽時所穿的球衣,球衣會應用該贊助廠商所能提供的最高科技,如adidas於2002年的climacool雙層設計、2006年的foromotion技術排汗剪裁、2010年的techfit緊身設計加上熱壓條,到了2014年巴西世界盃則進化為「無穿著感」的超輕量「adizero」。

「adizero」比2012年的同等裝備減輕了40%以上的重量,是adidas有史以來最輕盈的球衣。球衣主體、衣領及袖口重量均大幅減輕,甚至連國家隊的隊徽及adidas的三間條紋標記也輕量化。

球員版的球衣售價最高,通常會以禮盒包裝的形式出售。

球迷版是一般市面上最常見販售的版本,使用次級的科技,近10年來adidas都以climacool為主。球迷版衣服有一定的機能性,且價錢比較平易近人。

加油版的球衣通常只有外觀和上述兩種版本相同,質料則僅以綿或者聚脂纖維製成較無機能性的衣服,售價也最低。

出類拔萃的創意

國家隊一般都會有「主場」以及「客場」兩種款式,少部分國家還會設計出「第三客場」球衣。比賽時,主隊身著主場球衣,客隊的球衣顏色若不和主隊球衣有衝突或者易混淆,則優先穿著主場球衣,若有牴觸則選擇穿著客場球衣。

每個國家的球衣都有傳統配色,例如西班牙號稱「紅衫鬥牛士」、日本常被喚作「藍色武士」,而其他如阿根廷的條紋天空藍、墨西哥的綠色也非常具有代表性。球衣的設計除了參照各國傳統外,也會因應最新的運動科技進行調整。

本次adidas所有國家隊球衣從設計至測試階段,歷時長達18個月。大手筆邀請歐洲及拉丁美洲的專業球員穿著球衣模擬作賽,除了確保球衣性能出類拔萃、輕盈舒適外,比賽競技時的種種壓力測試也能考驗球衣是否耐用。

而球衣的設計靈感方面,也特意採訪了各國年輕人,了解年輕人心中強烈的民族自豪感、深刻的歷史根源和殷切的期望。adidas遂將球迷的感想巧妙融入球衣的設計之中,以如此獨特的設計理念,激發各國的愛國精神和熱情。

0123456789

ABCDEFGHIJKLMNÖPQRSTUVWXYZ.,!?ç^~

印字與佩章的學問

　　許多球迷購買球衣除了對球隊的認同外，支持的「球星」也是一大誘因。你也許不知道，大部分球衣在出廠時，背後一律都是空白、無名字背號的，所有的印字與燙號大都是之後燙上。球隊在簽署商業合約時，也會一併決定印字的生產廠商，今年世界盃的印字生產廠，以德國deco graohic和英國sporting id為主。

真假辨識

　　四年一度的世界盃，無法避免地總有盜版品產生。部分網路賣家會利用人們貪小便宜的心態，降低售價，再利用正版的圖片魚目混珠。在無法看到實品的情況下，除了從價錢判定（正常球迷版的球衣售價大約在2,000元上下，連印字則大約要3,000元）外，尺寸的大小也是一判斷標準，足球衣的尺寸除了日本有一套獨特的產線、尺寸系統外，其餘皆是全世界相同，另外，足球衣的產線早在半年前就會開始接單並在之後幾個月內生產完畢，因此若商家強調自己販售的是「歐碼」或者「亞碼」，或是宣稱有關係可以從工廠拿貨或者可以再請工廠生產，這都是相當有問題的說法。

怎樣保養足球衣？

　　足球球衣清洗上和一般衣物並無差異，使用洗衣機即可。部分球迷可能會有「手洗洗得比較乾淨」觀念，事實上手洗對於局部清洗確實較理想，但是若是大範圍的清洗，則常常會有洗劑殘留或者洗劑濃度過高的問題，不但會傷害衣服本身，對於印字影響更大。在洗衣機清洗時，需注意「有燙字的球衣，需要反面清洗」，避免衣服與印字被硬物刮傷，另建議可放入洗衣袋中清洗。

Writer **黃米奇**　　　　　　　　　　　*Mad Mouse* **球衣工作室**

　　台灣專業足球球衣賣家、收藏家，「Mad Mouse足球球衣工作室」負責人，台灣最大bbs電子布告欄ptt足球球衣版（ptt_jersey）創版版主，從2002年開始引進足球球衣相關產品至今，是國內首屈一指的足球產業商品研究及經營者。

Facebook　　https://www.facebook.com/MadMouseCo
營業項目　　包括正版球衣買賣、官方燙號加印、知識提供、技術協助。
工作室地址　台北市文山區溪口街 38 號 3 樓
聯絡電話　　0958980628，請先去電預約。

2014 世界盃
8 款必收藏戰袍

阿根廷主場

阿根廷主場經典不敗的配色，靈感源自於1821年阿根廷獨立運動領導人Manuel Belgrano將軍親手設計的首面「三橫二色」國旗。Belgrano是帶領阿根廷獨立的民主鬥士之一，阿根廷青年更為國家獨立而感到無比自豪。

西班牙客場

西班牙足球史上首次黑色款的球衣設計，左胸口隊徽以單色黃勾勒出典雅深刻的線條，右胸則印上象徵最高榮耀的「2010世界盃冠軍章」。整體簡潔俐落的「黑＋金（黃）」配色，搭配同色球褲，王者氣息畢露，也不失其肅殺風骨。

俄羅斯客場

冰藍色的漸層式色染風格，傳達優雅宏觀的視覺概念。運動廠商的Logo以紅色呈現，不但點醒了精神，也加深層次與豐富感，讓整件球衣不失立體。此外，細緻裁繡的隊徽更是本套球衣的亮點。

日本主場

以動力引擎圖案為設計主題，象徵球隊團結的力量，球衣模仿渦輪引擎的11道線條，正好代表球場上的11名球員各司其職。而環繞球衣肩部的飾帶則代表球員與球迷共同圍成「円陣（圓陣）」，凝聚牢不可破的團隊力量。

德國主場

全新的德國球衣散發出一股聰慧內斂之氣，靈感源自德國人著重品質和耐勞的價值觀——這也正是日耳曼民族引以為傲的特質。後領「Die Nationalmannschaft」字樣是「國家隊」的德文，輝映德國鋒芒睿智、深藏不露的典範。

巴西主場

綠色和黃色是巴西的國色，綠色是繁茂的雨林，而黃色則象徵豐富的礦藏和資源，這套經典配色已替巴西帶來無數榮耀。背領內部有一隻黃色金絲雀（Canarinho），這是代表球迷們對身著黃色主場巴西戰袍球員的暱稱。

迦納客場

熱情奔放的紅色衣面之上，佈滿非洲民族感強烈的豐富圖騰，其中還隱含著「GHANA BLACK STARS」字樣，將迦納「黑色之星」的名號驕傲的印在每位球員以及球迷胸口。而袖口的國旗配色綴飾也是本球衣一大亮點。

法國主場

將斜紋質地經典牛仔布的傳統，與精美的絲綢手工藝融為一體，搭配低調而華麗的「午夜藍」用色與加領的設計，大幅提昇整體的優雅感。此外，精美典雅的新隊徽繡在心臟之上，更是法國民族自豪感的極致體現。

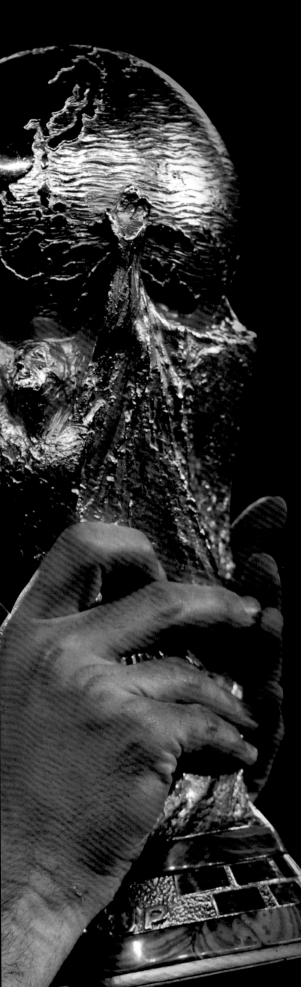

THE CONTRIBUTORS
作者群像

詹偉雄

　　作家、編者、文化評論家。《數位時代》總主筆、前學學文創副董事長、《Shopping Design》創辦人、《SOUL 運動誌》創辦人。著有《球手之美學》、《美學的經濟》、等書。

童偉格

　　作家。曾獲台灣文學獎。現為國立台北藝術大學戲劇系講師。著有《王考》、《無傷時代》、《西北雨》、《童話故事》等書。（攝影：楊雅棠）

李辰寬

　　政大中文人，作家，編者。曾任《SOUL 運動誌》編輯、《2013-14年NBA觀戰聖經》主編。現為出走文創工作室負責人，亦為本刊總編輯。

石明謹

　　本刊總主筆、知名球評、作家。歷任愛爾達體育台、博斯足球台足球球評。《足球主義》雜誌創辦人，並擔任《2002世界盃紀念專刊》總主筆、《2010年FIFA南非世界盃官方手冊》中文版審定。

鄭先萌

　　年代兩屆世界盃球評，現任博斯足球台、福斯體育台球評。德國、拜仁迷，永遠效力於MAFC，生涯唯一進球為半場世界波，嘴巴講球遠比踢球厲害。

洪志瑋

　　曾任《國際網球雜誌》中文版編輯，NEWS 98記者、台視運動中心記者、蓬勃運動事業有限公司公關部經理。現為愛爾達體育台主播。

謝思毅

　　曾編譯《2010年FIFA南非世界盃官方手冊》，目前任職於MOD愛爾達體育台，主要負責歐洲足球與其他運動賽事轉播、新聞採訪與節目製作。

喬齊安

　　愛爾達體育台球評、痞客邦足球專欄作家、台灣推理作家協會成員。曾任中央社體育記者，並為各類小說撰寫推薦與評論。新聞人Heero的推理、運動、影劇評論部落格http://heero.pixnet.net/blog

梁奕豪

　　香港知名足球部落客，主持「足球説故事」臉書專頁，筆名「贊師父」。現於香港足球雜誌《熱血足球SOCCERWAVE》擔任專欄作家。

卜多力

　　體育文字工作者，生命中無法缺少咖啡、音樂、小説、運動賽事。最感動時刻有很多，但總少不了心愛球隊奪冠，四年前西班牙首次捧起大力神盃正是其中之一。

札內蒂

　　1982年世界盃，唯一能認得的馬拉度納在對巴西的比賽中領到紅牌被趕出場。幸好四年後，看到他的上帝之手……呃不，是幾分鐘後的「Goal of the Century」。支持阿根廷、巴西、塞爾維亞，以及義甲國際米蘭。

黃米奇

　　台灣專業足球球衣專家，madmouseco足球球衣工作室負責人，台灣最大bbs電子布告欄ptt足球球衣版（ptt_jersey）創版版主。是國內首屈一指的足球產業商品研究及經營者。

陳致嘉

　　2002，慘遭基測荼毒，無緣親見羅納度二破卡恩剛門；2006，發燒臥病在床，義大利奪冠我也是看報紙才知；2010，緊握著荷蘭冠軍彩券，直到最後一刻怒撕至今依舊心痛。Iniesta，恨你一輩子。

曾祥威

　　筆名麥達斯歐文，部落客。為《政大牌!運彩專區》、《運動麻吉365》、《麥達斯歐文的足球心得》專欄寫手。熱愛足球，死忠利物浦迷。現為台大PTT利物浦版版主。

蔡智堯

　　是一個緩慢的人，其實應該較適合田園創作生活的，但還年輕，於是現於商界中努力，希望建立一永續型企業品牌。喜歡寫字、畫畫、手作，嚮往與世界和諧共鳴。

GOAL
OF THE
WORLD

NEW TAIPEI CITY
TAIWAN

綠草地上的學校

　　溫暖多雨的島，能栽出最沁人的香茶、最肥美的香蕉。可是關於足球，島嶼卻是一座最遙遠、最陌生的沙漠。

　　儘管這裡的孩子們得更在意國文注釋、數學公式、英文單字，但是每當放學鐘聲響起，一切「煩惱」盡數拋諸腦後。換上球裝，綠色的草地就是他們的第二所學校：在這裡，他們學著開朗與沉鬱；學著掙扎與遼闊；學著智計與藏拙；學著豁達，也學著人生。綠草地學校教的學問，總是必須用雙腳實地踩踏才能領會——它不複雜、它是最純粹的快樂、它是懷抱的夢想，它是足球。足球或許永遠無法成為沁人的茶香、肥美的香蕉，但也絕不該是遙遠陌生的沙漠——看到他們這般燦爛、至誠的笑，你一定也會同意。

SPECIAL THANKS TO

Alfie Hung
Yong Yun
UTL et al.

企劃、編輯、製作｜
出走文創工作室 Tryingo

總 編 輯｜李辰寬
總 主 筆｜石明謹
執行編輯｜李孝倫、林鳳儀、陳致嘉、楊家鑫、鮑立博
美術設計｜賴佳韋、李君慈
設計協力｜劉孟宗
封面照片｜典匠資訊
內頁照片｜達志影像、典匠資訊、Nike、adidas、
　　　　　Mad Mouse球衣工作室
內頁攝影｜許翔
Facebook｜www.facebook.com/Tryingo
電子郵件｜Tryingo.info@gmail.com

發 行 人｜涂玉雲
出 　 版｜臉譜出版　城邦文化事業股份有限公司
台北市民生東路二段141號5樓
電話：886-2-25007696　傳真：886-2-25001952
發 　 行｜英屬蓋曼群島商家庭傳媒股份有限公司城邦分公司
台北市中山區民生東路二段141號11樓
客服服務專線：02-25007718；25007719　24小時傳真專線：02-25001990；
25001991 服務時間：週一至週五上午09:30-12:00；下午13:30-17:00
劃撥帳號：19863813 戶名：書虫股份有限公司
讀者服務信箱：service@readingclub.com.tw　城邦網址：http://www.cite.com.tw

香港發行所　城邦（香港）出版集團有限公司
香港灣仔駱克道193號東超商業中心1樓　電話：852-25086231或
25086217 傳真：852-25789337 E-mail：hkcite@biznetvigator.com
新馬發行所　城邦（新、馬）出版集團
Cite（M）Sdn. Bhd.（458372U）41, Jalan Radin Anum, Bandar Baru
Sri Petaling,57000 Kuala Lumpur, Malaysia. 電話：603-90578822
傳真：603-90576622 E-mail：cite@cite.com.my

2014世界盃足球賽觀戰專輯 / 李辰寬等共同撰寫. --
一版. -- 臺北市：臉譜, 城邦文化出版：家庭傳媒城
邦分公司發行, 2014.05
　面；　公分. -- (生活風格；FJ1034)
　ISBN 978-986-235-366-0(平裝)
　1.足球 2.運動競賽
　528.951 103009324

一版一刷　2014 年 05 月 27 日
ISBN　　　978-986-235-366-0
版權所有‧翻印必究（Printed in Taiwan）
定價：350 元 特價：249 元　　　　（本書如有缺頁、破損、倒裝、請寄回更換）